*Introduction to International Agriculture
and Rural Development Studies*

国際地域開発学入門

日本大学生物資源科学部
国際地域開発学研究会 編

農林統計協会

『国際地域開発学入門』刊行の趣旨

学科主任　倉内伸幸

　「国際地域開発学」は、人間社会の変化を取り扱う総合科学的研究分野をなすが、その内容を単純で辞書的な用語解説のかたちで示すことは難しい。「国際」「地域」「開発」「科学」の用語はいずれも人間社会の長い発展の歴史と関係が深く、多様な意味を含んでいるからだ。

　「生物学」や「化学」など多くの学問分野は星の数ほどの基礎研究が積み上げられ成立しているのに対して、「国際地域開発学」はもともと複雑極まりない人間社会に意図的、計画的に生じさせる変化を対象に、総合的な視点から科学的解明を試みる応用科学であり、課題から出発するという特質を有している。

　まずは、開発を取り巻く様々な要因や課題を理解し、その上で何らかの学問分野の科学的分析・研究方法を会得したのち、「開発」に取り組むことになる。

　ただし、「国際地域開発学」は人間活動に伴う学問であり、常に変化していることを忘れてはいけない。実証研究の答えは1つとは限らないのである。この難解な学問に挑んでいる国際地域開発学科の教員の取り組みを本書にまとめることとなった。

　本書を通して、国際地域開発に少しでも興味を持ち、国内外で活躍する若者が現れることを期待する。

目　　次

『国際地域開発学入門』刊行の趣旨 ……………………………………… i

第 1 部　開発と地域 …………………………………………………… 1

第 1 章　開発とは何か－開発の歴史から開発を考える－ ……… 3
第 2 章　発展途上地域、先進地域における開発問題 ………… 12
第 3 章　グローバル化とローカル化－ザンビアのある村から－ 16
第 4 章　メガ FTA の地域統合と開発 ……………………………… 26

第 2 部　世界の農業－地域特性－ …………………………………… 33

第 5 章　アジアの農業と地域開発 ………………………………… 35
第 6 章　伝統農業と農村開発 ……………………………………… 45
第 7 章　アフリカにおける新規導入作物ネリカの挑戦 ……… 53
第 8 章　ラテンアメリカ地域の農業と国際協力 ……………… 60
　　　　　－日本と世界に貢献するブラジル農業を中心に－

第 3 部　環境と開発 …………………………………………………… 71

第 9 章　水土環境が南アジアの人々に及ぼす影響 …………… 73
第10章　経済発展と資源利用、環境問題 ………………………… 83
第11章　農地土壌劣化の予測とその改善における
　　　　　現地適応型アプローチ ………………………………… 92

第4部　経済・経営と開発－アグリビジネス－ ･･････････ 101

　第12章　農・食・観光クラスター形成による地域開発 ･････ 103
　　　　　－「シークエンスの経済」の存在－
　第13章　日本における食料貿易とアグリビジネス ･･･････････ 120
　第14章　離島における農業の生産・流通システムの構築 ････ 136

第5部　貧困削減と開発 ･･････････････････････････････････ 151

　第15章　貧困とは何か－その考え方－ ･････････････････････ 153
　第16章　農業・農村開発計画の必要性 ･････････････････････ 166
　第17章　ミャンマーにおける貧困削減に向けた ･････････････ 175
　　　　　持続可能な開発－JICAの取り組みと少数民族－

第6部　文化・共生と開発 ････････････････････････････････ 189

　第18章　多文化共生と言語 ･･･････････････････････････････ 191
　第19章　女性農業者の働き方からみた共生社会 ･････････････ 200
　第20章　健康と社会：わたしたちにできること ･････････････ 211
　　　　　－低開発国における健康と人間開発－

第7部　開発の実践 ･･････････････････････････････････････ 219

　第21章　国際協力の課題と日本の姿勢 ･････････････････････ 221
　第22章　人間の安全保障を目指した農業・農村開発 ･････････ 227
　　　　　－カンボジアにおける協力事例－
　第23章　国際協力 ･･･････････････････････････････････････ 240
　　　　　－西アフリカにおける野菜普及のための草の根的アプローチ－

第24章　ラテンアメリカにおける日本のODAによる
　　　　地域農業開発の事例・・・・・・・・・・・・・・・・・・・・・・・・・・・・・・ 247

あとがき・・・ 262
執筆者一覧・・ 263
索引・・・ 266

第1部　開発と地域

　大げさに聞こえるかもしれないが、人類の歴史は全て開発の歴史ということができる。開発は、例えば宇宙開発のように、今も絶え間なく続けられている。これくらい広く行われている当たり前の開発だからこそ、それを簡単に定義することはかえって難しい。そこで、国際地域開発学入門の最初の扉に「開発」と書いた表札を掛けることにした。ここでの目的が、「開発」をいかに考え、どのように理解するかという課題に挑戦することを示すためである。以下の4つの章は、それぞれにこの課題にアプローチしている。

　最初の2つの章は開発の定義に関係している。第1章は、開発の名の下に行うこととされてきた行為（実際に行われた行為と同一とは限らない）に基づいて開発の変遷をたどり、今後の開発を展望している。第2章は、開発に最も大きな影響力を持っている国際機関が設定している基準による開発途上国の分類と開発の課題を、簡潔に紹介している。第3章は、アフリカの農村を30年以上にわたって観察調査してきた経験にもとづいて、ローカル・レベルの人々の開発行動の軌跡を描写している。開発現象のリアルな側面に触れるとともに、開発の当事者の思いと行いが地域の開発に投影されていること、そして開発には終わりもなければ始まりもまたないことなどを読み取っていただきたい。第4章は、日本を含むアジア地域の産業の高度化を取り上げている。中進国化したアジアにとって、日本との経済的な関係の深化は開発に他ならない。また、アジアの開発は私たちの暮らしと密接に関係する現在進行形の開発であることが理解できる。

　ここでは、開発の多様性・多義性を理解するとともに、地域を舞台に繰り広げられる開発という人間ドラマをどのように捉えるかという「開発の見方」も学びのポイントである。

第 1 章　開発とは何か
－開発の歴史から開発を考える－

水野正己

1　国際地域開発学を学ぶための頭の準備体操

　「国際地域開発学」は、人間社会の意図的な変化に関する総合科学的研究ということができるが、その内容を単純明解なコトバにすることは難しい。「国際」と「地域」と「開発」を掛け合わせた「科学研究」だといってもよくわからない。この4つの語はいずれも人間社会の発展の歴史と関係が深く、多様な意味内容を含んでいるからだ。

　社会の変化は人々の生活のあらゆる側面に影響が及ぶので、「開発」が引き起こす変化を取り扱う場合、既存のあらゆる人文・社会科学と何らかの関わりが出てくる。経済学、経営学、社会学、歴史学、文化人類学、地域研究、地域計画などは、すべて開発現象をその研究対象に取り込んでいる。社会変化への適応あるいは不適応といった問題については、開発心理学や開発福祉学の出番になる。変動やまない社会を生きる人間の存在を深く考察するのは哲学や文学である。だから、フランス革命期や日本の幕末・明治期、そして現代のアジア・アフリカ・ラテンアメリカの文学は、すべて開発文学ということになる。

　このように、国際地域開発学は、もともと複雑きわまりない人間社会に目的意識的かつ計画的に生じさせる変化を対象に、さまざまな視点から科学的解明を試みる応用科学であり、開発問題から出発する学際的研究ということができる。これを学ぶ学び方も多様なことはいうまでもないが、ひと工夫が必要だ。まずは最も興味関心があり、得意な分野の知的体力を備え、それ活かして具体的な地域や課題を定めて、本格的な研究に取り組む二段構えの戦略がより有効と考えられる。

2　「開発」とは、なんだろう？

　以下では、「開発途上国・地域」の「開発」とは何かという問題を取り上げる。開発という言葉の意味は多様であり、また、類似の言葉がたくさんあって紛らわしい。例えば、開発と類縁関係にある言葉を挙げると、開発→発展→展開→開拓→拓植→植民のようにしりとりができる。発達→達成→成長という系列もあるし、写真の現像もデベロップメントだ。

　開発研究でもっともよく耳にする分類は、英語の 'development' に基づくもので、自動詞としての「発展」と、他動詞としての「開発」だ。前者は自立的で、自己の伸長・充実をイメージさせるが、後者は援助者（国際機関、政府、民間団体などで、ドナーと呼ばれる）の支援・介入を予想させる。開発が何かを探るもう1つの方法は、ある社会における開発の存在の有無、すなわち「ある」「ない」、もしくは開発の量の大小、すなわち「多い」「少ない」で区分することである。

　第1に、開発が行われた結果として「開発がある」社会は有開発＝既開発社会であり、逆に、開発が未だ行われていない結果として「開発がない」社会は無開発＝未開発社会ということになる。ここでのポイントは、社会は無（未）開発から有（既）開発へ単線的に変化するという見方である。これに基づくと、開発途上とは無開発と有開発の中間ということになり、開発途上国問題とは「開発」の不足ということになる。だから、不足している開発を増やすことが開発問題になり、その後押しが開発援助や開発協力ということになる。

　第2に、開発の量に着目すると、開発が多すぎる社会は「過剰開発国」になり、逆に開発が少なすぎる状態が「過少開発国＝低開発国」になる。この場合、開発の過少性が問題の社会と開発の過剰性が問題の社会とが同時併存することが開発問題となる。つまり、一方における開発の過剰が他方における開発の過少をもたらすという表裏一体の関係があるとする見方である。

3　ニッポンの開発経験

　開発の視点からみれば、日本の歴史はまだまだ開発研究の素材の宝庫であることを忘れてはいけない。図1-1は、20世紀末までの日本の人口と農地面積

の長期的推移を示したものである。それによると、日本の近過去（仮に歴史の教科書に載るほどは古くなく、けれども多くの人々が忘れかけており、もう新しくもない時代をいう）の出来事は、すべて開発に関係することがわかる。古代、中世を経て、近代になってようやく国際地域開発学の関心をひく人口増加と農地面積の拡大が生じたのであり、また、人口の大多数が農村を離れ都市に居住するようになったのは最近の現象に過ぎない。

日本が開発途上国（この用語は1970年代になって使用されるようになった。それ以前は、後進国と一般に呼んでいた）であった時代から、工業化・産業化・都市化が進んだ時代、それらが一巡し成熟社会を迎えた段階、そして過疎、少子高齢化、人口減少の時代までの一連の社会転換が思い浮かぶ。実にさまざまな時代の開発の経験がまだまだ社会のあちこちに残されているし、高齢者と呼ばれる開発の歴史の生き証人が数多く生存している。日本の近過去の正負の経験を学ぶと、

図1-1 人口と農地面積の長期的な推移：日本の場合

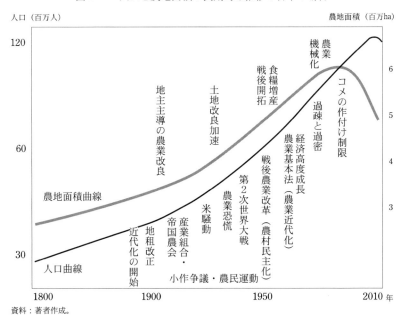

資料：著者作成。

途上地域の開発をより深く理解でき、よりよい開発援助のあり方の究明につながることは間違いない。

同図に基づいて、日本の人口と農地面積の推移を略述してみよう。徳川幕藩体制が確立するまで、人口は長いあいだ定常状態にあり、それに応じて農地面積もほぼ一定で変化のない状態が何世紀も続いたと考えられる。幕藩体制期の後半になると商品経済が広く社会に浸透し、大きな社会変動の時期を迎えた。人口増加が始まり、それに伴って農地面積も拡大基調に転じた。19世紀を迎えると人口は急増し、農地面積も増加する時代に突入する。この傾向は20世紀後半まで継続した。この間、既存の農地の多くが非農業目的に転用されたので、それを上回る農地開発が行われた。しかし、農地面積は1970年を境に減少に転じ、いらい縮小の一途をたどっている。人口は2010年に僅かながら減少し始めた。人口変動の長期予測によれば、2050年にかけて日本の人口は減少し続けると推計されている。

このように日本というたった1つの社会を例に取り上げただけでも、人口の規模とその変動、土地（資源）の利用状況、社会発展の水準などによって、「開発」の課題や目標はめまぐるしく変化してきたし、今後とも変化していくことが予想される。

4　開発の時代の到来：20世紀後半から現在まで

(1)　「後進国」から「開発途上国」、そして「途上国」へ

かつて世界の大半の国々のことを「後進国」(backward countries) とか、「低開発国」(underdeveloped countries) と呼んでいた時代があった。その対極を「先進国」(advanced countries) と呼んでいたことは、今となんら変わりない。先進国は北半球に分布し、後進国はその南側の熱帯に分布していたため、この地域格差を南北問題と呼んでいた。ちなみに、政治経済体制の違いによる西側諸国と東側諸国との対立は東西問題と呼ばれていた。

この後進や低開発という用語は、停滞どころか、後退、退歩、退却を意味し、発展、進歩、前進とほど遠いイメージがあり響きが悪い言葉なので、国連など外交の場でも失礼だというリップサービスの点から、「開発途上国」や「発展途

上国」（いずれも developing countries）という用語に切り替わった。1970年代の始めまでに刊行された関連文献の標題が「後進国」や「低開発国」ばかりなのは、こういう事情がある。

　注意深い読者なら、1970年代にきっと何かとてつもなく大きな出来事が後進国に起こった結果、それまで威張っていた先進国も、かの国々に一目置かざるを得なくなったに違いないと、予想されたであろう。まさにその通りで、世界が2度のオイルショックや資源危機にみまわれた1970年代は、産油途上国の発言力が高まった時代だ。

　最近では、「開発」や「発展」を略して、単に「途上国」と表現する例がみられる。途上国からすれば、何も「経済開発」や「経済発展」だけが、たとえ最重要だとしても、すべてではない。また、言葉は短い方が便利で使いやすいという便宜的な理由もある。1つの国や社会で、そのまるごと全部が「途上」であるような例を探すのはかえって難しい。社会のどの部分が「途上」なのかという点からみれば、日本は先進国といわれながらも、多くの「途上国性」が残されており、その克服が重要な課題になっている。

(2) 20世紀の後半の現象からみた「開発」

　これまで「開発」の名においていったい何が行われてきたか、あるいは何を行おうとしてきたかということから「開発」を捉えることができる。それを示したのが、表1-1である。それによると、20世紀の後半からめまぐるしいばかりにいろいろな開発が登場しては、後発の開発に途を譲っていったかがよくわかる。

　1950年代から1960年代の末までは、主として経済用語に彩られた開発が優位な位置を占めていた。しかし、1970年代になると、食料、資源、再分配、人間の基礎的必要（basic human needs, BHN）といったコトバが開発の論議を賑わした。つづく1980年代は世界が低成長と不況に陥った時期で、途上国は構造調整政策（財政削減、補助金廃止、民営化、為替切り下げ、輸出促進など）を強いられた。1990年代から21世紀に連なる時期には、途上国間の分化や格差が広がり、開発に多様化が求められ開発新語が多く造られた。

表1-1　開発論の潮流と農業・農村開発戦略の推移

（年代）開発論の潮流／関連する主な出来事	農業・農村開発戦略／関連する主な出来事
（1945～1950s） 後進国近代化論 輸入代替工業化、輸出代替工業化	農業改革・農地改革、農業技術普及 コミュニティ・デベロップメント
（1960s） 国連開発第1の10年 農業の近代化、教育投資・人的資本	経済発展のための農業の役割論、緑の革命 灌漑開発、農業研究・普及・教育
（1970s） 従属論・低開発の開発、 資源ナショナリズム・新国際経済秩序 再分配をともなう成長、人間の基礎的必要（BHN）	農村開発、総合農村開発（IRD） 世界食料会議（1974） 世界農業改革・農村開発会議（WCARRD）
（1980s） 構造調整政策、市場指向型政策 開発と女性（WID） NGO／NPOの台頭	農業公共支出削減（化学肥料補助金廃止） 簡易農村調査（RRA）、参加型農村調査（PRA） 食糧安全保障と飢饉の分析
（1990s） 人間開発指標（HDI）、貧困削減戦略計画（PRSP） ジェンダーと開発、環境と持続可能性、	マイクロクレジット 世界食糧安全保障に関するローマ宣言
（2000s） ミレニアム開発目標（MDGs） 持続可能な開発に関するヨハネスブルク宣言 平和構築・復興支援、災害復興から開発へ	世界食糧サミット5年後会合 生活改善アプローチ、生計向上アプローチ 燃料作物ブームと国際資本による土地買占め
（2010s～） 持続可能開発目標（SDGs） ドーハ・開発・アジェンダ（WTO）交渉の停滞と自由貿易協定（FTA）の隆盛、気候変動枠組条約締約国会議COP21パリ協定	所得創出型農業生産 家族農業論 持続可能な農業と農村 海外出稼ぎ・送金、都市農村の格差拡大

資料：Ellis, Frank, and Stephan Biggs, 2001, Evolving Themes in Rural Development 1950s-2000s, *Development Policy Review*, Vol.19.No.4, p.439, Figure 1 に筆者が大幅加筆修正。

このように開発において流行語がたくさん創り出されてきたこと自体が、20世紀後半の世界的現象である開発の特徴をよく物語っている。1つは、それまでの開発が不十分であり、開発の達成目標を実現できなかったことである。したがって、時代を下るほど、新しい開発目標の組み替えと、それに対応した目標達成のための手法が考案されてきたのである。開発研究の進展がこれに一役買ってきたことはいうまでもない。2つは、開発が一定程度まで進むと、人々はつぎのより高い生活目標に向けたニーズ（要求）を抱くようになり、政策はそれに対して応えていかねばならない。そのため、新しい開発目標やその達成方策が創り出されてきた。新興国がまさにそれで、貧困状態を脱した新中間層

が耐久消費財に対する需要を爆発的に増大させており、その勢いは誰も止めることができなくなっている。

5 最新版の開発
ミレニアム開発目標と持続可能開発目標

　開発の最新版の1つに国連が定めたミレニアム開発目標（Millennium Development Goals, MDGs）がある。これは、2000年国連ミレニアムサミットで採択された貧困削減を中心とする開発スローガンである。8分野、18到達目標（ターゲット）からなり、数値目標が示されている点で画期的とされた。MDGsの後継として、2015年9月25日に同じく国連は持続可能開発目標（Sustainable Development Goals, SDGs）を採択した。これは、17分野、169達成指標からなる開発宣言であり、2016年〜2030年までの間の世界の開発の基本となるものである（表1-2）。これらの開発目標は国際社会が合意した努力目標であり、どのようにして実現するか、つまり目標達成の手段について何ら合意はなく、各国に任されている。だから、人間らしい生活を享受する人権的な考え方に立てば、目標自体は立派なものであるが、実現のほどは定かでない。これらの目標の達成を確かにする方策を考案することが、国際地域開発学の課題の1つということができる。

6　国際地域開発学が目指す開発に向けて

　最後に、これからのわれわれの時代の開発について少し考えてみよう。地球全体でみれば、2008年に都市人口が農村人口を上回った。しかしながら、多くの途上国では、今後とも農村開発が開発問題の1つの中心であり続けることは間違いない。実際、21世紀への変わり目の時期に「農村開発」への新たな関心が国際開発機関や先進国の間で生じた。そして、途上国の農村における生活向上が開発の基本に据えられるようになり、「農業」から「農村」に重点がシフトした。その結果、農村における非農業生産活動の振興を含めた農村住民の生活向上が農村開発の目的とされるようになった。

　この場合、第1に、途上国の小農民的世界において両者は重層的に併存し、

表1-2 国連が定めた2つの開発目標

ミレニアム開発目標（2001〜2015）	持続可能開発目標（2016〜2030）
1 極度の貧困と飢餓撲滅	1 あらゆる種類の貧困の終結
2 普遍的初等教育	2 飢餓の終結、食料安全保障と栄養改善、持続的な農業
3 ジェンダーの平等と女性の地位向上	3 すべての人の健康生活と福祉向上
4 乳幼児死亡率削減	4 すべての人の公平かつ質の高い教育、生涯教育
5 妊産婦の健康改善	5 ジェンダーの平等、すべての女性のエンパワーメント
6 HIVエイズ、マラリアの防止	6 すべての人に対する水と保健衛生の利用とその持続的管理
7 環境持続可能性	7 すべての人の現代的エネルギーの利用
8 グローバル・パートナーシップ	8 包括的で持続的な経済成長、すべての人に生産的労働とまっとうな雇用の確保
	9 丈夫なインフラ建設、包括的で持続的な産業化、技術革新の促進
	10 国内および国家間の不平等の是正
	11 包括的で安全でかつ丈夫で持続的な都市と人間住居
	12 持続的な生産と消費の型の形成
	13 気候変動およびその影響を軽減するための対策
	14 海洋資源の持続可能な開発と保全、ならびに持続的利用
	15 生態系の保護・回復・持続的利用、森林の管理、砂漠化対策、土地の劣化防止、生物多様性の損失防止
	16 持続的開発のための平和と包摂的社会の促進、司法の利用、説明責任のある包摂的な制度の構築
	17 持続可能な開発手法とパートナーシップの強化

資料：一般財団法人　CSOネットワークのHPより筆者作成。

生活目標に規定された農業と非農業生産活動の適切な組み合せが選択されるのが自然である。農村非農業就業の増加は、地域的にみればその内容は多様であるが、農民の経済生活、社会的分化、経済構造に対してさまざまな影響を及ぼす。このようなポスト農業生産中心主義の段階でも、自給的（稲作）農業あるいは生活農林業、集約的商品生産農業、非農業活動の組み合せによって生計の維持・確保を行うのが農民の通常の生存戦略である。

　第2に、途上国の農村の将来像なしの開発は有効性に欠けるという認識が重

要である。都市化、工業化、産業化の進展が著しい途上国では、一方で農業の発展により食料増産が実現され光り輝く側面がみられるものの、他方では、農業部門において土地や水資源の劣化・遊休化、労働力の減少、若年層の農業・農村離れ、農業労働力の高齢化・女性化など、開発の初期段階には全く予想もしなかった現象が極めて短期間、かつ急速に進行しているのが現実である。

　これらの過程を前提とすれば、農村地域の生活がそれ自身として向上し、都市の生活とは一味違う意義と特質あるものに改善させていく努力が不可欠である。そのため、農村地域の生活福利を構成するあらゆる部門（食料生産、地産地消型エネルギー供給、農産加工産、農村流のサービス・福祉・文化活動、都市との交流など）を連結させたルーラル・クラスターを創設する開発が求められている。

参考文献

水野正己、農村開発論の展開と課題、水野正己・佐藤寛編著「開発と農村－農村開発論再考－」、アジア経済研究所、2008、pp.15-50。

水野正己、『生活改善』と開発：戦後日本の経験から、佐藤寛・青山温子編著、「生活と開発」（シリーズ国際開発第3巻）、日本評論社、2005。

UNDESA, Population Division, World Urbanization Prospects, The 2014 Revision, 2015.

United Nations Population Fund, *World Population (2007, 2015)*, （ジョイセフ「世界人口白書(2007、2015)」）。

第2章　発展途上地域、先進地域における開発問題

時田邦浩

1　発展途上地域、先進地域における新たな開発問題

　発展途上地域は、かつて「後進国」や「低開発国」と呼ばれていた。その対極は「先進国」であり、現在と同じ呼び方である。先進国は北半球に、発展（開発）途上国はその南方に多く位置していたため、この地域間格差がもたらす様々な課題を南北問題と呼んでいた。その後、先進国から見た「後進国」という呼び名は消え、発展（開発）途上国、あるいは単に途上国と呼ばれるようになった。ちなみに、政治経済体制の違いによって西側諸国（民主主義、資本経済）と東側諸国（社会主義、計画経済）に分けて東西問題と呼んでいた。東西冷戦の激しい頃、南北ベトナムにおいて東西の軍事的支援によって激化したが、パリ和平協定後のアメリカ軍の撤退によってベトナム戦争は終結に至った。このように南北問題には東西問題も深く関係していた事例も存在した。

　世界で一番新しい国は 2011 年 7 月 9 日にスーダンから分離独立し、アフリカ連合（AU）の 54 番目の加盟国となった南スーダンである。南スーダンに暮らす人々は、自分たちの将来がより良き方向へ進むように国民投票で独立を選択したはずであった。スーダンのバシール大統領は投票結果の尊重と南北の盟友の関係を表明している。しかし、国民国家の形成に着手しているが、社会インフラ整備，行政サービス拡充，人材育成等の体制づくりにおける課題が山積している。スーダンとの関係における石油の利権など未解決事項が、国づくりに影響を与えている。独立後も北部等に残存する反政府勢力の不満が顕在化、北部によって抑圧された南部住民の反発など南北の問題から、部族間の襲撃や家畜強盗が多発するなど国内問題に発展し、さらにクーデター未遂自然の発生があり、政府内の権力闘争が国内情勢を混乱させ、多くの難民が発生している。

　南スーダンでは日本も治安維持活動（PKO）に参加し、国際協力機構（JICA）も事務所を設置して支援している。その陰に、スーダンを 1993 年からテロ支

援国家指定と経済制裁を課している一方で、独立した南スーダンには経済制裁を解除したアメリカ合衆国の存在が見え隠れしている。先進国や国際機関が主導する国際情勢の大きな潮流が開発途上地域の発展に大きな影響を与えている構図はいまだに存在している。

　東西冷戦の終結の象徴ともいえるベルリンの壁が取り除かれた頃から、途上国と先進国を明確に線引きした「南北」の二極法は、グローバル化した国際情勢においては、意味を持たなくなってきている。ちなみに中国は、計画経済から方向転換し、社会主義の下の市場経済を進めている。グローバル経済において市場が統合されてきたこと、情報通信技術の発達で取引や決済が瞬時に可能となったこと、国境を越えた人の動きが拡大したことなどがある。貿易においても二国間から、環太平洋貿易協定（TPP）の動きに代表されるように多国間による枠組みが拡大したこと、あるいは国を持たないイスラム国（IS）の台頭など、新しい動きが新たな開発問題を生み出してきている。

2　発展途上地域、先進地域の定義

　国際機関がどのように発展途上国を見てきたか、理解することから始めよう。これまで経済開発協力機構（OECD）の開発援助委員会（DAC）では購買力平価で割り出した1人当たり国内総生産（GDP）を基にして発展途上国を、後発開発途上国（Least Developed Countries, LDCs）、低開発国（Low-Income Countries, LICs）、低中所得国（Lower Middle-Income Countries, LMICs）、高中所得国（Upper Middle-Income Countries, UMICs）、に分類し、それ以上の所得水準を有する国を高所得国（High Income Countries, HICs）とし、3年ごとに見直してきている。特にLDCsについては、人口規模、人的資源開発の程度を表すHAI（Human Asset Index）と経済的脆弱性を表すEVI（Economic Vulnerability Index）とを加味して総会で決議され、当該国が同意した場合に認定される。高所得国に分類され、その分類を維持すると卒業とみなされる。世界銀行では、1人当たり国民総所得（GNI）を世銀アトラス法により算出し、融資対象国を分類している。ちなみに2016年度における分類は、2014年の1人当たりGNI値で算出し、低所得経済国（$1,045以下）、低位中所得経済国（$1,045～$4,125）、高位中所得経済国（$4,126～$12,736）、

高所得経済国（$12,736 以上）としている。この分類は 2014-16 年の DAC リストに極めて近い。

　中国やインドなどの大きな人口を抱える国の経済発展によって 1 人当たりの GDP が増加して見かけ上は貧困が削減されたかのようになっている。しかし、所得格差は開く一方であり、『フォーブス』による 2015 年の長者番付では、資産 10 億ドル以上が昨年比 181 人増の 1,826 人で、純資産の合計は 7.05 兆ドル（1$=120 円換算で約 846 兆円）であった。中国は前年比 152 人から 213 人へ増加、インドは前年 56 人から 90 人に増加している。日本の名目 GDP は 2014 年が 4.6 兆ドルであるが、長者番付 100 人の合計資産は 2.2 兆ドルにも達することから、富がいかに大きく偏在しているかが読み取れる。これまで国際機関は発展を経済開発という文脈の中で見てきたが、それが今、問われようとしている。国連でも 1990 年に人間開発を中心に据え、人間開発指数という指標で開発を表すことにした。南アジアの人口 70 万人ほどの小国ブータンは国民総幸福（NGH）という考え方を導入して国づくりを進めている。

　先進地域とは何であろうか。高所得経済国だからといって先進地域とは必ずしも言えない。また、OECD 加盟国といえども開発課題を抱えている国は多い。それは開発が経済という一面だけでないことを如実に表している。つまり、先進国といえども水野正己（2014）のいう「途上国性」を有しているということである。

　世界経済フォーラムは世界経済フォーラム（World Economic Forum）が平成 26 年 10 月、「The Global Gender Gap Report 2014」において、各国における男女格差を測るジェンダー・ギャップ指数（Gender Gap Index：GGI）を発表した。本指数は、経済分野、教育分野、政治分野及び保健分野のデータから作成され、0 が完全不平等、1 が完全平等を意味し、2014 年の日本の順位は、142 か国中 104 位であった。日本の「途上国性」の一面を示すのに十分な例である。北欧諸国が上位を占める中、ニカラグアが 6 位、ルワンダが 7 位、フィリピンが 9 位にランクインしている。国会議員の女性割合が最大であったのは、2015 年 1 月時点ではルワンダで、63.8％であった。ルワンダでは、議員の少なくとも 30％は女性にするよう憲法で定め、議員や候補者の一定数を女性にするよう定めるク

オータ制を導入している。この制度を採用するかどうかは別として、国際社会の一員として議論を加速し改善に努めなければならない。

　開発を量的な問題としてとらえ、開発の不足が問題であれば、開発の量を増やすことになる。途上国が開発を進め、それを「先進国」が支援することを開発援助や開発協力という。一方、開発が過剰に進んだ場合は環境破壊などの悪影響が現れる。開発の過剰が問題の社会と開発の過小な社会の存在という二面性が、開発の問題ともいえる。表裏一体の関係として認識することが重要である。2015年にパリで気候変動枠組条約第21回締約国会議 (COP21) が開催され、主要排出国を含むすべての国に削減目標を設定することを含むパリ協定の採択に至った。このように地球規模の課題に対しては、すべての国が参加できる場を用意する必要がある。国益だけを主張するのではなく、国際社会の平和と安定に向けた行動を取れるよう期待したいものである。

参考文献

外務省、後発開発途上国、2012。
　http://www.mofa.go.jp/mofaj/gaiko/ohrlls/ldc.teigi.html
水野正己「第1章国際地域開発学への誘い」平成26年度国際地域開発学入門 pp1-11. 国際地域開発学科、2014。
World Economic Forum, *The Global Gap Report 2014*, 2014.
http://memorva.jp/ranking/forbes/forbes_world_billionaires_2015_world.php
http://reports.weforum.org/global-gender-gap-report-2014/

第3章　グローバル化とローカル化
－ザンビアのある村から－

半澤和夫

1　はじめに

　外国の農村で調査をする際、まずは村長に調査の許しを得てから始める。そして最終日には無事終了と調査結果の概略を報告するために挨拶を欠かしたことがない。1992年から始めたザンビアのある村で、1999年8月頃だったと思うが、三代目村長は"my subject"という、それまで口に出したことのない言葉を何度か使った。

　その意味は直ちに理解できなかったが、後にそれは「臣民」だと分かった。この村長はそれまで村人のことを確か"village people"と呼んでいたが、なぜ「臣民」という言葉を使うようになったのか、私は疑問に思ったのである。この頃、村長の村人に対する意識に大きな変化が生じたのではないか、と考えている。

　サハラ以南のアフリカ諸国の多くは1990年代に入って経済の自由化や民営化、そして民主化を進めた。ザンビア政府も国際通貨基金と世界銀行が勧告した構造調整を受け入れて経済の自由化や民営化を積極的に進めた。1990年代後半から政治と経済の両面でグローバル化が急速に起こった。

　1964年にイギリスから独立したザンビアでは、初代のカウンダ大統領が国営企業や協同組合を経済の中心に据えて社会主義的な経済開発路線を推進した。だが石油危機の後、輸出の大半を占めていた銅価格が下落してザンビア経済は破綻した。さらにソ連が崩壊して冷戦が終わり、世界的な民主化の流れに沿ってザンビアでも複数政党制が導入された。1991年、その最初の大統領選挙でチルバが勝利し、本格的に経済改革に取り組んだのである。

　アフリカ東部から南部の国々では、植民地期に生まれた土地制度の二重構造が残っている。人口増加や市場経済の発達、そして2000年代に入ってから好

景気により、さらに国内外の投資により土地への圧力が強まっている。伝統的土地制度のもとでは土地に対する農民の権利が弱い面がある。長期的には農民の土地利用権を強化することが農業開発には必要である。伝統的制度では土地への投資が抑制される場合がある。しかしアフリカの農村社会において土地は単なる経済財でもなければ、生産手段でもないという面がある。慣習法が適用されている地域では、首長や村長という伝統的権威をもつ人々に土地の配分権がある。

　グローバル経済の波が押し寄せた上、近代的国家と伝統的首長制という二重の制度の下にある社会で起こった出来事は、異文化社会の質的変化を深く考えさせてくれることになった。グローバル化に伴うローカル化という現象も様々な形で起きているといわれる。一つの小さな村で起きた一連の出来事を紹介し、大きな社会変動について考えてみたい。

2　土地をどう捉えるか

　構造調整政策による経済自由化のもとで、市場経済化が推進されるようになった。農業や鉱業が中心の経済において市場経済化を進めていくには、私的土地所有制や土地市場を確立する上で土地権利証書の発行が重要であるとの議論が活発に行われるようになった。土地所有権の確定や土地を担保に融資を受け、農業投資や土地改良のための資金を確保するには、このような土地制度改革は欠かせない、との主張がなされる。しかし、実はこの議論もそう単純なものではない。なぜなら、社会と土地は簡単に切り離せないものなのだ。

　土地制度は歴史的な存在であり、地域性の濃厚なものである。土地制度にはそこに住む人々の文化、宗教、政治、経済、社会、技術などの側面が複雑に絡んでいる。それは経済や技術だけで単純に捉えることのできない性質を備えたものであるといえよう。市場経済の未発達な社会においては、経済重視の議論は必ずしも適切ではない。経済的側面のみが肥大した先進国の経済とは異なる論理がそこでみられる。

　例えば、慣習経済のもとにある社会を「クレジット社会」とみなすことができるのではないかと、私は考えている。相手を信頼することによって成立する

財やサービスの交換が頻繁に行われ、そして多数の人間を相手にした複雑な社会関係がそこに存在するのである。村社会の内部では、貨幣を媒介とした経済的取引よりも信頼関係を重視した交換がきわめて重要である。

　また農業技術を考える場合でも、近代科学的な捉え方やものの見方とは異なる論理がこの世界にはまだ存在する。そこには住民の価値体系や世界観が反映しているのである。土壌を分析するに際して、近代科学は土壌の化学的・物理的性質を考える。だが、ある人々が「精霊の宿る大地」という捉え方をすることも否定できないのである。

　このような社会では近代科学の方法や考え方が完全に適用しないというのではない。しかし、私達が学んでいる近代科学の眼のみで社会を観察し、その方法のみで分析し、開発を進めていくことに大きな落とし穴があるのではないかと思う。

3　土地をめぐる争い

　世界の歴史を振り返れば、人びとは長い間、広義の土地を求めて移動し、土地を手に入れるために数え切れないほどの大小様々な争いを繰り返してきた。それが時には住民同士の争い、血縁関係にある家族や兄弟姉妹間の争い、あるいは村と村との対立、異なる民族や人種間の対立などであり、土地をめぐる争いは絶えない。争いといっても、何も武器を手にして敵と味方に分かれて戦う殺戮ばかりではない。

　誰も利用していない土地が豊富にあった時代には、特殊な場合を除けば、このような争いは発生しなかったであろう。しかしやがて人口が増えるにつれて未利用の土地が少なくなり、土地に希少価値が生まれる。そして比較的平等で同質な社会は崩れ、伝統的な土地制度は解体するようになる。このような社会変化がさらに進行すると、土地をもつ者ともたざる者が生まれてくる。それが領主と領民の関係であり、さらに資本主義の発達に伴う地主・小作関係の発生である。アジアでは「土地なし農民」が多数存在する。

　しかし、以上でみたような土地に関する歴史的プロセスがすべての社会で共通に観察されるわけではない。自然条件や生産のあり方によって、ある特定の

社会ではそれが大きく異なる。特にここで具体的に取り上げるサハラ以南のアフリカは、このような図式とは大きく異なるであろう。アフリカでは「部族共同体的土地保有」が長い間続いている。

　人類は狩猟採集に始まり、やがて自然環境に合わせて牧畜や農耕の生活を始めるようになった。食料や生活に必要な物資、とくに燃料などは人間の生命を維持する上で欠かすことができないものである。食料や生活物資を獲得しようとする際、多くの人間は最小努力でそれらを手に入れようとするに違いないであろう。そのため、広大な土地を確保するというよりも、ある一定の面積が必要になってくるのである。生活用水は不可欠であるが、肥沃な土壌も欠かすことができない要素である。

4　ザンビアのケース

　ザンビアの土地制度をみてみよう。イギリスの植民地であった1920年代にザンビアで銅資源の埋蔵が発見され、資源開発で鉱山都市が生まれた。鉱山ではアフリカ人が炭鉱労働者として雇用され、また労働者に食料を供給する大規模な農場が鉄道沿線地帯の交通事情のよい肥沃な土地で発達した。農場の経営者たちはイギリス本国などからやって来た白人たちであった。

　1920年代前半、この地域の一部は植民地政府によって「王領地 (Crown Land)」に指定され、前から住んでいた先住民のアフリカ人はあまり肥沃でない、より乾燥した地域「原住民指定地 (Native Reserve)」に強制移住させられた。鉱物資源の埋蔵が確認された地域や埋蔵の可能性がある地域、あるいは白人入植地に適した地域は「王領地」に指定されたのである。後に述べるレンジェの人たちは、このような土地に住んでいたのである。

　その後、「原住民指定地」に強制移住させられたアフリカ人の間に不満が生じ、土地再配分の要求が強まった。他方、予想されたほど白人入植者は集まらなかったので「王領地」では未利用の土地が多く存在した。そこで植民地政府は1947年に「王領地」の一部を「原住民信託地 (Native Trust Land)」に変更し、アフリカ人が利用できる土地にしたのである。ザンビアの土地制度は独立後も実質的に大きな変更はなく、名称が変更されただけであった。「王領地」は「国有地」、

「原住民指定地」が「指定地」、「原住民信託地」が「信託地」となった。

5　村長の役割

　民主化としての複数政党制の導入、そして1990年代半ば以降の本格的な構造調整計画のもとでの経済の自由化と民営化という大きな波のうねりのなか、村社会は大きく変容している。この村は1970年頃に誕生した村である。2010年当時、推定150世帯、約800人の人口を抱えている。新開村、そして先住民以外の部族が多く住む多部族社会という、いわば特殊な村ではあるが、チーフ（首長）を頂点とする伝統的権威、そして間接民主政治制度のもとでの国家機構という、統治と支配の二重構造のもとで村民たちは生活している。

　国全体の大きな変動のもとで、村長を中心とする伝統強化の姿勢、一部村民の土地権利証書の取得申請をめぐる問題、村長一族の内紛、村長と一部村民の対立の構図、農民組合設立の経緯と国会議員MPの介在、ある有力者たちの死、妬みの急増と呪いへの怖れなど、現代アフリカ農村の人びとは苦悩しつつも、たくましく生きている。もちろん、村長個人の考え方によるところもあろうが、グローバル化の影響も強く受けていると考えられる。

　村長にはどのような役割があるのか。村内では入村の許可、土地の割り当て、さまざまな情報の伝達、秩序の維持、もめ事の解決や仲裁などである。村の主だった人びとの冠婚葬祭にも村長は参列する。村長はとても多忙である。三代目に就任した村長は土地の囲い込みを始めた。彼は元公務員であったが、晩年は経済的にも生活はかなり厳しいようであった。村のために尽力しているが、ほとんど報酬はないと語っていた。

　1995年の土地法改正後、村民は首長や村長の許可を得て土地権利証書を取得できるようになった。この村ではそれ以前から土地権利証書の取得を希望する人間はいたが、より現実化したのである。とくに、「よそ者」で土地を多く持った、経済的に少し裕福な村人数名が土地権利証書を手に入れようとしたのである。しかし村長は「この村では絶対に認めない」と語ってくれた。

6　「首長感謝祭」の復活と「村長の日」

　開村後、この村に多くの人びとが移り住んだ。植民地化以前からこの地域一帯は7首長領をもつレンジェの土地であり、リテタ首長が伝統的に治めていたといわれる。植民地時代、村の周辺は「原住民信託地」であり、土地はほとんど利用されていなかったと考えられる。初代の村長はこのリテタ首長から土地の占有権を得ている。二代目の村長は初代村長の長男であった。

　レンジェは伝統的には母系制の社会であり、正統な継承権は姉妹の息子、つまり甥に当たる人物である。二代目村長の指名は父であった初代村長の遺言によるものであったが、この相続をめぐって正当な継承権を有する人々との間で対立が生じた。首長に仲裁を申し出たところ、選挙で決めることになり、結局、初代村長の息子が村長に就任した。1995年に二代目村長が死去し、その弟が三代目の村長に就任した。この時は特に問題はなく、村長職はスムーズに継承されたようだ。

　1999年8月の調査時、C村を含む近隣14カ村の「上級村長」と「首長諮問委員会委員」に就任していた三代目村長は「わが村の臣民（18歳以上の成人男性）は現在301名である。これはリテタ領では首長の村に次いで2番目に大きいのだ。」と直接語ってくれた。このことから、村長一族はロイヤル・ファミリーとでもいうべきであり、首長の村に次いで大きな勢力を誇っている、という認識がこの村長にあった。これを強く意識したのだろうか、村長は村内である種の「封建制」を強めようと動き出した。

　村長は村内に自分の家を建てるときに村人を動員した。ある村人はこの件について「村のリーダーシップはまるで植民地時代と同じやり方だ。」と語ってくれた。この首長領では1992年頃から「首長感謝祭 Kulamba Kubwalo」が復活した。これは全国的な動きの1つでもあったが、首長に収穫した農作物を献納する祭りで、毎年9～10月頃に行われる。1997年8月、村長はこの祭りのために献金の割当額以上に村民から現金を徴収したようだ。村長本人から直接このことを聞いたが、祭りのために1村当たり現金1万クワッチャ（当時1クワッチャ＝0.1円だったので、約千円）を収めることになり、村は1世帯当たり500クワッチャを徴収することにした。

当時、村には120世帯以上があったので、全世帯から集めたとすれば、6万クワッチャにもなる。差額分は村長が村民税として受け取り、交通費等に利用すると語ってくれた。また村長はその理由として、村長という役職は村のために仕事をしているのだが、政府や首長から手当の支給はほとんどない、村や村人のために仕事をしているのに報酬はほとんどない。収入がない上に、農作業をする時間もないのだと、村長は経済面の苦労話を率直に語ってくれた。

　ところで、この年の12月、村長を他の人物に据え代えようとした「クーデター事件」が発生する。村長のリーダーシップに不満を抱いた村の有力者たちが、レンジェの伝統に則り、正統の継承権を有する人物を村長に据えようとしたのである。この件については首長から事前に内諾を得ていたといわれるが、事前に村長側に情報が漏れ、「クーデター」計画は中止となった。

　その翌年、新村長の擁立を画策したといわれる村の有力者2人が、相次いで病死した。そのいずれも村で広い土地を持っており、土地権利証書を取得しようとした人物で、彼らは隣国ジンバブエ系の人間であった。この一連の出来事を通じて、村人たちはこう考えるかもしれない。「権威に刃向かった者は命を落とす。村長は強い魔力を持った人物だ。」と。

　1998年11月8日、村で初めて「村長の日 Nduna's Day」が開催された、との情報を翌年の調査時に多くの村人たちから知った。この時期は雨季が本格的に訪れる頃で、村では主食でもあり、同時に余剰量があれば重要な換金作物の1つであるトウモロコシなどの播種期を迎える。

　農民の多くは牛に犂を引かせる、つまり牛耕で畑を耕起する。世帯によって播種面積は異なるが、トウモロコシの1人当たり年間消費量は100kg以上であり、収量が低いのでかなり広い面積が必要となる。村長と副村長の畑も広いので、耕すために村人が3日間労働力を提供するというものであり、「賦役」の一種かも知れない。初日には村長の2か所の畑が11の牛耕セットで耕起されたそうだ。

　さらに、村民は村民税として現金4,000クワッチャ（約400円）、トウモロコシ1ガロン（約5kg）を村長に差し出すことになった。この税金は村長の公的な会議などの交通費として支出する、と村長は説明してくれたが、村民の間では、

実際には必要経費以上の税金が集められているとの噂が囁かれていた。村民の多くがこの徴税に不満を抱き、当初は5,000クワッチャであったが、4,000クワッチャに減額されたようである。この「村長の日」は他の村でも始まったようである。

その後、C村の「村長の日」は「村委員会」のある有力メンバーの強い反対によって2001年に中止となった。だが、村長の「横暴」がますますエスカレートした。村内で酒や日用雑貨品を販売する村民から税金を集めようとした。経済の自由化や民営化の後、1990年代末頃から国内には大量の物資が出回るようになり、都市には大型のショッピング・センターがいくつも建設された。

商品の多くは南アフリカや中国からの輸入品であった。とくに村の女性たちはルサカやカブエなどの都市で商品を仕入れ、自宅の敷地内で店を開くようになった。店と言っても、粗末な屋台風のもので、人びとはそれを「キオスク」と呼び、食料品や日用雑貨品が陳列してあった。タイ製の魚の缶詰を美味そうに食べていた男性を思い出す。

7　むすび

2000年前後の数年間における村長の言動は「異文化社会」の眼からみても異常であった。これら一連の出来事は単に村リーダーとしての村長の個人的な資質という性格に帰着するかもしれない。また新開村という歴史ゆえに、村の土地は村長一族のものだという感覚を村長自身が強く抱いたことに問題の核心があることになろう。また村の短い歴史ゆえに、村長の役割と治政、そして多民族の村としての住民意識に複雑な関係が存在しているようにもみえた。

だが、当時、村に見知らぬ人びとが入るようになって牛泥棒などの犯罪が増えていた。2000年頃、「neighborhood watch制度」という村の自治的な警察組織が生まれた。村落社会における秩序と治安の維持、そしてある種の公共サービスの提供という面において村長の貢献は、村民が認めるところである。この「社会サービス」に対して村長が受け取る報酬は確かに少ない。当時のそれは「裸の王様」といった表現が適切であったであろう。

仮に「創られた伝統」に基づくとしても、この村長は自身にとって有利とな

るように伝統的社会を存続させたいと考えていたのであろうか。「伝統的権威」とは何か、そしてそれと「近代国家」との併存、統治の二重構造という問題をあらためて考察する余地がある。少なくとも、土地制度を考える上で絶対に切り離せない視点である。

　ザンビアの土地制度を考えれば、長期的には政府が目指している「土地権利証書」に基づく方向、すなわち個人の土地権利強化の方向に向かっていくに違いない。伝統的土地制度に内在する固有の不安定性が農業発展の阻害要因となるからである。なによりも、ザンビアでは首長や村長という「伝統的権威」が土地を売却するというケースが増えている。「伝統的制度」が内側から崩壊しているのであろう。とはいえ、逆に「伝統的権威」が急速に消滅しているという兆しはない。むしろ、民族の誇りとアイデンティティーの強化が社会経済の発展に必要だとみなすことができる。

　これを裏付けるように、21世紀に入ってからアフリカにおける「伝統的権威」や「伝統的指導者」の研究が増えている。これはまさにグローバル化の浸透に起因するのではないだろうか。村に隣接する「森林保護区」を挟んで東側一帯の首長領を支配するチャムカ首長がリーダーとなって、ザンビアの「伝統的支配者」たちに結束を呼びかけた。

　これは南部アフリカ諸国の「伝統的支配者」と協調する動きであった。その後、詳細は省くが、2002年の地方分権化草案の政府承認、2004年の分権化開始、2011年の愛国党（Patriotic Front）政権誕生、首長および伝統省の新設などの動きにつながっているのであろう。

　三代目村長の治世当時、ここで述べたように、この小さな村での一連の出来事は、やはり、首長領という地域や全国的な動きと連動したものだと考えられる。断定は避けるが、村長の個人的な資質に帰着する、あるいはそこから派生した問題ではない、ということである。

　三代目村長は2008年に死去した。2009年3月、村長職を継承した現在の村長は、初代村長の娘、つまり二代目と三代目の村長の妹になるが、その娘、つまり姪の息子（1970年生まれ）である。この選定はレンジェ首長領の人びとの伝統に回帰するものであった。この四代目村長は、三代目村長が存命であった

2006 年に副村長に就いていた。2011 年以降、この村を訪問していないので分からないが、少なくともその間、村は安寧を保っていた。村の人びとの顔にはどこか安堵感が漂っていた。

　紛争や汚職などが増えて社会が混乱し、治安が悪いといわれるアフリカである。そこで長老の知恵や判断を得て政治や社会を安定させようとする動きが、政治や社会の現場だけでなく、首長制に関する研究でも増えており、その成果が期待されている。

　男性の老人が孫娘であろうか、10 歳くらいの娘に、何かを指図した。すると間もなく、その子は水の入ったコップを持ってきた。そして地面に片足をひざまずいてその老人にコップを手渡したのである。他の村でも数回目にしたことだが、この所作、振る舞いはいったい何を意味するのであろうか。

参考文献

大山修一、「ザンビアの領土形成と土地政策の変遷」、武内進一「アフリカ土地政策史」、アジア経済研究所、2015。
大山修一、「慣習地の庇護者か、権力の乱用者か」、『アジア・アフリカ地域研究』14-2、2015。
小倉充夫、「ザンビアの複数政党制復活とカウンダ政権の崩壊」、林晃史編「南部アフリカ諸国の民主化」、アジア経済研究所、1993。
児玉谷史朗「ザンビアの構造調整とメイズの流通改革」原口武彦編「構造調整とアフリカ農業」、アジア経済研究所、1995。
児玉谷史朗、「ザンビアの慣習地域における土地制度と土地問題」、池野旬編「アフリカ農村像の再検討」、アジア経済研究所、1999。
島田周平、現代アフリカ農村、古今書院、2007。
半澤和夫、「ザンビアの構造調整と農村変容」、『開発学研究』9 (1)、1998。
半澤和夫、「グローバル化とアフリカのある村」、草野孝久編「村落開発と国際協力」、古今書院、2002 年。
半澤和夫、「ダンボ資源の利用と農業変化」、『沙漠研究』19-4、2010。
Baldwin, Kate, *The Paradox of Traditional Chiefs in Democratic Africa*, Cambridge University Press, 2016.
Chu, Jessica M., A blue revolution for Zambia?, Allan, T., M. Keulertz, S. Sojamo, and J. Warner, *Handbook of Land and Water Grabs in Africa*, 2013, Routledge.
Kajoba, Gear M., A Review of Literature on Land Use and Land Tenure in Zambia for the Land Use Patterns and Rural Poverty in Zambia Study, *A Final Report to the Food Security Research Project*, 2001.

第4章　メガFTAの地域統合と開発

朽木昭文

1　はじめに

　国際化は、世界的にメガFTAと呼ばれる地域統合により進行している。日本では「TPP（環太平洋経済連携協定）」や日中韓自由貿易協定などが話題となっているが、日本とも関係の深い新たな経済パワーが誕生した。それが「ASEAN経済共同体（AEC; ASEAN Economic Community）」である。ASEAN経済共同体が2015年12月に成立した。本章でこの具体的な内容について説明しよう。

2　グローバル・バリューチェーン・マネージメント・ネットワークの形成

　さて、バリューチェーンがサプライチェーンと異なる点は、顧客満足を最大化するために各セルのバリューを最大化する点である。サプライチェーンはロジスティックス（物流）の効率化である。中心をどちらにおくかは大きな問題で、特に日本企業が抱える問題になっている。このバリューチェーンの概念と地域統合をつなげた点が、ASEAN経済共同体で強調した特長であった。ただし、グローバル・バリューチェーンのネットワークは、アジアに限定されず、地球規模である。

　TPPの意義の第1に目指すのは、グローバル・バリューチェーンの形成である。地域統合により1カ国だけではなく、地域全体でバリューチェーンを形成する。そのことを以下で説明する。地域統合の重要な要素は、「モノ、サービス、カネ、ヒトの移動の自由」であり、民間企業を中心にした自由競争の環境整備である。その目的は顧客満足を最大化することである。

　ここでバリューとは価値である。①研究・デザイン、②調達、③組み立て、④マーケティングのそれぞれは、企業に価値、つまりマネーで測った価格で評価された価値を生む。企業は顧客に満足を提供し、その見返りに価格分の貨幣

を受け取る。企業は顧客に最大の満足を提供し、その見返りの価値を最大化し、利益を最大にする。これがバリューチェーン・マネージメントである。このマネージメントが近年は一国内で成立しなく、国を連携するようになった。これがグローバル化である。ここに、地域統合の必要性が出てきた。

　事例を挙げて図 4－1 により説明しよう。タイ・東部臨海地域自動車クラスターと名古屋自動車クラスターが存在している場合を想定する。トヨタが、タイ・東部臨海地域クラスターと名古屋クラスターで活動していると想定しよう。図4－1によりトヨタは、タイ・東部臨海地域において①研究・デザイン、②調達、③組み立て、④マーケティングのバリューチェーンをもち、カムリを組み立て、タイ・東部臨海地域の産業クラスター形成に寄与している。①研究・デザインは、名古屋が中心となり、名古屋からタイ・東部臨海地域へ成果が伝えられる。タイ・東部臨海地域は名古屋から②部品調達も行う。カムリの③組み立てはタイ・東部臨海地域のみで行われる。④マーケティングは、中国と日本の両方で行われる。これが、タイ・東部臨海地域・トヨタ・カムリのバリューチェーンである。

　また、名古屋・プリウスのバリューチェーンも同様に説明できる。トヨタは、日本の名古屋において①研究・デザイン、②調達、③組み立て、④マーケティングのバリューチェーンを持ち、プリウスを組み立てており、名古屋の産業クラスター形成に寄与している。①研究・デザインは、名古屋を中心に行われ、その

図4－1　日ASEAN・バリューチェーン・マネージメント・ネットワークの説明

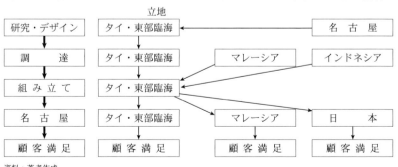

資料：著者作成。

成果が世界中で使用され、タイ・東部臨海地域でも使用される。②調達は、世界中からなされ、タイ・東部臨海地域からも部品が調達される。③組み立ては、名古屋で行われる。④マーケティングは、日本でも中国でも行われる。これが名古屋・プリウスのバリューチェーンである。

　つぎに、クラスターとクラスターの連携を説明しよう。クラスターとクラスターは、国境を越えてリンクする。名古屋で①研究・デザインにより開発された成果がタイ・東部臨海地域クラスターのタイ・東部臨海地域工場で使用される。名古屋で開発されたエンジンなどに関する②中枢部品がタイ・東部臨海地域に輸出され、③組み立てられる車に使用される。逆に、タイ・東部臨海地域で生産された②部品が名古屋へ輸出され、③組み立てられる車に使用される。名古屋の工場は、マザー工場としての役割もある。新しい製品が開発されると、それがテストされ、海外でも製造されるようになる。海外で安く生産できるようになった標準的な製品は逆に日本に輸出される。車は、車種ごとに違うクラスターで生産される可能性がある。こうしたバリューチェーンとバリューチェーンの「交わり」が、クラスター・To・クラスターの連携である。この連携は、ASEAN経済共同体が高度な地域統合になるにつれてASEANに広がる。

　地域統合とは、①研究・デザイン、②調達、③組み立て、④マーケティングのバリューチェーンが1カ国だけではなく、地域全体に配置される。この最適な配置をサポートするような制度を形成するのが地域統合の内容である。

3　AECの進捗状況

　地域統合は、「モノ、サービス、カネ、ヒトの移動の自由化」を保証することである。EUとAEC（ASEAN経済共同体）との違いが表4−1で示される。AECは、共通通貨制度を目指さず、全体的に「緩やかな連携」に特徴がある。AECは、2015年末に成立した。その進捗状況は表4−2にある。先進ASEANはモノの関税撤廃について99.2％を達成し、後発CLMVは90.9％達成した。ただし、非関税障壁はこれからの課題も多い。サービス貿易自由化も同様である。ヒトの移動は特に熟練労働が中心の課題である。カネは、投資の移動の自由化と金融の移動の自由化がある。

表 4-1　EU と AEC の比較[1]

	EU	AEC
「モノ」：関税撤廃	○	○
非関税障壁撤廃	○	△
「サービス」貿易自由化	○	△
「ヒト」の移動	○	△
貿易円滑化	○	○
「投資」自由化	○	○
知的所有権保護	○	△
競争政策	○	△
共通通貨	○	×

資料：石川幸一「AEC はできるのか」、石川・清水・助川 (2013)。
注：1) ○＝採用、△＝一部採用、×＝不採用。

表 4-2　ASEAN 域内自由化の進捗状況

自由化対象	具体的な政策	進捗度[1]	その内容
「モノ」の移動	関税の撤廃	◎	2018 年までにほぼ完了
	通関手続きの簡素化	○	2 国間の通関作業の一元化の動き
「カネ」・「サービス」の移動	銀行の相互出資規制緩和	×	後発国の反発強く
	サービス業の相互進出規制緩和	×	ごく一部にとどまる
「ヒト」の移動	熟練労働者の移動の自由化	×	議論はほぼ進まず

資料：日本経済新聞 (2015 年 5 月 5 日)。
注：1) 進捗度は、◎＝予定通り進展、○＝前進している、×＝ほとんど進まず。
　　関税撤廃：先進 6 カ国 99.2％。CLMV 90.9％。(2015 年 11 月現在)。

　アジアでは産業クラスターが急速に形成された（朽木・藤田：2015 参照）。その形成要因となるのは「広義の輸送費」である。その費用の構成要因として、関税、連結性、貿易円滑化、シングルストップなどがある。FTA は自由貿易協定であり、関税をゼロにすることを当初の目的とした。TPP（環太平洋戦略的経済連携協定）が 21 世紀型 FTA と呼ばれるのは、バリューチェーン・マネージメント・ネットワークの形成を公的部門が支援する点にある。その際に、「連結性（Connectivity）」が重要な要因となる。都市と都市を結ぶインフラがその重要な要因の 1 つである。道路、港湾、空港など交通インフラの建設は決定的に輸送費の低下につながる。シングルストップとは、日本から ASEAN のインドネシ

アとタイに投資をするときに、どちらかの国の1か所で手続きを終えることである。企業にとって手続き費用は大きいので貿易を円滑化するのに重要な要因の1つである（詳細は、石川・朽木・清水：2015参照）。

バリューチェーン・マネージメント・ネットワーク形成の主体は、民間企業である。この自由な競争を公正なルールのもとで促すことである。知的所有権保護と競争政策が公的部門により保証される。競争政策に加えて政府が支援する産業政策は制限する点がTPPでは詳細に記述された。

4　4本柱型国際協力の必要性

ASEANとは、先進ASEAN6カ国と後発CLMV4カ国である。先進ASEAN6カ国に含まれる国は、インドネシア、フィリピン、タイ、ブルネイ、マレーシア、シンガポールである。後発CLMV4カ国とは、カンボジア、ラオス、ミャンマー、ベトナムである。ASEAN+3とは、ASEANに日本、韓国、中国を足す。ASEAN+6とは、ASEAN+3にオーストラリア、ニュージーランド、インドを足す。RCEP（東アジア地域包括的経済連携）とは、アジアを中心とした「ASEAN+6」の間で結ばれる自由貿易協定である。この協定は、関税をなくそうとする政策である。

APECとはアジア太平洋経済協力会議であり、その主要国には、日本、アメリカと共にアジアの大国である中国を含み、ロシアなどが含まれる。つまり、「日本、アメリカ、中国」が共にAPECに含まれる。そして、TPPの協定は、日本と太平洋を挟んだ大国アメリカが含まれる。「日本とアメリカ」がこの協定の締結を主導している。日本のメガFTAは、図4-2に示すようにTPP、RCEP、APECの3つの方向がある。

アジアの地域統合は、「メガ FTA」の動きがアジアだけに留まらない。遅々としていてもTPPへの中国の参加、AIIB（アジアインフラ投資銀行）への日本の参加などがあり、グローバル化の動きが止まることはない。一方で、この動きの裏に「所得格差の拡大」と「環境問題の発生」が避けられない。

したがって、日本の国際協力は、アジアの地域統合を中心に据え、ODA、貿易、投資の3体を加える。これは、日本の成長戦略に貢献するとともにアジア

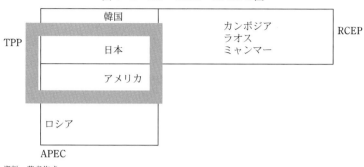

図4-2 TPP・RCEP・APEC の国

資料：著者作成。

各国の現在の経済状況に合致し、アジア全体の福祉水準を引き上げる（朽木・馬田・石川：2015 参照）。この地域統合を中心とした4本柱型国際協力に向けた「アジア人材の育成」が必要となる。そして、日本人材の育成とその貢献が期待される。

参考文献

石川幸一・清水一史・助川成也編著、「ASEAN 経済共同体と日本」、文眞堂、2013。
石川幸一・朽木昭文・清水一史編著、「現代アセアン経済論」、文眞堂、2015。
朽木昭文・馬田啓一・石川幸一編著、「アジアの開発と地域統合：新しい国際協力を求めて」、日本評論社、2015。
朽木昭文・藤田昌久、「特集：集積の経済学からアジアを理解する：空間経済学とクラスター」、『経済セミナー8・9月号』、685 号、日本評論社、2015、pp.10-55。

第2部　世界の農業 −地域特性−

　開発を必要としている地域のほとんどは熱帯に属している。熱帯における農業環境は降雨条件によって、乾燥・半乾燥熱帯地域から湿潤熱帯地域まで多様な広がりを示している。しかし、熱帯地域は作物生産にとって重要な高温という条件に恵まれているので、農業の潜在的生産力は高い地域である。ところが現状は、多くの地域が開発途上国の段階に留まっている。開発途上国では、国民経済の中で高い比率を占めている農業が低生産、低所得の状況であり、そのことが国民経済の発展を制約しているものと推察される。

　熱帯地域では、それぞれの地域の条件に適応した自給的慣行農法が形成・継承されてきた。しかし近年は、貨幣経済への対応をせまられるようになったが、慣行農法は長い時間をかけて構築された合理的な体系であるために、経済的生産に改良するのは容易ではない。熱帯地域における農業開発は、当該国における経済と食糧自給にとって重要なだけでなく、世界的な見地からも増加する人口に対する食糧の安定供給を図る意味で重要となってきている。ところが、開発途上国では、限られた資金・人材・技術などのため必ずしも十分な開発が進められない場合が少なくないことから、先進国からの開発協力援助が重要な開発要因となってきた。しかしながら、農業開発は生産基盤の自然環境とこれを利用する人間とが結びついた総合的な分野であり、その効果を得るのにはただ単に外部から与えるだけでなく、多種多様な発展段階を見極めることが重要である。農業開発が開発途上国の国民の意図する方向とは逆に、援助する側の都合で実施されてしまうとこともしばしば起こる。ましてや農業の担い手である農民に受け入れられる農業技術に関しては必ずしも適切なものであるわけでなく、地域や時代にあった技術が要求される。以下では、近年の実践的開発事例も取り上げ、熱帯農業・農村開発を再考したい。

第5章　アジアの農業と地域開発

水野正己

1　いま、国際地域開発の世界で起きていること

　国連人口基金の推計によれば、地球全体でみれば 2008 年に都市人口が農村人口を上回った。都市人口の増加＝都市化は、いまや世界の全ての地域を巻き込んでいるのである。農村で暮らす人びとの生活向上が、開発の基本に据えられ、「農業」から「農村」に開発の焦点がシフトする。時代はポスト農業生産中心主義の段階に立ち至り、農村非農業生産活動を含む農村のさまざまな経済活動の活性化が開発の中心になったのである。

　図 5-1 で、横軸の目盛りは年を単位とした時間を表す。左端は都市化の開

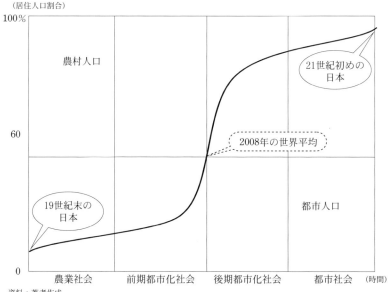

図 5-1　農村人口と都市人口の割合からみた社会変容

資料：著者作成。

始直前の時期に、右端は都市化が終局に到達する時期に、それぞれ相当する。縦軸は、一国（または社会）の都市人口比率を示す。曲線の上側が農村人口比率で下側が都市人口比率であり、両者の合計は100％になる。都市化を含む社会の転換は、人口増加を伴うが、図では人口の絶対的な大きさは表現されていない。都市化の過程は同図のとおりS字曲線のように進行し、4段階に区分することができる。以下に、段階ごとの特徴を概説する。

　都市化の第1段階は、農村にまだ大量の人口が滞留しており、都市に居住し農業＝食料生産と切り離された都市人口は全人口の1割に満たない状態から始まる。日本の歴史に即していえば、江戸末期から明治初期の時代がこれに当たる。都市化の速度は緩慢で、農村地域に滞留する人口の貧困解消＝経済的福祉向上が大きな課題であり、殖産興業の一環として日本では養蚕と製茶が振興された。

　ここで注意を要するのは、農村地域だからといって、居住人口の全てが農業＝食料生産に携わっているわけではないことである。農村には農業生産活動と非農業生産活動の両者が常に存在し、しかも、農民自身が農業および非農業の両方の仕事に従事することによって生活の資を確保しているのが常態である。とりわけ、モンスーンアジアで小農民が中心の農村社会を形成してきたところでは、この傾向が著しい。例えば、藩政時代の日本の農村や明の時代の中国の江南（長江より南の地域）農村では、主穀生産のほかに、工芸作物（養蚕、茶、棉、菜種、蠟など）の生産やその加工品を生産する副業が盛んに行われていた。もちろん、生活用具や農具などを専門的に生産する仕事など、実に多様な職業が展開していたことはいうまでもない。コンビニやスーパーのなかった時代、人々は何でも自分たちで拵える生活をおくっていた。また、そうしなければ人びとの暮らしは成り立たなかった。こうした農村生業の伝統的特質は後の時代まで継承されてきた。

　第2段階は、都市化が緩慢な速度で始まり、やがて農村から都市への人口移動に拍車がかかり加速する。このことは、同図の曲線の形状からわかる。接線の傾きが、それぞれの時点の都市人口増加率を示している。農村では、増加する都市の食料需要を賄うため、食料増産が重要課題になり、販売を目的にした

農業生産が拡大する。

　人口の向都移動は、まず、社会的な制約が少なく移動の容易な男子若年層から始まる。これは、世界のほぼどの社会にもみられる傾向である。社会的に決められてきた性差、すなわちジェンダーによる差異の一端がここにも現れている。さて、都市化の勢い、すなわち農村人口を都市の産業に吸収する力はとどまるところを知らず、次第に女性や他の世代、ひいては世帯主までも含めて、季節的移住あるいは定住に至る向都移動が進行していく。

　都市の領域が拡大し、周辺の農村地域を飲み込んでしまう結果として都市化が進行することもある。この場合、道路沿いの地区など、都市化し易いところから都市化が進むため、農地の虫食い状態（スプロール）が出現する。農地の無秩序な転用や壊廃、それに伴う農業用水路の遊休化や灌漑水の汚染は経済発展の著しいアジアの国々の首都圏で頻繁に起きており、社会問題になっている。やがて、農村人口と都市人口の割合が50:50で均衡する転換点を通過すると、第3段階に移行する。この段階も前半と後半では都市化の速度は急上昇から緩慢な増加へと変化する（それぞれの区間のS字曲線の接線の傾きを調べてみよ）。これは、第2段階とは逆の動きになっており、都市化の速度が減速し始める。第2段階と第3段階を連続的にみると、第2段階の後半から第3段階の前半の期間がもっとも都市化の速度が大きいことがわかる。近代的なエネルギー多消費型の生活を前提とした都市の肥大化によるさまざまな都市問題が発生するのは、この段階である。

　現在の先進国の歴史的経験を振り返ると、都市人口が農村人口を超えるとともに社会は産業化（工業化）や商業化がいっそう深化し、都市に移動した人口は都市的経済活動に労働力として吸収される。都市型の就業は、農業就業と比較すると、定時労働、規則的な休業や休暇の存在、定期的な収入の保障、労働法制による保護など、およそ考えられないほどの高位安定性を有する。農業では、商品生産を目的とする農業生産が拡大する。食料の増産も依然として重要だが、個々の農民にとっては、食料増産よりも所得増加がより重要な目標になり、主食作物から高所得作物（野菜、果樹、畜産物）の生産に重点が移行する。

　最後の第4段階に到達すると、都市化は終了し、もはや都市社会と呼ぶべき

社会が出現する。そこでは、都市の中での農業や農村に期待される役割が重要になる。人口の8割とか9割が都市居住になると、農村地域が過疎化するのは当然である。そして、農村の活性化が課題となり、日本でもさまざまな取り組みが行われている。

実際、開発途上国の農村も、こうした変化と決して無縁でない。特に、世界中の山村から、若年層をはじめとして離村・離農が進み、人口流出（近傍の都市、首都、外国への出稼ぎ、やがて定住）がすでに始まっている。このままの傾向が続けば、やがて先進国の社会と同じような「都市社会化」がもたらされるに違いない。少数民化した農業従事者と多数派になった都市住民との間の関係が問題になる。前者が行う農業生産は、後者が農村に求めるニーズに応えるものでなければならず、両者の商品交換を超える交流が重要になる。

2　社会変化の段階別に「農業と開発の関係」を考える

開発は、長期的にみれば、都市化、工業化、産業化、農業の商業化などの変化含んでいる。これらは、近代の西欧社会でいち早く生起したことから、開発は近代化や西洋化（西欧化、欧米化）の要素とも深く関わっており、開発＝近代化、西欧化とみなしてきた時代があった。ここで、都市化の各段階に応じた開発の課題を振り返ることによって開発の内容を検討し、開発の何たるかを知る手がかりにしよう。

表 5−1 は、日本やアジアの経済発展の経験に基づいて、都市化の段階に対応した農業の特徴、農業政策の課題とその達成のためのアプローチ、全体社会の中で農村社会が直面する開発課題をまとめたものである。

都市化の第1段階においては、全体社会が農業社会を形成している。農業は主として自給的食料生産を目的として営まれており、生産の単位は一般に家族や世帯が多い。家族や世帯の規模は、農業技術の特性や水準に対応する。人口と農地資源とのバランス関係が重要になる。耕作地を拡大することによって人口増加に対応した食料増産が有利な初期段階なら、労働力を多く抱え込む必要があり、家族や世帯が抱える員数は多くなる。したがって、大家族が有利になる場合もある。

表5-1　社会変化の段階に対応した農業・農村開発の課題

段階区分	初　期	移行前期	移行後期	後　期
社会特性	農業社会	前期都市化社会	後期都市化社会	都市社会
農業課題	食糧(料)自給	食料増産	農民所得	農業農村の多面的機能
基本戦略	耕地の外延的拡大	農業集約化	農業多角化・多様化	新規就農、都市農民 都市・農村交流
政策課題	飢餓対応方策 貧困削減 人間の安全保障	農業成長 新技術、市場対応 初期向都移動	農村人口減少と過疎 農業労働力の女性化 農村の高齢化・少子化	農業の持続可能性 農村地域社会の存続 食の安全・安心 農業の新しい価値創造 環境の修復・再創造

資料：筆者作成。

　やがて、農地の集約的な利用が有利化する段階に移行し、技術水準が（相対的な意味においてであるが）高く生産が安定化すれば、農業生産は小規模な家族や世帯を基本にして営まれる。モンスーンアジアで稲作が卓越してきた社会では、家族労働力を最大限に動員した労働集約的技術進歩を実現することによって、食料増産を図ってきた。手間暇を惜しまない家族労働によって、鍬による田起こし、馬鍬を用いた均平、苗代作り、苗取り、田植え、除草、中耕、追肥、刈り取り、ハサ掛け、脱穀、乾燥、貯蔵といった一連の稲作が可能になったと考えられる。この段階の最も著しい開発課題は農村や農民の貧困問題である。また、多産多死から多産少死による人口増が始まるので、社会的には食料不足が始まる。明治期の日本はまさにこの状態であった。

　第2段階の初期都市化の時代になると、前期から始まった食料不足基調に対応した食料増産が開発課題になる。農業生産は集約化の方向を指向し、食料増産の課題に対応する。食料生産の増大による農業発展の時代がこれに当たる。これによって、都市人口を養わない限り、国内の産業化を支えることができない。国内食料生産の不足分は、輸入に依存することになる。20世紀前半までは、現在の先進諸国は植民地侵略によってこの食料不足を解消しようとしたが、もはやこの戦略はいかなる場合においても許容されるものでない。

　農村から都市へ向かって、労働力が移動し、増産された食料が供給され、農地の一部は都市的目的（工場、住宅、鉄道、道路、学校、病院、商店、公共施設、公

園、ゴルフ場、スポーツ施設など）に転用される。さらに、原料農産物の加工品や食料農産物の輸出による外貨の獲得、農業部門の貯蓄や租税負担を通じて、あるいは工業製品の市場として、農業と農村の部門は工業化に貢献する。現在では、海外直接投資によって資本と技術は世界中どこにでも進出していくが、その場合、農村からの安価な労働力の供給や国内製品市場としての役割が重要になる。

しかし、第3段階になると、食料消費は人口増加分を除くと、1人当たり所得の増加ほどは増えないので、農業は新しい方向を目指す必要が生じる。主食の生産から、所得弾力性の高い野菜、果実、畜産物など生産に向けた多様化によって、農業所得の増加を図かる必要が生じる。さもないと、都市の産業部門に有能な青年労働力をすべて吸い取られてしまいかねない。それでなくとも、3K嫌いの青年を農村に引き留めることは難しい。

それでも、都市化は前述したとおり休みなく進行するので、農村は女性、子供、高齢者だらけになり、農業は女性労働力に依存せざるを得なくなる。農村は人口減少が進み、過疎、少子、高齢化が都市社会よりも早く押し寄せる。現在の途上国では、都市の工業化は産業集積が可能な地域を除くと展望は明るくない。せっかく農村から都市へ出稼ぎに成功しても、希望する就業先に就けるとは限らず、都市スラムの住民になる可能性も大きい。それよりも海外出稼ぎの方が魅力的であり、世界不況を余所に増加の一途をたどっている。海外からの送金が国民所得の相当部分を占める途上国も数多い。

第4段階については、現在の日本の状況を振り返っていただく方がわかりやすいので、余計な説明は省略することにする。キーワードを書き出しておくと、農業の持続可能性、あるいは持続可能な農業生産の維持、農村地域社会の維持・管理問題、食の安全と安心の確保、新しい農業と農村の価値創造、さらに環境の修復・再創造に基づく自然（野生動植物）と人間との共存共生も付け加えておこう。

3 モンスーンアジアの緑の革命

　農業社会から都市社会化に転換する過程で人口が増加すると、一般に食料増産が大問題になる。地球人口の過半が居住するモンスーンアジアでは、1960年代のコメ不足時代から、どのようにして食料増産が実現されたのだろうか。

　この問題を解く鍵は緑の革命と呼ばれる食糧増産運動にある。特に、モンスーンアジアでは、1960年代から80年代にかけて、稲（一部地域では小麦、トウモロコシも）の改良種の育成（フィリピンに設置された国際稲研究所と各国の農業試験場との連携）、化学肥料の多投（食糧援助に基づく窒素肥料の配給）、灌漑施設の整備（世界銀行やアジア開発銀行の貸付資金に支えられた大規模農業開発プロジェクト）、そして農業技術普及事業が国策として、また国際開発援助政策として、強力に推進された。その結果、熱帯アジアでは稲生産の集約化（窒素肥料反応性が高い品種と灌漑施設の整備による多期作化＝1年3作、2年5期作の普及）が短期間に普及し、人口増加にもかかわらず人々は飢餓から解放された。この一連の過程は「緑の革命」と呼ばれている。それは、表5-2に示したように、1970年から1995年

表5-2　モンスーンアジアの緑の革命

指　標		東南アジア[1]	中国	インド	南アジア(除くインド)[2]	アジア途上国
人　口 (100万人)	1970	204.4	834.6	554.9	156.2	1750.2
	1995	343.7	1226.3	929.0	293.9	2792.9
	増加率%	68.2	46.9	67.4	88.2	59.6
穀物生産量 (100万トン)	1970	33.8	91.0	92.8	25.4	313.2
	1995	73.6	473.0	174.6	48.1	649.6
	増加率%	117.8	419.8	88.1	89.3	107.4
穀物収穫面積 (100万ha)	1970	25.0	91.1	100.4	21.3	237.7
	1995	32.9	88.2	100.2	26.0	247.3
	増加率%	31.6	-3.2	-0.2	22.0	4.0
穀物単収 (kg/ha)	1970	1,352	1,769	925	1,197	1,317
	1995	2,237	4,007	1,743	1,846	2,627
	増加率%	65.6	126.5	88.4	54.2	99.5

資料：Asian Development Bank, Rural Asia: Beyond the Green Revolution, 2000, p.9, Table1 に基づき筆者作成。
注：1）東南アジアは、カンボジア、インドネシア、ラオス、マレイシア、ミャンマー、フィリピン、タイ、ベトナム。
　　2）南アジア（除くインド）は、バングラデシュ、ブータン、ネパール、パキスタン、スリランカ。

の間に以下のような劇的な変化が起こったことからもうなずける[1]。

①出生率はほぼ全世界的に低下したが、アジアの人口は60％増加し、また新たな増加分は10億人以上に上った。

②穀物生産は、ほぼ倍増した。この食料増産の著しい特徴の1つは、穀物生産の増加分のほとんどすべてが、収量の倍加によることである。穀物収穫面積はほとんど変化せず、わずか4％の増加に過ぎなかった。一部の国や地域では、増加するどころか、都市的土地利用への転換により農地面積は減少した。

③以上の結果、食料の入手可能量（1人1日当たりの入手可能な熱量で測ったもの）は24％増加し、食料不足は基本的に解消された。

④また、1980年代から引き続く都市の産業の発展および農村非農業経済の伸長により、1人当たりの国内総生産は190％増加した。

⑤これらの変化はまた、貧困に大きな影響をもたらした。1975年のアジアでは、人口のほぼ5人に3人は貧困者であったが、1995年までにこの割合は3人に1人以下に低下した。貧困人口の絶対数は28％減少し、1975年の11億4,900万人から1995年には8億2,400万に減少した。これには、人口増加率の低下も幸いした。

いくつかの国、特に東南アジアの国は、わずか30年間に貧困国から中所得国に名乗りをあげたが、その他の南アジアの国は遅れをとっている。また、いずれの国でも国内的にはその成果が均等に行き渡っているわけでは決してない。多くの農村世帯や、不利益を被っている集団、資源の乏しい地域は遅れをとっており、人口大国を擁するアジアでは、なお多くの農村住民が依然として貧困生活を送っている。中でも、女性は最も貧困にさいなまれており、女性世帯主の世帯が貧困状態の中でも特に貧しい。また、深刻な環境劣化が多くの地域で発生している。その中には緑の革命の地域も含まれるが、それは近代的な農業投入財（農薬）の不適切な使用（適切な農業指導の欠如が背景にある）に伴うものである。多くの環境劣化、特に土壌劣化および森林消失は、緑の革命の恩恵にあずからなかった後進地域に集中している。

4 まとめ

　農業が国際地域開発において果たしてきた役割、そして開発途上国の開発において今後とも果たすことが期待されている役割は大変に大きいことが、これまでの説明でおおよそ理解できたと思われる。それをすこし単純化してまとめてみると、次のようになる。

　農業と農村は、農村地域で暮らす人々にとっての居住空間であり、まさに生活する場でありかつ生産活動に従事する場である。途上国ではこの農村における人口増加が見込まれるため、現住人口のみならず将来人口にとっても、このもっとも基本的な空間的機能が果たす重要性は極めて大きい。国際地域開発の実践の場としての農業と農村は、開発それ自身のあり方を特徴づける。そのため、モンスーンアジアで水稲生産が卓越する社会の発展の特質は、西ヨーロッパのコムギ・オオムギ等の生産が卓越する社会のそれとおのずから異なることに留意する必要がある。前者では土地集約化（土地節約化）が大きな特徴となるが、後者では逆に土地粗放化（土地使用的、土地拡大的）が大きな特徴になる。

　農業と農村は、そもそも孤立して存立していないし、また存立しえない。常に、外部の社会とさまざまなつながりをもって存立している。都市との関係は最も古くから形成されてきたし、また、グローバリゼーションとITC革命によって世界から孤立して存続することはもはやあり得ない。したがって、開発において都市部門が拡大するならば、それに対する貢献は農業および農村部門が果たすことになる。例えば、都市人口の増加に対して食料を供給すること、都市の産業拡大に対して原料を供給すること、都市の拡大に対して必要な土地（工場、住宅、道路、鉄路、学校、公園、都市生活者に必要な施設用地）および用水（工業用、生活用）などの資源の提供（割譲）、労働力の提供（農民から工場労働者への転換）、農業部門における余剰による工業資本の提供、農産物輸出を通じた外貨の獲得、そして都市の工業生産物市場の提供など、数え上げればきりがない。

　しかしながら、農業を土台にして工業や産業が発展した結果、現在の日本の状況のように農業の全面的な後退、農業不要論の台頭、都市巨大資本による農地の囲い込み策動など、農業の将来展望をますます困難にするものであるならば、農業部門からみれば開発とはいったい何のため、誰のためのものであった

かが厳しく問われなければならない。これまで、農業それ自身と農村の魅力を増進するための研究は、どれほど真剣になされてきただろうか。

　農業に期待される役割として、今後ともその重要性に変わりがないのは食料の安定供給である。食料は量さえ確保されればよいというものではなく、食の安全・安心の面から質が厳しく問われている。したがって、食料安全保障についても、時代とともにそのあり方も変化せざるを得ない。現在そのもっとも大きな不安要因は気候変動（Climate Change）である。

　そして最後になったが、国際地域開発学が農業と農村に関心を持つ最大の理由の1つは農村における貧困のまん延である。農村の貧困の定義上の問題、農村の貧困の特質、農村地域格差による貧困の分布と特質の違い、そして貧困の主観的・客観的判断（農村は貧しい、農民は貧しいという言説の流布）など、農村の貧困の状況を的確に把握することは難しい。しかし、農村には都市にはない豊かさがないわけではない。それが何かを明らかにし、開発に活かすことも農業と農村に向き合う国際地域開発学の課題である。

注
1) アジア開発銀行編、2002、pp.8-14 を簡略化した。

引用・参考文献
アジア開発銀行編（水野正己訳）「緑の革命を超えて」、2002、農政調査委員会（Asian Development Bank, *Rural Asia: Beyond the Green Revolution*, 2000.）

水野正己、「開発と農村社会」、西川潤他編著「開発を問い直す 転換する世界と日本の国際協力」、日本評論社、2011、pp. 287-301。

第6章　伝統農業と農村開発

加藤　太

1　はじめに

　「伝統農業は遅れた農業なのか？」という疑問は、開発途上国、とりわけアフリカ諸国の開発途上国における農村開発に関わる人間にとって、遅かれ早かれ直面し、自分なりの解答を探さなければならなくなる問題の1つである。先進国に長く滞在している人間が開発途上国に赴くと、無意識に利便性や効率性、経済性といった観点に価値を置いてしまい、農業に関しても同様の視点から評価をする傾向が大きくなってしまうことがある。

　しかし実際にアフリカ諸国の農村に滞在し、現地の農業を深く観察すると利便性や効率性、経済性からだけでは現地の農業を評価できないことに気付き、「どうすれば現地の農業を改善できるか？」、あるいは「どうすれば彼らの生活が改善するか？」という疑問を抱くとともに、現地の農業を再評価する必要に迫られる場合がある。ここではこうした疑問が発生する要因を整理するとともに、そのメカニズムを農業の視点から説明し、開発に携わる人間がその問題をどう乗り越えていくかを考えることにする。

2　アフリカ経済の停滞と農業生産について

　20世紀後半は多くの開発途上国が急速に経済発展を遂げた時期である。アジア諸国やラテンアメリカ諸国の経済発展は著しく、これらの国々の経済活動は世界経済に大きな影響を与えるようになった。一方、アフリカ諸国、特にサハラ砂漠以南のアフリカ諸国（サブサハラ・アフリカ）は経済発展が進んでいるものの、いまだに国連において後発開発途上国として指定されている国も多い。すなわち世界経済の観点から俯瞰すると、躍動するアジアおよびラテンアメリカ諸国に対し、取り残されるアフリカ諸国という構図が鮮明になりつつある。アフリカ経済の停滞の要因の1つが、農業生産における成長の停滞とされてい

る。表6-1はアフリカ諸国とアジア諸国、南アメリカ諸国における1961年から2012年にかけての、人口、耕作面積、穀物生産量と単位面積当たりの穀物収量の増加率をまとめたものである。人口を見てみると、アフリカ諸国は約270％の増加率を示しているのに対し、アジア諸国や南アメリカ諸国は、約150から170％の増加率を示している。穀物の耕作面積の増加率は、アフリカ諸国で87.1％、アジア諸国で23.5％、南アメリカ諸国で40.1％となっており、穀物を栽培する耕地はアフリカ大陸でもっとも拡大している。

その一方で、穀物生産量についてはアフリカの増加量がアジアや南アメリカに比べて少ないため、単位面積当たりの穀物収量について比較すると、アフリカで著しくその割合が低くなっていることが分かる。すなわちアフリカは他の地域に比べて、人口の増加率が高いのに対して、穀物の生産量の増加率は低く、そのギャップを耕作面積の拡大によって補っているのである。

サブサハラ・アフリカの農業は多くの地域で「伝統農法」と呼ばれる方法で営まれている。伝統農法の定義に関しては諸説あるが、ここでは「機械化農業、近代品種の栽培、農薬・化学肥料の利用、灌漑設備の設置など農地の整備」といったいわゆる「近代農法」の対義語として、「伝統農法」という用語を使うことにする。この「伝統農法」は一見すると「近代農法」にくらべて収量が低いため、アフリカ諸国の経済発展の停滞の一要因として、「伝統農法」が問題視され、多くの地域の開発で「伝統農法」を「近代農法」に置き換えようとする試みが実施されたのである。

表6-1　アフリカ、アジア、南アメリカにおける人口、穀物耕作面積、穀物生産量、単位面積当たりの穀物収量の増加率（1961年－2012年）

(単位：％)

	人口	穀物耕作面積	穀物生産量	単位面積当たりの穀物収量
アフリカ	272.8	87.1	271.8	98.7
アジア	148.8	23.5	298.4	222.6
南アメリカ	170.9	40.1	349.1	220.6

資料：FAO統計より筆者が作成。

3 在来性のポテンシャル

 ところが先進国が「近代農法」に置き換えようとしてきた「伝統農法」は、アフリカ諸国の農民の生活スタイルに密接に関わっており、そう簡単に変化しないことが様々な研究によって明らかになってきた。

 まずアフリカ諸国の農民の労働形態であるが、彼らは家族労働を基本とし、家族の成員の生存に必要な生産の維持を優先した生産様式を持っている。つまり、アフリカ諸国の農法の根底には「如何に効率よく収量を増加させるか」ではなく、「毎年、家族が生活できる範囲の収穫量をいかに継続して毎年確保していくか」という志向があるといえる[1]。また、世帯の生業や作付け体系がリスク分散のために多様化している場合も多い。基幹となる作物の栽培に特化し、効率的に投資を行うことで収穫量を増加させていく先進国の農業を「インテンシブな農業」と呼ぶのに対し、こうしたアフリカ諸国の農業は「エクステンシブな農業」であると表現されている。すなわち、アフリカの「伝統農法」は、インテンシブでなくエクステンシブな方向性に特化した形で発展してきたのである[2]。

 また、アフリカの農村をとりまく経済の性質についても多くの指摘がなされている。アフリカ諸国の農村地域における経済活動には、血縁、地縁関係など社会的紐帯に基づく互酬的な交換を基盤とする特徴があることが明らかになっている。言い換えれば、彼らの経済活動には、富の蓄積やその蓄積を元にした農業生産への投資が行われることが少なく、互酬的な交換を通して地縁、血縁関係の中で富の再分配を行う特徴がある。こうした経済活動は、一般に「情の経済」と呼ばれ、アジアやラテンアメリカ諸国とは異なったアフリカ的な経済活動であることが報告されている[8]。このようにアフリカ諸国における「伝統農法」や彼らの生活規範を見つめなおすと、先進国の農業が発展してきた方向性とは全く別の方向性をもって耕作システムが発展してきたことが浮き彫りになってくるのである。

 以上のことを勘案すると、「伝統農法」を「近代農法」に置き換えることは、彼らの農業の方向性をいかにインテンシブな農法に変化させるかということに要約される。しかし、こうした変化は、彼らの生活スタイルや価値観を根底か

ら変化させることにつながってしまい、このようなジレンマがアフリカの農業開発の進展に影を落とす結果に関係しているのである。

　アフリカ諸国における農業開発のジレンマを克服する手段として最近注目されつつあるのが、「在来性のポテンシャル」と呼ばれるものである。「在来性のポテンシャル」とは、地域農村の生態、社会、文化の独自性と、それらの相互関係の歴史的な累積体がもつ潜在力のことである。こうした潜在力をもとにして創造された新たな「伝統農法」は「近代農法」と比較すると経済性や効率性は劣るものの、巧みに環境をコントロールしたり、厳しい環境にうまく農法を合わせたりしながら、なおかつ彼らの生活スタイルに合わせるように営まれていることが多い。このような農法は、我々が考えるようなインテンシブな技術ではないものの、そこで実施されている技術の有効性は注目すべき点があることがこれまでの研究で明らかになってきた[3]。

　例えば、タンザニア中南部のキロンベロ谷と呼ばれる氾濫原では、洪水を稲作に利用する「伝統稲作」が拡大し、国内生産量の1割を産出する大産地となっている[9]。

　キロンベロ谷の稲作では雨季の開始とともに、水田を耕起しイネを播種する。イネは雨季の雨とその降雨によってもたらされる洪水を利用して生育を続け（写真6-1）、やがて穂を出してコメを実らせるのである（写真6-2）。ここでは近代的な稲作の技術の1つとされる灌漑設備は全くと言っていいほど存在していない。タンザニア中部の降雨パターンは、雨季の始まりにあまり雨が降らない。しかし、終盤に近づくにつれて多くの雨が降ることで氾濫原では洪水が発生する。一方イネの生育の中で水が必要な時期は、穂が出る前の生育ステージである。ここではその時期に河川の氾濫を利用して水田に水が入るような工夫をしている。その工夫の1つが彼らの育てているイネの品種である。イネには早晩性といわれる性質があり、品種によって早く穂を出す早生（わせ）と、なかなか穂をつけない晩生（おくて）、その中間の中生（なかて）の違いがある。キロンベロ谷の稲作では、種まきのタイミングと品種の早晩性をうまく組み合わせることによって、イネが最も水の必要とする生育ステージに洪水が起こり、乾いた水田土壌に水が供給されるような耕作方法を確立しているのである。ま

第6章　伝統農業と農村開発　49

写真6-1　キロンベロ谷の水田に洪水によって水が入る様子

写真6-2　キロンベロ谷の水田で収穫をする女性

た、イネの品種には早晩性とは別の性質として草丈の長短があることが知られている。

　キロンベロ谷では、河川の氾濫によって水田にもたらされる水の深さがそれぞれの水田によって異なっている。農家は自分の耕す水田において洪水が来るとどのくらいの水深になるかをよく知っており、それぞれの水深にあった草丈の品種を選んで栽培しているのである。このような古くから地域に存在してきた在来の知識や品種を利用する一方で、キロンベロ谷の農家は海外からの援助ではなく、彼ら自身で地域内にトラクタを維持し水田の耕起に利用している。また除草剤などの農薬を利用するなど利用可能な近代技術も積極的に取り入れる工夫をしている。キロンベロ谷の農家は、地域の環境や農法に関する知識を活用しながら水田を拡大させるとともに、「伝統技術」と「近代技術」うまく接合させることで拡大した水田の耕作を可能にしたのである[5),6)]。すなわち彼らは農耕体系の一部だけをインテンシブな方向へと切り替える工夫によって、コメの大産地を形成したと言い換えることもできる。

　このような事例は環境をうまく利用する農法が地域に存在しているという「在来性のポテンシャル」が活性化し、作物生産量の増加に寄与した一例である。アフリカ諸国で実施されている「伝統農法」や地域の生活スタイルの全てに「在来性のポテンシャル」があるかどうかは疑問である。しかし、多くの農村には新たな変化の兆しが起こる要素が存在していることが明らかになってきた。例えば、タンザニアのンジョンベという山間部の農村では傾斜地の畑の休閑期間に植林をすることによって林産物（木材や炭）を確保するような農法が農家自身の手で創り出され、実施されるようになってきている[4)]。

　キロンベロ谷やンジョンベのように外部の働きかけがあまりなくても「在来性のポテンシャル」が活性化し新たな農法が創出される場合もあれば、これから開発などの外部の要因が加わることで別の農法が誕生するであろう地域もある。しかし、いずれの場合もその起点となる要素が存在しており、このような起点が「在来性のポテンシャル」なのである。

4 アフリカ型農村開発のアプローチ

　アフリカ諸国の農村開発に必要とされることの1つは、このポテンシャルに注目することではないだろうか。「伝統農法」を遅れた技術とみなし、その全てを「近代農法」に置き換えるよりも、そこにある文化や慣習を勘案しつつ、地域に存在する「在来性のポテンシャル」を見つけ出すことが、イノベーションの契機につながりやすい。アフリカ諸国のイノベーションは外部の技術を必要としなくても起こる場合もあれば、外部の技術や知識と在来の技術や知識が組み合わされたときに起こる場合もある。

　最後に「伝統農法」と「近代農法」であるが、ともすれば我々は「開発途上国と伝統」「先進国と近代農業」を結び付ける二元論的な考えを持つ傾向にある。本稿でも、アフリカ諸国における農業開発を説明するうえで、わかりやすい構図を示すため「近代」と「伝統」を強調し、二元論的な論調で筆を進めてきたといえなくもない。しかし、よく考えてみるとそもそも「近代」と「伝統」の定義があいまいなうえに、どの地域の農業にもいわゆる「近代」と「伝統」的な要素が入り混じっていることに気付かされる。

　また、アフリカ各地に存在する「伝統的な技術」と呼ばれるものも、その技術が成立した当時のことを考えると、「外部からの新しい技術」を取り入れたことによって成立した技術である場合もある。このように考えると、長い時間をかけて地域に適応してきた「伝統的な技術」を短絡的に否定し、すべからく「近代技術」に置き換えようとする試みに問題があることはもちろんであるが、逆に「伝統技術」が成立した背景ともいえる「外部の新たな技術」をすべて否定し、かたくなに「伝統技術」を擁護しようという立場にもいささか問題があることが指摘されている[7]。

　今後、農村開発を考える場合には、「近代と伝統」という二元論的な視点でものを考えることを改めながら、地域に存在する「在来性のポテンシャル」に着目し、こうしたポテンシャルを外部からもたらされた「新たな技術」によってうまく刺激をしながら地域に最適な技術を創出する必要があるといえる。

引用文献

1) 掛谷誠「焼畑農耕社会の現在―ベンバの 10 年」田中二郎、掛谷誠、市川光雄、太田至編「続自然社会の人類学」、アカデミア出版会、1996、pp.241-269。
2) 掛谷誠「焼畑農耕民の生き方」高村泰雄、重田眞義編「アフリカ農業の諸問題」、京都大学出版会、1996、pp.59-86。
3) 掛谷誠、伊谷樹一「アフリカ型農村開発の諸相：地域研究と開発実践の架橋」掛谷誠、伊谷樹一編著「アフリカ地域研究と農村開発」、京都大学学術出版会、2012、pp.465-509。
4) 近藤史「農村の発展と相互扶助システム：タンザニア南部ンジョンベ高原のキファニャ村の事例から」掛谷誠、伊谷樹一編著「アフリカ地域研究と農村開発」、京都大学学術出版会、2012、pp.61-89。
5) 加藤太「タンザニア・キロンベロ谷における在来稲作の展開」『熱帯農業研究』3(1)、2010 年 6 月、pp.13-21。
6) 加藤太「タンザニア・キロンベロ谷の扇状地の支流洪水域における在来稲作」『熱帯農業研究』4(1)、2011 年 6 月、pp.27-35。
7) 重田眞義「アフリカ農業研究の視点―アフリカ在来農業科学の解釈を目指して」高村泰雄、重田眞義編「アフリカ農業の諸問題」、京都大学出版会、1998、pp.261-285。
8) Hyden, G.「*Beyond Ujamaa in Tanzania: Underdevelopment and Uncaptured Peasantry*. 1980」, University of California Press, 1980, p.280。
9) Kato, F.「Development of Major Rice Cultivation Area in the Kilombero Valley, Tanzania」『*African Study Monographs*』Supplementary Issue 36, 2007, pp.3-18。

第7章 アフリカにおける新規導入作物ネリカの挑戦

倉内伸幸

1 はじめに

　食糧問題や環境問題は全世界が直面する地球規模の課題となっている。2008年にコメ、コムギ、ダイズ、トウモロコシといった主要穀物の価格が急激な上昇を続け、いずれも史上最高価格を更新した。その背景には、中国やインドなどの人口超大国の経済発展による食料需要の増大、気候変動に起因する大干ばつによる不作、世界的なバイオ燃料の原料としての穀物需要の増大などがあると指摘されている。その影響を最も深刻に受けているのはアフリカである。アフリカ全体で消費するコムギの55％、コメの35％は輸入に依存している。栄養不足人口は2億人を超え、低い農業生産性にあえいでいる。

　地球環境問題については、2007年にIPCC（気候変動に関する政府間パネル）が「気候システムの温暖化は疑う余地がない」と断言し、乾燥地域では、より一層乾燥化が進み、熱帯や亜熱帯の乾燥地域では、河川流量と利用可能水量が10～30％減少すると予測している。アフリカ農業は天水に依存しており、農業インフラとして重要な灌漑施設の整った農地は、全農地のわずか6％に過ぎない。今後、温暖化による乾燥化が進み、干ばつが頻発すると、現状でも低い農業生産性はさらに低下し、食糧問題が一層深刻化することは明らかである。また、砂漠化の進行など、環境の劣化も避けられない。

　2008年はアフリカの食糧、環境、開発について世界の政治リーダーたちが議論し、方向性を示す画期的な年となった。その年、第4回アフリカ開発会議（TICAD Ⅳ）が横浜市で開催され、アフリカ53カ国（当時）のうち51カ国が参加して、日本の主導で今後5年間のアフリカ支援の理念と行動計画がとりまとめられた。福田総理（当時）は、基調講演の中で、アフリカの成長にはアフリカの総人口の約3分の2が従事している農業の発展が重要であることを述べ、

アフリカのコメの生産量を10年間で倍増することを呼びかけた。行動計画には、アジアイネとアフリカイネを掛け合わせた新品種ネリカの利用・拡大、水資源と農地利用の持続的な管理に対する支援、砂漠化防止に対する取り組みなどが盛り込まれた。TICAD IVで示されたアフリカの農業と環境の問題について、持続的な農業・農村開発の視点からどのように取り組んでいけばよいのだろうか。これは、各国の文化、伝統、慣習、経済、政治、人的資源などが絡み合っており、極めて難しい問題である。これまで旧宗主国であるヨーロッパ諸国や世界銀行など国際機関が様々な開発支援を行ってきたが、プロジェクトが完了すると現地に根付かず消滅してしまうケースが多いといわれている。私たちは、これまでの農業・農村開発の取り組みを学びながら、アフリカにおける緑の革命の可能性や農業生産性の向上と環境保全が両立するアフリカの持続的農業開発にチャレンジしなければならない。

2　ネリカの挑戦
(1) 挑戦の背景

アフリカでコメ（食物を指す場合はコメ、作物を指す場合はイネ）が永い歴史をもっていることはほとんど知られていない。紀元前1500年にはアフリカ起源の栽培種であるアフリカイネ（*Oryza glaberrima*）が西アフリカのニジェール河流域ですでに栽培されていた。我々がイネと呼ぶアジアイネ（*Oryza sativa*）がアフリカで栽培され始めたのは数百年前とされている。現在のコメの位置づけは地域によって異なる。イネ栽培の中心地である西アフリカでは自らの食糧としてコメを生産・消費しているが、東・南アフリカでは換金作物という位置づけである。しかし近年、都市部の収入増加や消費者の嗜好の変化などにより、北アフリカを除くサブ・サハラアフリカでのコメの消費量は年率8％で増加しており、2007年には約1,600万トンに達している。これに対し生産量は、主として栽培面積の拡大により年率6％で増加し、2007年には950万トンに達したが、消費量との間には大きなギャップがあり、それは年々拡大している（図7-1）。

この不足分は、東南アジアからの輸入に依存しており、そのために年間14億ドルという巨額が輸入に費やされている。最近の穀物価格の高騰や債務を多

図7-1 サブ・サハラアフリカにおけるコメの生産量と消費量の推移

く抱える国が多い現状から、アフリカ域内でのコメの自給達成が最大の課題である。そこで2008年のTICAD IVで日本政府は、アフリカのコメの生産量を10年間で2倍にすることを宣言したのである。

(2) アフリカの稲作

紀元前以前から西アフリカのニジェール河流域や低湿地ではアフリカ固有種であるアフリカイネが栽培されていた。しかし、このイネは脱粒性が高く、倒伏しやすいため収量性は極めて低い性質をもっている。このため、ポルトガル人が16世紀にアジアイネを導入した。現在ではアフリカイネは、アジアイネの栽培に向かない環境や土壌の劣悪な地帯で栽培されているに過ぎない。アジアの稲作は豊富な降水量や河川の水を田んぼでコントロールして栽培する灌漑稲作がほとんどである。一方、アフリカの稲作は、アジアの稲作と大きく異なっている。灌漑稲作面積は全体の14%に過ぎず、低湿地水田（雨で水が溜まった耕地）が全体の42%、陸稲（畑で降水だけに依存するイネ）は37%を占める。その他は、ニジェール河流域氾濫原の深水栽培などである。アフリカ農業は基本的に畑作であり、アジアのように水を制御して水路を造る技術が発達してこなかった。降水量の多い熱帯雨林地帯では、イモ類や食用バナナが栽培されてき

たのである。

しかし、イネの栽培には多くの水を必要とする。水が多ければ収量は増加する。灌漑水田で1ヘクタール当たり3.4トン収穫できるのに対し、低湿地稲作では2トン、陸稲栽培では1トンと天水（降雨）に依存した栽培では、単位面積あたりの収量は明らかに低い。それでは、アフリカの大地に灌漑設備を造れば問題は解決すると安易に考えがちだが、灌漑設備の建設には莫大な費用と時間を要する。また、灌漑水の確保が困難な地域が多い。アジアで数千年かけて構築された灌漑技術は一朝一夕に導入できない。まずは、天水栽培でいかに生産量を増大させるかが直面した問題である。

(3) ネリカの誕生

アフリカイネは、収量性は低いがアフリカの厳しい環境に適応して栽培され続けてきた。一方、アジアイネは、収量性は高いがアフリカの不良環境に弱い。そこで、両者の有用遺伝子を併せ持つ雑種の作出が数十年にわたって試みられてきた。1990年代に入り、WARDA（West Africa Rice Development Association）のモンティ・ジョーンズ博士がバイテク技術を応用して初めて両者の種間雑種の作出に成功した（写真7-1）。この種間雑種から育成された品種は、アフリカの新しいイネ品種との期待を込めて、A New Rice for Africa（NERICA）と命名された。これまで、陸稲ネリカ（Upland NERICA）18品種、水田用ネリカ（Lowland NERICA）60品種が育成されている（写真7-2）。

(4) ネリカの挑戦

このネリカにいち早く目を付け普及に取り組んだJICA農業専門家が坪井達史氏である。坪井氏は本学科を卒業後、青年海外協力隊で稲作隊員としてフィリピンに赴任したのをきっかけに、30年以上海外の稲作専門家として活動してきた。その功績は、国際協力功労賞(2002年)、世界が尊敬する日本人100人(2009年)、日本熱帯農業学会賞（2011年）などで表彰されている。坪井氏は、現在、ウガンダを中心にネリカの普及に尽力している。元来、ウガンダはコメ生産の主要国ではなく、2002年の陸稲栽培面積は1,500ヘクタールに過ぎなかったが、

写真 7-1　ネリカと両親の草姿と穂

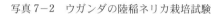

写真 7-2　ウガンダの陸稲ネリカ栽培試験

2007年には3万5,000ヘクタールにまで拡大した。この陸稲の90％以上は新しく導入したネリカ4によるものである。

坪井氏は、18品種あるネリカの比較試験を行い、ウガンダに適したネリカ1、4、10を選定した。それまでほとんどいなかった稲作農民の啓蒙、技術指導も熱心に進め、1万人以上を指導した。また、ネリカの試験研究にも取り組み、

ウガンダを東部アフリカにおけるネリカ振興の基幹的センターとした。加えて、東アフリカ・南アフリカの諸国にも頻繁に訪問し、さらに西アフリカ諸国から多くの研究者、農業関係者を研修に招聘し、稲作技術全般について指導・助言を行っている。

2007年より坪井氏の協力の下、倉内らの研究グループは、在来作物とネリカの土地競合性に関する研究を続けている。この研究には、本学科から大学院生や学部生が述べ10名参加し、また在学中や卒業後、協力隊員として参加し、3名がJICA専門家としてアフリカで活躍している（写真7-3）。

3　おわりに

灌漑開発が遅れたアフリカにおいて陸稲ネリカは稲作振興の鍵になるといわれている。ウガンダが今では、アフリカにおいて日本が展開する稲作振興の1大拠点となっているのは坪井氏の功績によるものである。サブ・サハラアフリカでは2008年以来、日本政府主導の下、10年間で同地域のコメ生産量を倍増する計画が推進されているが、この計画が緒についた背後には、坪井氏が推進したウガンダにおける陸稲ネリカの爆発的普及がある。確かな技術や先見性もさることながら、その活動姿勢も特筆に値する。試験研究においては「農家のための技術開発である」という点を徹底し、地域の農家が容易に取り入れられることを念頭に研究を実施してきた。また普及においても、農業普及員・農家

図7-3　学生と現地スタッフ共同作業

と共に圃場で汗を流し、現場の気付きを共有しながら指導を行っている（写真7－4）。このような坪井氏の現場重視のスタイルは、アフリカ各国における農業関係者や援助関係者の既成概念を覆し大きな影響を与えており、我が学科、我が国の国際協力の特性を体現する存在である。

図7-4　坪井達史専門家の講習会風景と農家圃場の共同作業

第8章 ラテンアメリカ地域の農業と国際協力
－日本と世界に貢献するブラジル農業を中心に－

溝辺哲男

1 はじめに

　ラテンアメリカ地域は、日本から地理的に遠いといった理由のほかに、1980年代の経済停滞、政治の混乱が日本を一時この地域から遠ざけることになった。しかし、世界的に見た場合、ラテンアメリカ地域の存在感は日増しに大きくなっている。特に、農業面では世界の食料供給地域として同地域に期待が集まっている。

　2010年から再び上昇に転じた国際穀物市場の価格は、世界の食料需給の逼迫感を助長している。今後、世界の食料需給がより一層逼迫した場合、ラテンアメリカ地域は先頭に立って、これを調整し、改善する役割を演じてくれることが期待される。特に、食料の60％（カロリー換算）以上を海外からの輸入に依存する日本にとっては、この地域の農業の重要性について理解を深める必要がある。

　本節では、日本にもなじみが深く、世界最大の農産物純輸出国に向けて快進撃を続けるブラジル農業に焦点を当てながら、ラテンアメリカ地域の農業が日本や世界の食料需給にどのように貢献しているのかについて考察する。

2 ラテンアメリカ地域の農業生産力はどれくらいか

　ここでは、ラテンアメリカ地域における主要農産物の生産量が世界でどの程度の割合を占めているか数値で確認しながらこの地域の農業生産力を把握する。

(1) ラテンアメリカ地域で生産される主要農産物の世界ランキング

　ラテンアメリカ地域は、表8-1に示すように日本人の食生活に欠かせない多くの農産物や加工用原料の生産で、世界ランキング（10位まで）上位を占め

表8-1 ラテンアメリカ地域における主要農産物生産量の世界でのランキング（2007年）

農産物	世界生産量（万トン）	ラテンアメリカ地域の主要生産国と生産量（万トン）世界での順位／（世界での生産量の占有率）			
ダイズ	22,053	ブラジル(5,786) 2位、(26%)	アルゼンチン(4,748) 3位、(22%)	パラグアイ(586) 6位、(3%)	ボリビア(160) 8位、(1%)
トウモロコシ	79,179	ブラジル(5,211) 3位、(7%)	メキシコ(2,351) 4位、(3%)	アルゼンチン(2,176) 5位、(3%)	―
サトウキビ	159,070	ブラジル(54,971) 1位、(35%)	メキシコ(5,209) 6位、(3%)	コロンビア(3,200) 8位、(2%)	グアテマラ(2,544) 10位、(2%)
精糖	12,257	ブラジル(3,210) 1位、(26%)	メキシコ(563) 6位、(5%)	―	―
コーヒー	779	ブラジル(225) 1位、(29%)	コロンビア(69) 3位、(9%)	メキシコ(26) 7位、(3%)	グアテマラ(25) 8位、(2%)
バナナ	8,586	ブラジル(710) 4位、(8%)	エクアドル(600) 5位、(7%)	コスタリカ(208) 8位、(3%)	メキシコ(196) 10位、(2%)
カカオ	416	ブラジル(20) 5位、(5%)	エクアドル(9) 7位、(2%)	コロンビア(6) 9位、(2%)	―
柑橘類	9,263	ブラジル(1,989) 1位、(22%)	メキシコ(472) 4位、(5%)	―	―
サイザル麻	37	ブラジル(25) 1位、(67%)	メキシコ(2) 5位、(4%)	ベネズエラ(0.6) 7位、(2%)	ハイチ(0.5) 8位、(2%)
肉牛（万頭）	135,718	ブラジル(19,975) 1位、(15%)	アルゼンチン(5,075) 5位、(4%)	メキシコ(3,195) 8位、(2%)	―
鶏肉	6,845	ブラジル(1,031) 3位、(15%)	メキシコ(268) 4位、(4%)	アルゼンチン(132) 8位、(2%)	―

資料：Data Book of The World（2010年版）、FAO-FAOSTAT（2010）より作成。

ている。そして、生産量だけではなく、この表には載せていないが貿易量に目を向けると、これら農産物の大部分は輸出に回され、世界の輸出国の上位を独占している。例えば、日本人の食卓や食生活に欠かせない納豆、豆腐、味噌、醤油と家畜飼料（エサ）の原料となる世界のダイズ貿易量9,124万トン(2007-2014

年の平均）のうち、37％はブラジルが担っている。続いてアルゼンチンが16％、パラグアイが5％をそれぞれ占め、1位のアメリカに続いて2位から4位までをラテンアメリカ諸国が独占している。また、トウモロコシの貿易量もブラジルとアルゼンチンが、それぞれ15％及び16％をそれぞれ占め2位、3位につけている。ラテンアメリカ地域は、世界的な農産物生産地域であると同時に国際市場向けの一大農産物輸出地域を形成している。

（2）植民地農業からアグリビジネスの展開

ラテンアメリカ地域は、15世紀末にコロンブス一行が上陸して、スペインとポルトガルの征服者達の支配を受けることになる。この地域に入ってきた征服者達は、16世紀からブラジル北東部の沿岸域やカリブ海諸国において黒人奴隷を労働力とするサトウキビのプランテーション栽培を開始した。19世紀初頭からは、綿花とコーヒーの生産が盛んに行われこの地域の経済を支えることになった。また、ヨーロッパから導入された肉牛を中心とする粗放な牧畜業は、ラテンアメリカ伝統の大規模土地所有制度の発展を促すことになる。

　その後、イタリア人、ドイツ人、日本人の移住が続き、穀物、野菜、果樹など多彩な農業が展開されるようになった。農業は今でもラテンアメリカ各国の主要産業であるが、近年の経済グローバル化の流れに沿って、これまでのようなモノカルチャー（単一作物栽培）による農作物の原料生産とその輸出を主体とした農業形態や営農方式は大きな変化をみせている。ラテンアメリカ各国は、農業生産だけではなく、ダイズ製品に代表される農産物の加工、流通、販売までを一元的にとらえ、アグロ・フードシステム間での産業連関を強化しながら、バリューチェーンの構築を促すアグリビジネス（Agri-business）の方向に大きく舵をきっている。

3　世界最大の「農産物純輸出国」となったブラジル：その要因は何か

　ここでは、ラテンアメリカ地域における最大の農業国であるブラジルの農業とその発展の契機になったセラード農業開発について解説する。

(1) 世界の農産物市場におけるブラジルとラテンアメリカ諸国の台頭

　FAO（国連農業食糧機構）のデータによるとブラジルの農業生産の年間伸び率は、1990年代が年率6.1％であったが2000年から2005年の間は年率21.2％へと急増した。この結果、図8-1に示すように2008年のブラジルの農産物輸出額は554億ドル、輸入額は79億ドルとなり、輸出額から輸入額を引いた純輸出額は475億ドルに達した。

　ブラジルは、このような生産量と輸出量の増加によって、2008年から現在まで世界最大の農産物純輸出国となっている。アメリカの輸出額はブラジルを上回っているが、輸入額が多いため純輸出額は359億ドルでブラジルよりも少ないことになる。アメリカに次ぐ純輸出国はアルゼンチンで、ラテンアメリカの両国が1位と3位を占めている。なお、アメリカは1980年代後半から90年代後半まで、世界最大の農産物純輸出国であったが、最近の世界の農産物市場ではアメリカの地位が相対的に低下し、ラテンアメリカ勢が台頭してきている。そしてアメリカは、近い将来農産物の純輸入国になると予測されている。ちなみに日本は輸入額が540億ドルで世界最大の農産物純輸入国である。

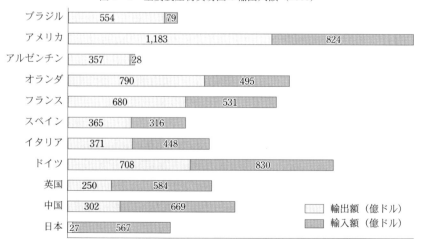

図8-1　主要農産物貿易国の輸出入額（2008）

資料：FAO-FAOSTAより作成。

(2) ブラジルの農産物輸出戦略－所得弾力性の高いダイズ製品への着目－

　それではどうしてブラジルは、輸出農産物が増加し、世界一の農産物純輸出国になれたのであろうか。その要因を探るため、表8－2にFAOのデータに基づいて1960年代から2008年までのブラジルにおける輸出額トップ5の農畜産物別の推移を分析した。同表からも分かるようにブラジルは、植民地時代から続けられてきたサトウキビ、綿花、コーヒーといった伝統的な農産物が長らく農産物輸出ランキングの上位にあった。

　しかし、セラード開発が本格化する1980年代に入ると、ダイズとその加工品（ダイズ油、ダイズ粕）や鶏肉などが上位を占めるようになり、輸出構造が大きく変化をはじめた。現在では、ダイズ製品（ダイズ粒、ダイズ油、ダイズ粕）を中心とするアグリビジネス産品の輸出額は、ブラジルの総輸出額の40％（2014年）を占める状況にある。

　次に、このような輸出構造の変化が生じた理由について、所得弾力性の概念を用いて検討してみる。所得弾力性とは、所得が1％増加した場合に需要が何％増加するかを示す値である。米州開発銀行（BID）は、ラテンアメリカ諸国が輸出している農産品の輸入国における所得弾力性を計測している。その結果、輸入国では、砂糖、コーヒー、綿花などの数値が1未満であるのに対して、ダイズやその関連製品、食肉の数値は2を超えていると報告している（清水2006）。つまり、ダイズや食肉は、所得の増加率の倍の率で需要が伸びることを示している。ブラジルにおける農産物輸出構造の変化は、この点を重視したブラジル政府の戦略的な取り組みによるところが大きいのである。それでは、ブラジルはなぜこのような農業戦略をとったのであろうか。

　FAOによると年間所得1,500ドル以下の人々が肉や魚から摂取するカロリーは、200kcal以下といわれている。一方、1,500～5,000ドルの所得層では、肉類の摂取カロリー量は300kcalを超える水準に上昇する。世界では一般的に、この所得層の人口が最も多く、ここを起点に穀類（米、トウモロコシ）やイモ類を基本とした食生活から、パン、魚、肉へと食のバラエティ化が進むことになる。この所得層の人口は、1970年代後半からタイ、インドネシア、シンガポールの工業化に成功した東南アジア諸国で増加することになる。これらの国々では、

表8-2 ブラジルにおける農畜産物の輸出ランキングの推移（輸出額トップ5）

	1960-1965	1970-1975	1980-1985	1990-1995	2000-2008
1位	コーヒー豆	コーヒー豆	コーヒー豆	ダイズ粕	ダイズ（粒）
2位	綿花	綿花	ダイズ粕	コーヒー豆	ダイズ粕
3位	サトウキビ	サトウキビ	ダイズ（粒）	ダイズ（粒）	鶏肉
4位	カカオ豆	トウモロコシ	ダイズ油	ダイズ油	コーヒー豆
5位	タバコ（葉）	カカオ豆	オレンジジュース	鶏肉	サトウキビ

資料：FAO-FAOSTAT（1960-2008）より作成。

経済発展によって1人当たりの所得が向上し、主食の米だけではなく、鶏肉、豚肉を中心とする食肉需要が増大したのである。

ここで留意すべきは、食肉需要の増大は肉生産に必要な家畜飼料（エサ）の需要増加をもたらすことになる点である。そして、飼料生産には、トウモロコシのほか、ダイズの副産物であるダイズ粕が不可欠になるため両作物の需要も急増することになる。表8-2に示したダイズやダイズ粕がブラジルにおける輸出額のトップに躍り出た要因がここにある。さらに、1990年代後半からは、ブラジル、中国、ロシア、インドの新興国（BRICs）で経済発展が進み、所得が増加している。特に、世界最大の人口を抱える人口14億の中国や第2位のインドの食生活の変化は、世界の農産物貿易に多大な影響をおよぼすようになった。

世界的に見ると、今後は、年間所得5,000～13,000ドルの所得階層が2005年の9億4,000万人から2015年には18億3,000万人に急増すると予想されている（広瀬2010）。この層の人口増加によって、今後一層、肉類の需要増加が推測されており、それにあわせて家畜飼料とその原料であるダイズやトウモロコシの需要は一段と増大することになる。ブラジルは、このような所得階層の人口増大に基づく食料需給動向の激変を予測するとともに、ダイナミックに進む国際農産物貿易のグローバル・トレードを見据えて農業政策の転換を果たしたのである。

4 ブラジル農業を支えるセラード地帯

　世界の食料需給の変化に対応して、即座に農産物の増産を行うことは容易なことではない。当然ながら、大量の農業生産を可能にする大規模農地の確保が前提条件になる。実は、ここにこそ世界の食料需給に影響を与えるようになったブラジルの底知れない開発ポテンシャルがある。

(1) セラード農業開発の契機となった日本の ODA による開発協力

　ブラジルの農産物輸出が拡大した要因は、アメリカよりも低コストで生産を可能とする広大な農地開発が行われたことによる。その農地開発が図 8-2 に示したブラジル中西部一帯に広がる総面積 2 億 400 万 ha（日本の約 5.5 倍）のセラード（Cerrado）開発である。

　セラード地帯は、元来、土壌酸性度が高くカリウムとリン成分の不足及びア

図 8-2　セラード地帯の分布（着色の部分）

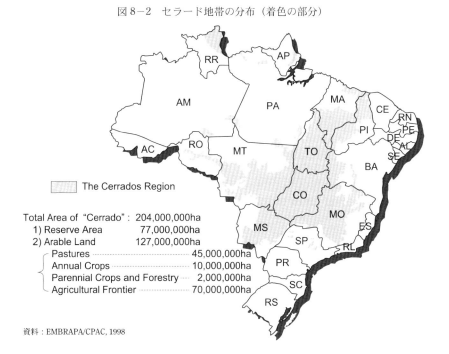

資料：EMBRAPA/CPAC, 1998

ルミウム害を主因として、長らく農耕不適地と見なされてきた。しかし、ブラジル政府は、適切な土壌改良と生産インフラ整備がおこなわれれば、セラード地帯において、約1億2,000万haの農地造成が可能であるとの調査結果にもとづき、1970年代はじめ頃から本格的な開発を開始した。

一方、当時の日本は1973年の世界的な穀物価格の高騰により、食料価格が非常に逼迫し、戦後長らく続いていたアメリカ一辺倒の穀物輸入体制の見直しが迫られていた。このような状況から日本は、ブラジル政府と協力して、ODAを基軸とした官民合同による「日伯セラード農業開発事業（プロデセール事業）」を1979年にスタートしたのである。プロデセール事業は、3期、22年間に亘り、日本側が684億円を投入して2001年に終了した。この間、セラードの原野に717戸を入植させ34.5万haの農地造成に成功することになる。その後、プロデセール事業の成功を目のあたりにしたブラジル人農家、アメリカの企業農家、さらには多国籍穀物商社（メジャー）が次々にダイズを中心とするセラード農業開発に乗りだし、プロデセール事業とは別に全く新たに約6,000万ha（2001年）を開墾したのである。

この結果、ブラジルのダイズ生産は、1970年代まで非セラード地帯である南部地域が90％以上を占めセラード地帯におけるダイズ生産量は年43万トンにすぎなかった。しかし図8－3に示すようにセラード地帯のダイズ生産量は1990年に850万トンに達し、1999年以降は非セラード地帯の生産量を上回るようになった。2012年のセラード地帯におけるダイズ生産量は4,630万トンであり、非セラード地帯の約2.5倍に達している。なお、2012/13年度のブラジルのダイズ総生産量は8,350万トンを記録し、史上初めてアメリカの生産量（8,206万トン）を上回り、世界最大の生産国となった。もし、セラード開発が行われていなければ、ブラジルにおけるダイズ生産は非セラード地帯だけの生産に依存し、現在ほどの生産量はなかったことが同図から容易に想像できる。

なお、日本によるセラード地帯に対する開発協力は、上述した資金協力だけではなく、同地帯における土壌改良、病害虫防除、栽培方法、営農改善などの生産技術面のほか、環境保全対策など多岐にわたりセラード農業開発の基礎を構築した。

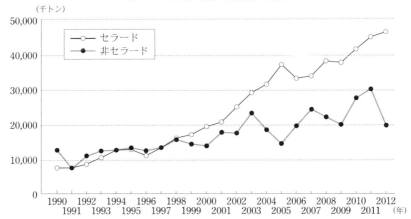

図8-3 大豆(粒)生産量の推移

(2) セラード開発による日本への貢献

日本は、現在ダイズの消費量の90％以上を輸入に頼り、その量も毎年450万トン（2000〜2014年の平均）に達している。そのうちブラジル産ダイズの日本への輸出量は17％程度であり一見、小さいようにみえる。しかし仮に、ブラジルのダイズ生産が現在よりも少なければ国際市場価格は今よりも高騰し、日本は高い対価を支払って輸入することになっているであろう。

また、セラード地帯の農業開発は、ダイズだけではなく、ダイズの成功に刺激されコーヒー、綿花、トウモロコシ、畜産物の増産をもたらしており、日本人の食生活や食卓はセラード開発の恩恵を多面的に受けているといえる。セラード開発の契機となったプロデセール事業は、日本のODAによる大規模農業開発の唯一の成功事例ともいわれており、その成果として国際農産物価格の安定化に寄与していることは実に意義深いものがあるといえる。

(3) セラード開発の課題

但し、セラード地帯を中心に快進撃が続くブラジル農業もバラ色ばかりではない。セラード地帯には、未だ広大な農耕可能地が残っているが、膨張するブラジルのアグリビジネス熱の高まりは、食料用農産物だけではなく、バイオエ

タノールの分野にも押し寄せてきている。

　食料と燃料による農地争奪戦によって、法定アマゾン地域に広がるセラード地帯との境界地域では森林破壊や土壌劣化及び地力低下をもたらしている。さらには、農地フロンティアでの環境問題のほか、不法占拠などの社会的な摩擦も発生している。これらの課題に対応し、持続的な農業生産体制をどのように確保するのかについて、世界の農産物市場価格に多大な影響を及ぼすようになったブラジル農業を国際市場が注視している。

5　おわりに

　記憶に新しい 2008 年の世界的な穀物価格の暴騰は、一時的に収まったようにみえたが、2011 年中半頃から、再度値上がりに転じている。ダイズの国際価格は、2012 年（9 月）に 1 トン当たり 650 ドルと最高値を記録した。翌年には 500 ドルまで低下したが、2014 年には 600 ドルまで再び上昇し、現在（2015 年）は 400 ドル台となっている。コメ、コムギ、トウモロコシも似たような価格動向にあり高値基調を維持している。

　穀物などの食料価格が上昇した場合、最も深刻な影響を受けるのは低開発途上国である。FAO によると 2010 年の飢餓人口は 9 億 3,000 万人で、前年に比べて約 1 億人減少した。FAO は、その主因を前年に比べて穀物などの食料価格が低下した点を指摘している。また、2010 年の中東諸国での動乱や暴動も食料価格の上昇がその発端といわれている。農産物価格をいかに安定させるか。さらには、農地も含めた有限な農業資源をいかに効率よく活用して、安定的な食料供給体制を構築するかは、地球規模での食料安全保障体制の確立に向けての大きな課題（グローバルイシュー）であると言える。

　セラード開発に対する協力の成果を日本とブラジルが協力して、このような課題に対応する必要がある。また、日本は、独自の食料安全保障体制を充実させる上からもアメリカとのこれまでの関係を重視しつつ、農産物輸入先の多元化を図ることが不可欠である。そのためには、ラテンアメリカ地域特にブラジルとの関係強化が一層重要になると考えられる。

参考文献

加茂雄三、「ラテンアメリカ・その歴史と風土」、日本放送出版協会、1987、pp.5-11。
小池洋一、坂口安紀他、「図説ラテンアメリカ」、日本評論社、1999、pp.10-17。
海外移住事業団編、「南米農業要覧」、(社)全国農業改良普及協会、1974、pp.7-11。
清水純一、「ブラジルにおけるマクロ経済政策の変化と農業政策」、国際農林業、2006。
広瀬隆雄、「新興国（BRICs、VISTA、ネクスト 11 等）の投資情報レポート」、2010。
溝辺哲男、「日伯セラード農業開発事業合同評価調査報告書」、JICA、2001。
Data Book of The World, Vol.22，2010，pp.56-67。
Ruan Wei、「世界最大の農産物輸出国に向かうブラジル」、農林金融、2008。

第3部　環境と開発

　簡単に言えば、環境とは、あるものが主体となった場合（例えば、自分）、それを取り巻く直接間接に関係を持つもの全てとの相性のことである。一方、開発とは、自然や知識を利用して（人間に）有用なものを生み出す行為のことを意味する。

　ここで紹介する地域の開発と関連した環境関連の分野は、国内外の環境問題を徹底的に調査した上で、地域住民に受け入れられやすいノーハウを学ぶ分野のことである。例えば、土壌劣化、水質汚染、大気汚染、廃棄物の処理のような現象は地球規模の問題になっているが、その原因や影響は地域・国によって様々ある。これらの問題を調査するために、調査方法やデータ解析を学ぶ必要がある。また、問題解決には、なるべく地域の自然資源を有効に活用させ、地域住民が参加しやすい方法を提案するために、地域社会の背景を考慮に入れ、生態系の構成や各種自然資源（土、水、植物、大気など）を取り扱う技術開発の知識が欠かせない。環境保全と地域開発を両立できる、言い換えれば、現場に適した環境に関して基礎力と応用力を身につけることが地球の持続性を高める働きにもなっている。

　第3部では、環境と開発を両立させるアプローチとして、環境保全と環境経済の2つの視点から特定の地域を取り上げ、その成果を紹介する。まず、環境保全関連においては、国内外の農村地域における様々な環境問題（主に農地土壌と農業用水関連）を研究課題とし、持続的手法によるその解決および保全を目標としている。具体的には、作物生産に重要な「土」「水」の理化学的な手法（解析）をベースに地域環境保全に関する研究を行っている。例えば、砂漠化による土壌劣化防止を目的とした土壌侵食メカニズム解析や土壌保全対策法の開発、地表・地下水の浄化および有効利用、安価で使いやすい資材の土壌保水・土壌改良・植物蒸散量抑制効果などである。また、地域資源管理の最適条件を導く

ために、地理情報システム (GIS) およびリモートセンシングなど情報技術を利用した環境評価モデル開発も研究課題に取り入れ、日本国内および海外の環境問題の解析・調査を実地している課題を紹介する。また、環境経済関連では、環境管理能力の形成メカニズムと、環境保全（配慮）行動のメカニズムを明らかにしていくことを研究目標としている。環境規制、環境計画に代表される、システムとしての環境管理能力の形成と、個々の経済主体の環境保全行動は、持続可能な開発を実現するために不可欠な両輪である。「環境政策と消費者行動・企業行動」をテーマとして、環境情報や環境政策が、消費者や企業の行動にどのような影響を与えているのか、定量的なケーススタディを積み上げていく計画である。

第9章　水土環境が南アジアの人々に及ぼす影響

ロイ　キンシュック

1　はじめに

　農業は人間が生きるため、環境は人類を守るためというような表現は可笑しいだろうか。我々人類を守るために、環境に調和した農業の重要性が関心をもたれるようになったのは遠い昔の話ではない。まさに、地域（農村）の住民が農業に必須要素である水と土地にどのように関わってきているか、言い換えれば、生態系環境、特に水と土壌が農業や我々の生活環境に及ぼす影響が「水土環境」を表している。1つの地域の水土環境を評価するのには、その地域のあらゆる面、すなわち農地、気象、気候、人口、教育、技術、水源、伝統、技術などから判断し、その地域の住民の生活や資源環境の持続性を考慮しなければならない。本章では、一般的に言われている先進国（経済富裕国）と途上国（経済貧困国）での経済成長のみを判断した生活ではなく、農業と環境の面から、住民の生活を考慮する方が適している南アジアの国々、バングラデシュ、インド、スリランカ、モルディブ、ネパール、パキスタン、ブータン（図9-1参照）の現状とその傾向について紹介する。

　「南アジア地域」は、アジアの国々の中でも農村人口が最も多く、モンスーン（季節風）の影響を受ける地域でもあり、日本と同じく米作文化を持つという共通点がある諸国のことである。貧困層の集中度が世界一高いと言われてきた南アジア地域は、過去15年間（2000年度以降）の急速な経済成長、人間開発面の進歩によって地域全体に貧困率の大幅な低下がもたらされた。熱帯・亜熱帯気候に恵まれる一方、洪水・干ばつ・サイクロンなど自然災害の発生頻度が多い南アジアの国々では、近年、「地下水のヒ素汚染問題」が深刻な環境脅威としてその被害度が広がりつつある。ヒ素（As）は自然界に存在する元素で、その毒性は昔から知られており、医薬品としても用いられていた。しかし、日常生活で摂取する量・濃度によって健康に支障を来す。農業諸国でもある南アジア

地域では、農業・環境の見地から地下水のヒ素汚染の現状を把握・解析することがこの問題を適切に解決・対策に導くことになる。本章では、執筆者がこれまでに研究を行ってきたバングラデシュの土・水・植物系おけるヒ素汚染の実態調査を南アジアの水土汚染の一事例研究として簡潔に紹介する。

2　南アジア地域とは

昔、北はヒマラヤ山脈のブータン、ネパールから、南はインド洋に浮かぶスリランカ、モルディブ、東はインドのビルマ国境から西はアフガニスタンに及ぶ地域が「南アジア」と言われていた。現在はアフガニスタンを南アジアから除外して考えることが多く、また、西はイランを含めて中央南アジアと呼ぶ説もある。地域内諸国は、インド、パキスタン、バングラデシュ、モルディブ、ブータン、ネパール、スリランカの7カ国である（図9-1）。総面積は約448万平方km、そのうちインドが最大で329万平方km（全体の約70％）、モルディブが最小で300平方kmを占めている。また、南アジアの総人口は約13億人、インドの人口が、その約80％以上を占めている。

図9-1　本章で取り上げる南アジアの国々

3 南アジアの「水土」と言えば

(1) 水土について

　専門の見地から言えば、「水」は農業用水と農業水利施設を、「土」は農地を表し、「水土」とは地域全体や、流域の系としての概念と循環機能を表している。農業が経済発展に非常に重要な役割を果たす南アジアの国々では、水土環境が国民の生活に直接影響を及ぼすが、土壌侵食・森林伐採など様々な原因による土壌の劣化、水質の汚染、生物多様性からなる問題など、農業関連の要素が深刻な環境劣化も引き起こしている。加えて、これらの国々では、農地の水土利用に数多くの問題が独自および相互に地域環境に影響を及ぼしている。過剰量の硝酸塩・アンモニアによる地下水・地表水汚染、リンによる水路水汚染、メタンや亜酸化窒素のような温室ガスの過剰放出は、全て農業活動から起こっている。一方、複作による土地の集約的利用、都市化や産業化による肥沃な農地の非農業地への変換、化学肥料の過剰利用による農地生産性の低下、畑地での連作障害、農地整備の不足、耕地の休閑中期間の短さなどが土壌劣化の原因となっている。これらの国々の大半はモンスーン地域であり、水土資源の不十分な管理及び人間活動が地域全体の生態環境にマイナスな影響を与えつづけているのである。

(2) 土地劣化の現状

　まず、南アジアでの土地劣化の現状を国連食料農業機関によって報告されている現状からまとめて国別に比較してみよう。特に、土地劣化が深刻になっている地域とその原因は次のようにまとめられる。

- インド：北部のヒマラヤ山脈耕地及びネパール（水食）
- インド：デカン高原の西部（水食）
- スリランカ：高原流域（水食）
- インド：タール砂漠（風食）
- インド、パキスタン、バングラデシュ：ガンジスデルタ平地（塩類化）

　表9−1では、国連食料農業機関（FAO, 1994）が予測した南アジアの各国における劣化された農地面積を表している。どの国においても実質値は記入した

表9-1 南アジア各国での劣化された農地面積

	水食農地 (%)	風食農地 (%)	非淀野減少農地 (%)	塩類化農地 (%)
バングラデシュ*	15	0	65	0
ブータン	10	0	0	0
ネパール	34	0	0	0
パキスタン	28	42	20	16
スリランカ	46	0	61	2
インド*	18	6	16	4

出所:FAO
注:*表中の値より実質上高いであろう。

値を上回る可能性があるが、特に、インドとバングラデシュでの水食の実質値はより高いことが想定されている。また、農地におけるこの現状(劣化)は南アジア地域において経済的にも大きなダメージを与えており、その損失額は年間100億米ドル以上だと推定されている(FAO、1994)。近年、特にバングラデシュ、スリランカ、パキスタンでは、米の他に穀物類の生産の向上を目指しているため、稲作は最大三期作まで栽培し、他の農地では、過剰量の化学肥料を利用しているということなどから、農地の生産性は劣化し、侵食された表面流によって下流の河川などの水質を汚染している現状がある。表9-2は、南アジアの各国における化学肥料の使用量を示している。実例で言えば、バングラデシュでは緑の革命時には1kgの窒素肥料の使用によって20kgの穀物生産能力を持っていた農地が、現在は8-10kgまで落ちている。このような土壌劣化現象によって生み出された農地の生産性の低下はバングラデシュのみならず南アジアの各国においてもとても深刻である。

(3) 水資源の現状

南アジアの地域は、南西部のモンスーン気候の影響で年間降雨量のおよそ80％は夏季の間に降る。また冬季には、インド、バングラデシュ、パキスタン周辺の地域に北東部モンスーンの影響による雨が降る。雨水とインダス川、ガンジス川とそれらの分流からなる地表水と同時に地下水資源は、冬季の作物生

表9-2 南アジア各国での化学肥料の使用量（kg ha^{-1}）

	窒素 (N)	リン (P)	カリ (K)	合計
バングラデシュ	106.2	15.5	8.5	130
インド	64.2	23.1	8.1	95
ネパール	26.1	9.6	1.0	37
パキスタン	96.6	25.5	0.9	123
スリランカ	65.1	16.5	30.0	112
南アジア	71.64	18.04	9.7	99.4
アジア	83.2	32	13.5	129
世界	53.7	22.2	15.0	91

出所：FAO

産および重要な水の供給源である。南アジアの7つの国における地下・地表水の使用は、年間およそ772MAF（million acre feet）に達している。その9割以上が農業用水として使われている。しかし、南アジアではおよそ40％の農地しか灌漑化されていないため、残りの60％の農地は、ほとんど天水農業に依存している。また、雨量分布も一定でないため、同じ国の中でも乾燥地域・洪水化されやすい地域が存在している。

　近年、バングラデシュおよびインドでは、地下水のヒ素汚染がアジア全体で非常に大きな問題となっている。バングラデシュだけでも、3,500万人以上がヒ素に汚染された水を飲んでおり、インドでは5万人以上の患者がヒ素関連の疾患に苦しんでいると報告されている。ヒ素に汚染された飲料水を飲んでいると、皮膚の病変や癌、壊疽、さらに膀胱、腎臓、肺などの癌に冒される危険がある。これは、浅い・深い帯水層からの過剰量の地下水を汲み上げている結果だとの指摘が、研究者の間では強く言われている。一方、河川などの地表水は、上流では水質が良くても、下流では、ほとんどの河川水は産業廃棄物、下水道等により健康に被害を及ぼす重金属によって汚染されている。スリランカでは、過剰量の鉄分や硝酸塩を含んだ地上・地下水の地域が多く指摘され、住民の健康に被害が出ていることが報告されている。モルディブ、インド、スリランカ、パキスタンでの沿岸地域では、地下水の塩類化による被害も報告されている。

4　水土環境関連についての各国の課題

　洪水、干ばつ、サイクロンのような自然災害と人口増加につれて人間による不適切な「水土」管理が多くみられる南アジアの国々では、農業発展の潜在性と弱点を考慮した上、重要な課題として次のようにまとめられる。

バングラデシュ、パキスタン、スリランカ、インド
- 農地の肥培管理による土壌劣化防止
- 洪水防止による土壌侵食対策
- 農地整備（灌漑・排水）
- 大型貯水池、長水路、ダムなどの構築により地表水の最適利用
- 河川など地表水源の水質管理および河川整備
- 帯水層の地下水量を見積もった上、地下水の持続的利用

スリランカ、モルディブ
- 沿岸地域の整備
- 淡水化事業の振興

ブータン、ネパール
- 水資源利用の効率化
- 複作栽培の普及

　熱帯・亜熱帯気候の地域が多い南アジア地域各国は、農業環境を改善する潜在的な能力を持っていますが、その内の幾つかをここで紹介したいと思います。
　①農業部門は、各国の GDP の大半を占めており、農産物生産システムに必要な労働力が各国には十分にある。
　②農業は労働熟練者・未熟練者を含めて国の職業の大部分を占めている。
　③作物生産のために必要な良好な自然環境がほぼ年間を通じて存在している。
　④様々な作物生産に適した生物多様性が広範囲にわたって存在している。
　⑤農業必需品は、非農業必需品より比較的高い価値を持っている。
　⑥国によっては天然ガス、鉱物などが豊富で安価であり、農業に必要なエネルギーへの適応・変換は十分可能である。

5 農作物の生育及び成長における作物体内ヒ素汚染度実態の解明：バングラデシュの事例

(1) 研究背景および目的

　農業国バングラデシュでは、作物栽培用水の大半は浅い・深い帯水層の地下水に依存しており、近年、国土のおよそ90％の地域で地下水のヒ素（As）汚染による国民の健康被害が報告されている。農地土壌および作物との関連性も指摘されているが、明確な根拠がない。著者を代表とする研究グループは過去数年間にわたり、バングラデシュのヒ素汚染地域での農地土壌や農業用水のヒ素汚染の実態調査を続けてきた。その調査結果から、土壌へのヒ素感染度は土壌の性質により様々あるが、作物・植物体内蓄積量も作物の種類により異なることが予想された。

　しかし、ヒ素が作物経由で人間の健康に及ぼす影響、汚染された作物の処理及びファイトレメディエーション手法によるヒ素汚染の対策のことを考えれば、農作物の調査においては、生育や成長過程（時期や季節）、ならびに作物の各部位（根、茎、葉、実など）の詳細な実態解明が重要である。そこで、地下水のヒ素汚染が国土全体に広がっているバングラデシュ国の農村地域において、定期的に現地調査を行い、調査対象の農村地域でよくみられる代表的な農作物を採取し、作物体内の各部位（根、茎、葉、実など）のヒ素濃度（総ヒ素量、無機ヒ素（As (III)、As (V)）、有機ヒ素（MMA、DMA））の状況を調べた。研究結果より、対象地域で日常的に使われているヒ素蓄積度の高い作物種および作物体の各部位、安全作物種・部位を指摘することができ、それぞれの作物の消費・処理方法について貴重なガイドラインを得ることができた。

(2) 研究成果

　本研究では、最終的にバングラデシュ国における農村地域の代表的な作物11種（バナナ、エンサイ、タロイモ、サトイモ、パパイヤ、トウガン、ツルムラサキ、ヘチマ、ニガウリ、イヌビユ、ヤマイモ）に絞り、ヒ素汚染度が激しい農村地域における土壌、水、作物へヒ素汚染の実態と比較検討を行った。これらの結果を図9-2と図9-3で示している。

図9-2 各種農作物体内のヒ素蓄積度

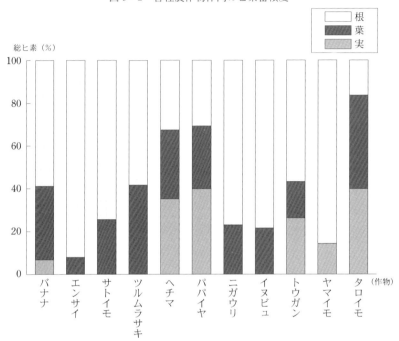

　この結果（図9-2）より、エンサイ(water spinach)の根の部分は非常に高濃度のヒ素を蓄積しており、それ以外もタロイモ (giant taro) の葉およびトウガン (wax gourd) 根の部分にも高濃度のヒ素が蓄積されており、これらの作物のサンプリング地域の住民の消費量の見地から判断すれば、消費量および処理方法について十分注意する必要があると考えられる。

　図9-3は対象作物の各部位におけるヒ素形態（無機、有機）および濃度を示している。この結果より、ヒ素濃度がほぼ同一の地域で栽培されたとしても作物によって、ヒ素の吸収度合いおよび植物体に移動する際、形態別のヒ素量の変化がみられる。また、ヒ素によって汚染されている地下水・栽培土壌に近いほどの作物部（根）内の総ヒ素中には無機ヒ素（As (III)、As (V)）が大部分を示し、根より遠いほど無機部が減り逆に有機ヒ素（MMA、DMA）の部分が増えて

図9-3 各種農作物体内のヒ素形態

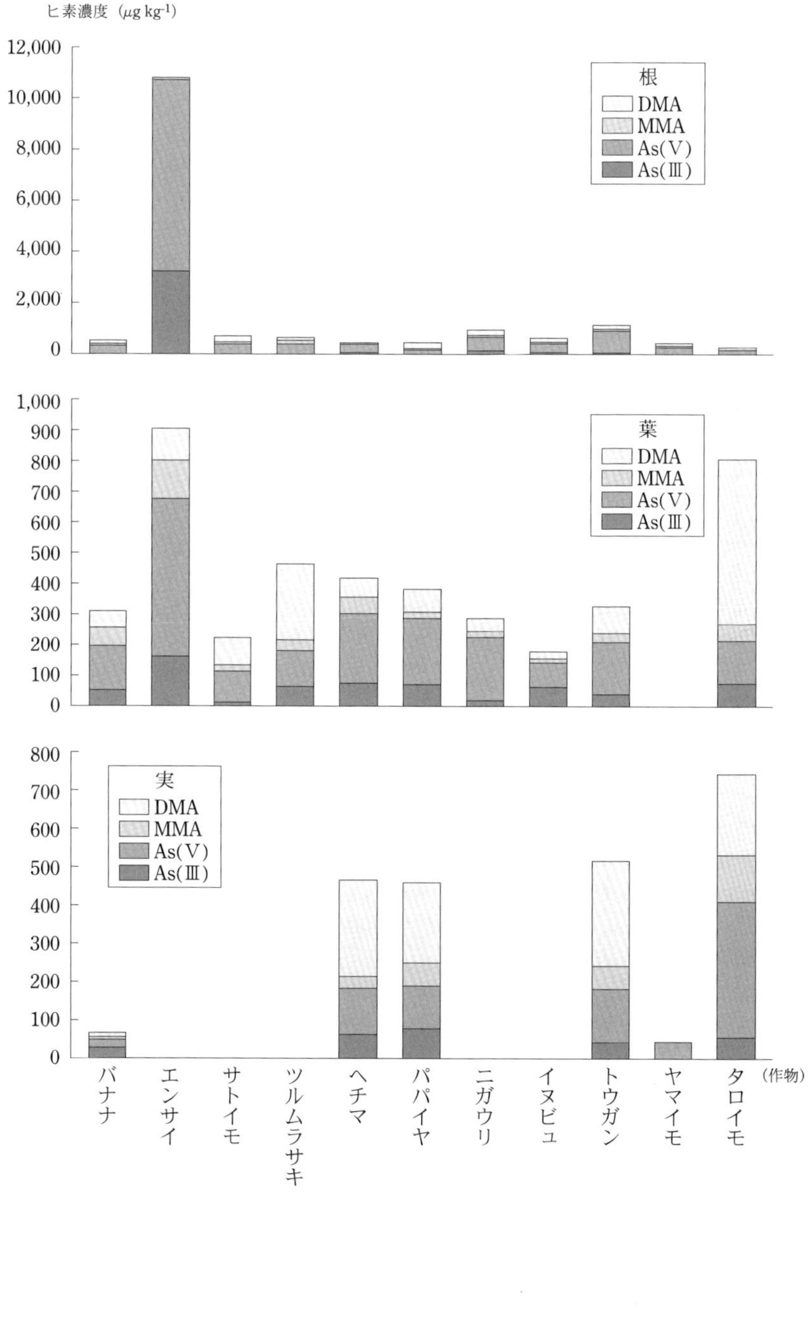

いる。このことより、植物生理的な活動によって、作物・植物体内ではヒ素の形態の変化が生じていたと推定できる。

　自然界に存在するヒ素は、一般的に、無機ヒ素の方がほとんど、有機ヒ素より毒性が強いといわれている。しかし、微量でありながらも有機ヒ素の方が強い毒性を持っているという研究報告もある。これまでバングラデシュ国における作物内のヒ素汚染度に関する数少ない研究報告のほとんどは、従来的方法に従い、作物体内の総ヒ素量から毒性を判断されている。本研究の成果は、作物体内におけるヒ素の形態別の蓄積度合いを調べた上で、ヒ素の毒性を解説した研究として、現地マスコミおよび関係者から大きな反響を得た。しかし、膨大な面積を持つ南アジア地域における地下水のヒ素汚染問題解決には、地域内各国の生態系を徹底的に調査することが重要で、そのため国際協力を得ながら引き続き研究が必要と考えられる。

引用文献

1) Qureshi, R.H.: Impact of agricultural practices on environmental sustainability in south asia, published by APO, Tokyo, Japan, pp.38-85 (2002).
2) Scherr, S. and S. Yadav:Land degradation in the developing world-Implications for food, agriculture and the environment to 2020, FAO discussion paper14IFPRI, Washington D.D., USA (1996).
3) Roy, K.:「バングラデシュにおける農業発展の潜在性と弱点」、日本農業工学会 18 回シンポジウム講演要旨集、pp.49-52 (2002)。
4) Hanif, M.: Management of water resources in south asia, MFAL, pp20-32 (2002).
5) FAO statistical year book, 1994-2002.
6) Roy, K.: Status of Arsenic Calamity and Its Prevention in Rural Areas in Bangladesh – An evaluation based on Field Survey in 'hot spot' areas-, Participatory Strategy for Soil and Water Conservation, published by The Institute of Environment Rehabilitation and Conservation, Japan, pp.147-156 (2004).
7) Roy, K.: Arsenic Calamity of Groundwater in Bangladesh: Contamination in Water, Soil and Plants, edited and published by Kingshuk Roy, printed in Japan by Soubun Co., Ltd. (ISBN: 4-916174-07-X), pp.1-175 (2008).

第10章　経済発展と資源利用、環境問題

松本礼史

　本章では、経済発展と資源利用、環境問題の進展に関するトピックを取り上げる。まず最初に、環境と開発の調和に関する議論を整理し、経済発展と資源利用や環境問題の関係を概観する。また、環境問題解決のための経済的手法を紹介した上で、途上国の経済発展における資源や環境面からの制約と、先進国の果たす役割について考える。

1　人類はどのような社会を目指すのか：国連・持続可能な開発目標（SDGs）と持続可能な開発

　2015年9月に開催された「国連持続可能な開発サミット」では、「国連ミレニアム開発目標（MDGs: Millennium Development Goals）」を引き継ぐ「持続可能な開発目標（SDGs：Sustainable Development Goals）」を採択した。SDGsは、17の目標から構成されており、さらに各目標(Goal)の下には、具体的なターゲット（合計169）が設定されている。また、達成期限は2030年とされている。多くの目標において、環境と開発の調和をふまえた「持続可能性」がうたわれている（国際連合広報センター2015）。

　環境と開発の調和を国連が大きく取り上げたのは、1972年の「国連人間環境会議」にまで遡る（昭和48年版環境白書）。環境と開発における持続性に関しては、1984年に国連に設置された「環境と開発に関する世界委員会（WCED: World Commission on Environment and Development、ブルントラント委員会とも呼ばれる）」が作成した報告書"Our Common Future"(1987年)において、「持続可能な開発(SD: Sustainable Development)」として定義されている（環境と開発に関する世界委員会1987）。

　持続可能な開発とは、「将来の世代が自らのニーズを充足する能力を損なうことなく、現在の世代のニーズを満たすような開発」と定義されている。SD

の解釈としては、第1に、自然環境の制約の範囲内で人間活動や資源利用を行うというものである。第2には、将来世代に負のストックを押しつけることを避ける「世代間の公平性」を重視する解釈もある。第3には、現在の世代におけるニーズ、特に、先進国と途上国の格差是正や社会的正義の追求に重きを置いた解釈もある（川島 1994）。SD の考え方は、1992 年に開催された国連環境開発会議（UNCED: United Nations Conference on Environment and Development、地球サミットとも呼ばれている）で採択された「環境と開発に関するリオデジャネイロ宣言」にも反映され、MDGs、SDGs へと引き継がれている。

このように、環境と開発は不可分であり、国際地域開発においても、資源の持続的利用や環境保全に十分な配慮が必要とされている。

2 経済発展と資源利用

まず最初に、経済発展と資源利用の関係について、考えてみたい。一般的な経済発展の指標として、1 人当たりの GDP がある。近年では、経済学の「GDP 信仰」への対論として、「幸福度」指標が検討されることもある。1 人当たり GDP が豊かさの指標として妥当であるかという点は、大いに議論のあるところであるが、ここでは、1 人当たり GDP と資源利用量の関係を見てみたい。

図 10-1 は、経済発展指標である 1 人当たり GDP を横軸に、資源利用量の指標として、1 人当たりのエネルギー消費量を縦軸にとって、2010 年の世界各国の値をプロットしたものである。横軸は対数目盛で表示しており、どんな 1 人当たり GDP の値を基準としても、そこから同じ割合での経済成長は、等間隔で示される。グラフから明確なように、経済発展した先進国ほど、資源利用量（ここではエネルギー消費量）が増える傾向にあることがわかる。

資源利用が増えると、資源の枯渇と環境汚染が起きることが懸念される。持続可能な開発のためには、どうやって資源利用量をコントロールするかが課題となる。

図10−1 経済発展とエネルギー消費の関係

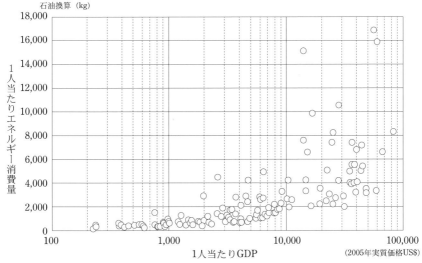

資料：WDIデータより筆者作成。

3　環境資源利用の持続性と管理手法

　環境資源は、再生可能資源と枯渇性資源に大別される。農業、食料に関わる多くの資源は再生可能資源であり、再生量の範囲内であれば、人類は持続的にこれらの資源を利用できる。一方、枯渇性資源は、利用した分だけ量が減少してしまう資源であり、持続的に利用することは困難である。地球上の埋蔵量にもよるが、枯渇性資源を利用していけば、いつか、資源の枯渇する時期がやってくる。いずれの資源にせよ、資源利用の持続性を考える際には、資源利用量の管理が重要となる。

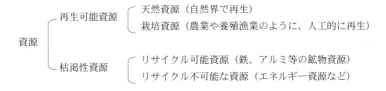

資源利用量の管理手法としては、法律や規則に基づく直接規制（利用制限量の設定と違反者への処罰等）と、経済学の手法を応用した間接規制（費用徴収や補助金等）がある[1]。政府の失敗や政府の非効率性から、直接規制は非効率と言われており、経済的手法の活用が有望視されている。資源管理のための経済的手法の代表例としては、環境税などが挙げられるが、私たちの身近なところでも、ごみ収集の有料化等に応用例が見られる（章末のコラム参照）。

資源管理のための経済的手法は、価格が上がれば利用量が減る、価格が下がれば利用量が増えるという、人間の合理的行動を前提としている。この仕組みを活用することで、環境資源の利用量をコントロールできるが、資源価格が資源の生産量や埋蔵量にも影響を及ぼす点と、資源利用のための経済的な負担が困難な弱者の存在には、注意が必要である。

原油価格の高騰は、エネルギー使用量を抑制する方向に寄与する。その一方で、石油代替となるバイオマス燃料や、シェールガス、シェールオイルの採算性にも影響を及ぼし、代替資源の生産拡大を引き起こす。2000年代に入ってからの原油価格高騰を背景としたバイオマス燃料ブームは、食料問題とエネルギー問題をリンクさせ、「食べるのか燃やすのか」といった選択を人類に突きつけた（石2007）。このことは、資源管理のために経済的手法を用いた場合、当該資源の利用量抑制だけでなく、他の分野、他の資源にも影響が及ぶことを示唆している。

一方、水資源や食料を欠くことは、人類の生存を直接的に脅かす問題である。課税や有料化で問題の解決を図った場合、貧しい社会的弱者を追い詰めることにもつながる。無駄遣いを抑制することは必要だが、同時に弱者を含んだ社会全体のミニマムアクセスをどのように担保していくかも、制度設計として重要である。

4　世界の経済活動とエネルギー利用の格差

表10-1は、図10-1で用いたデータと同じ国を対象に、1人当たりGDP階層別に区分し、人口、GDP総額、エネルギー消費量、CO_2排出量の世界シェアを示したものである。データのそろった国が132カ国であったため、便宜的に

第10章 経済発展と資源利用、環境問題　87

表10-1　1人当たりGDP階層別の世界シェア（2010年）

1人当たりGDP階層 (2005年実質価格 US$)	人口	GDP総額	エネルギー利用量	CO_2排出量
途上国 225〜2,315　　($/人)	45.3%	7.3%	7.9%	12.7%
中進国 2,585〜9,153　　($/人)	37.9%	24.6%	22.4%	46.1%
先進国 10,075〜82,400 ($/人)	16.9%	68.2%	69.7%	41.3%

資料：WDIデータより筆者作成。
注：図10-2の分析を行うにあたって必要なデータがそろった132カ国について集計している。

44カ国ずつを途上国、中進国、先進国グループに割り振った。先進国は人口では、世界の2割弱を占めるだけだが、世界の付加価値の約7割弱を産み出し、エネルギーも約7割弱を使用している。一方で、途上国は、人口では半分近くを占めるものの、GDPでは7.3%、エネルギー利用では7.9%を占めるに過ぎない。この格差は、先進国の浪費なのか、それだけのエネルギーを利用しないと成長できないのか、判断は難しい。しかし、地球上の全ての人々が、先進国なみの資源利用を実現することは、困難であろう。

図10-2は、経済発展指標（1人当たりGDP）と資源利用量指標（1人当たりエネルギー消費量）について、2000年から2010年の間の変化率を算出し、増減パターンを4つに区分し、途上国、中進国、先進国別にプロットしたものである。途上国では、第一象限（経済発展し、資源利用量も増加）が44カ国中33カ国、第二象限（経済がマイナス成長で、資源利用量が増加）が3カ国、第三象限（経済も資源利用量もマイナス）が2カ国、第四象限（経済発展しているが、資源利用量は減少）が6カ国である。中進国においても、増減パターンはほぼ同様で、第一象限38カ国、第二象限1カ国、第三象限無し、第四象限5カ国である。一方、先進国では第一象限22カ国、第二象限2カ国、第三象限3カ国、第四象限17カ国となり、経済発展しているが、資源利用量が減少している国が増加する。

先進国の資源利用量（エネルギー消費量）増減のパターンが、中進国や途上国と異なる背景には、国連気候変動枠組条約の存在、つまり、地球温暖化への対応が、一定程度進んでいることが考えられる。しかし、表10-1に示したとお

図10−2 経済発展とエネルギー消費増減の関係

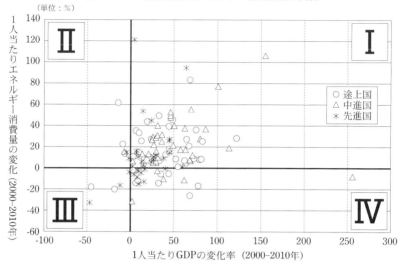

資料：WDIデータより筆者作成。
注：分析を行うにあたって必要なデータがそろった132カ国について示している。

り、資源利用量には世界で大きな格差がある。また、図10−1に示したとおり、先進国の資源利用量は、削減されたとはいえ、依然として、途上国や中進国よりも大量であり、世界全体でどのようにバランスを取り、地球温暖化を代表とする環境問題に対処していくかが問われている。

5　経済のグローバル化と環境問題解決の責任の所在

以上見てきたように、持続可能な開発の実現を考えていくためには、資源の持続的管理のための手法を、世界の資源利用の現状をふまえて適用していく必要がある。図10−3は、世界のCO_2排出量を国ごとに示したものである。現在、世界で最大のCO_2排出大国は中国であり、世界全体に占めるシェアは24.6％となっている。また、インドも、世界第3位のCO_2排出国であり（シェア5.8％）、環境問題の原因者を、先進国のみで考える事は妥当ではない。2015年11月から12月にかけて、パリで開催された「国連気候変動枠組条約第21回締約国会

図10−3 世界のCO_2排出量上位10カ国の排出量と1人当たり排出量（2010年）

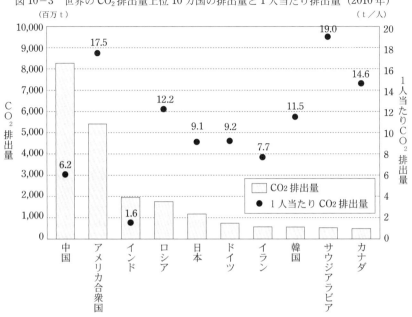

資料：WDIデータより著者作成。

議（COP21）」では、世界全ての国が、温室効果ガスの排出削減に向けて取り組んでいく「パリ協定」を採択した（環境省2015）。

同じく図10−3に示すように、1人当たりの排出量で見たときには、中国やインドの値はまだまだ小さい。また、中国は「世界の工場」とも呼ばれ、先進国で消費される多数の商品の生産が行われている国である。これらの生産過程から発生したCO_2も、中国の排出量としてカウントされている。

先進国の環境問題が一定の改善傾向を見せている要因の中には、グローバル経済の進展による、途上国への生産部門の移転の効果も含まれていると考えられる。途上国の環境問題は、自国の問題であると同時に、企業活動のグローバル化や国際分業の下での、地域全体の問題である。途上国の成長の権利を担保しつつ、先進国と途上国の環境問題を同時に解決していく取り組みが、「世代内の公平」の実現のために求められている。

注

1) このほか、環境政策の手段としては、ラベル表示等の経済的手法によらない間接規制（情報公開や心理的手法）がある。

参考文献

国際連合広報センター、2030 アジェンダ、2015、
　http://www.unic.or.jp/activities/economic_social_development/sustainable_development/2030agenda/
環境庁、「昭和 48 年版環境白書」、1973、
　http://www.env.go.jp/policy/hakusyo/hakusyo.php3?kid=148
環境と開発に関する世界委員会、「地球の未来を守るために」、福武書店、1987。
川島康子、「Sustainable Development とは何か」、植田和弘（編）「地球環境キーワード」、有斐閣、1994，pp.6-7。
石弘之、「食べるのか燃やすのか：バイオ燃料が招く食料危機」、『世界』、2007.3、2007、pp.190-197。
環境省、国連気候変動枠組条約第 21 回締約国会議（COP21）及び京都議定書第 11 回締約国会合（COP/MOP11）の結果について、2015、
　http://www.env.go.jp/earth/cop/cop21/index.html

データ出所

World Development Indicators（WDI）
　世界銀行が発行する統計データ。以下のサイトからアクセス可能。
　http://databank.worldbank.org/data/home.aspx

コラム：環境資源の持続的管理のための経済的手法の事例

本文中でも述べたとおり、環境資源の持続的管理にむけて、経済的手法の活用が有望視されている。ここでは、私たちの身近な事例を紹介する。

(1) 藤沢市の家庭ごみ収集

日本大学生物資源科学部のある神奈川県藤沢市では、家庭ごみ収集の有料化を行っている。市民は、指定された袋を購入し、その袋に入れてごみを出す。指定袋は、5リットルから40リットルのものまであり、20リットル袋の単価は40円である。この有料袋による収集は、可燃ごみと不燃ごみに適用されており、資源ごみ（ビンやカンは袋に入れずに出す）やプラスチック容器包装（市販の透明・半透明袋を使用）等には、適用されない。このため、ごみを出さない（減量化）へのインセンティブとなるほか、積極的に分別を行うことでも、指定袋の費用を節約できる仕組みとなっている。

藤沢市のごみ収集有料化は、2007年（平成19年）10月から実施されている。平成18年度と平成21年度の可燃ごみの収集量を比較すると、約14.7％減少している（藤沢市　平成26年度清掃事業の概要）。

(2) 生物資源科学部内の学生用開放パソコンのプリンタ

生物資源科学部内には、学生向けに開放された多数のパソコンが設置されている。これらのパソコンには、プリンタも接続されているが、印刷用紙は用意されていない。これも、環境資源の持続的管理のための経済的手法の一例である。

学生は、印刷に必要な用紙を、自分で用意することになるが、1枚当たりのコストは、約0.6円である（A4コピー用紙500枚で300円として計算）。わずかな金額ではあるが、この費用を自己負担することにより、不要な印刷を減らし、また、印刷ミスの用紙が放置されるような事態を回避しているといえるのではないだろうか。

なお、プリンタの印刷コストは、紙代の他、インク（トナー）代もかかる。A4用紙1枚当たりのトナー代は、3円から4円程度である。この部分は生物資源科学部が負担しており、経済学的に見れば、「0.6円持ってくれば、3円差し上げます」という"太っ腹"なシステムである。

第11章　農地土壌劣化の予測とその改善における現地適応型アプローチ

ロイ　キンシュック

1　はじめに

　降雨や風などの作用で土壌が流れてしまうことは土壌侵食 (Soil Erosion) と呼ばれている。土壌流出とも言われるこの現象によって農地では、作物生産力の高い表層の土粒子が失われ、下層の土が漏出してしまい、作物収穫量が減少し、ひどい場合には耕作ができなくなってしまうこともある。土壌が持っていた本来の生産能力を失うことは土壌劣化 (Soil Degradation) と呼ばれ、それを引き起こす主たる原因として土壌侵食が挙げられている。土壌侵食は、自然界では、自然現象として常に発生しているが、土壌の生成スピードより速いペースで進行することによって土壌劣化も深刻化する。現在、世界で約 20 億ヘクタールの面積で土壌侵食等の土壌劣化現象が発生している。また、今後 20 年間で約1億4千万ヘクタールに及ぶ肥沃な農地が土壌劣化により消失する恐れがあると推定されている。国連環境計画 (UNEP) によれば、世界の土壌劣化を引き起こす原因としては、最も割合が高いのは雨による侵食（水食：Water Erosion）と風による侵食（風食：Wind Erosion）であり、その被害は、中央アメリカ、アジア、ヨーロッパ、アフリカ地域で大きい。しかし、土壌劣化を引き起こす背景には森林伐採、過放牧、遊牧、焼畑農業など様々な人為的な活動が深く関与している。モンスーン気候の影響下にあるアジア諸国において、降雨による土壌侵食の影響が激しい。その結果、農地から貴重な表土層が流亡され、上流では土壌の生産性の低下（食糧問題）、下流では水質汚染・汚濁（環境問題）が永年の問題である。ヒマラヤ、アフリカなどの山岳地帯、インド、中国などの半乾燥地帯では木の伐採や無理な耕作が原因となって、降雨などによる侵食が問題となり、土壌侵食の実態の解明および侵食量の予測精度の向上が農地保全 (Land Conservation) 分野において重要な課題である。特に、モンスーン気候の影響下

にあるアジア諸国（特に東南アジア・南アジア）において、降雨による土壌侵食の影響が激しい。その結果、農地から貴重な表土層が流亡され、上流では土壌の生産性の低下（食糧問題）、下流では水質汚染・汚濁（環境問題）が永年の問題である。したがって、農地環境における改善・修復の研究活動が農業依存度の高いアジアの食料安全保障と農業の共存体制の持続性に繋がると考えらえる。本稿では、著者がこれまでにアジア各国で行われてきた研究成果を土壌劣化の主要因である農地における土壌侵食の予測と土壌生産力（地力）の増進・改善 ─ この2つのテーマに分けて簡潔に紹介する。

2　土壌侵食および土壌劣化度合いの予測

(1) 農地における土壌流亡量の予測：実用型推算式の展開

　農地保全対策の基礎となる土壌流亡量の予測のため、米国農務省で提案された経験式であるUSLE (Universal Soil Loss Equation) を用いることが世界で最も多い。USLE（下記の式①）は、降雨毎の流亡土量を予測するのではなく、長期間の平均的な土壌流亡量を予測するために用いられるが、日本や東南アジア等のモンスーン地帯のように集中豪雨や長時間にわたる雨の多い気候帯の地方では、長期間降雨の他にとくに1降雨、あるいは比較的短い降雨期間における土壌流亡量の予測が必要である。そこで、著者は、降雨のパターンを3種類（集中、長雨、中間）に分け、野外枠試験圃場での各降雨・期間における10分間の降雨記録データを分析し、モンスーン気候に適した土壌侵食予測式の展開を試みた。

　このように小雨（㎜・$10min^{-1}$）の他に斜面長と斜面横幅の影響も推算式に導入し、様々な野外及び室内枠試験場での適用性を調べ、式中の各係数（未知数）およびベキ数（暫定定数）の定数化を図り、実用型土壌流亡量推算式として提案した。今後の課題として、モンスーン地域の現地にて、実用型土壌流亡量推算式の適用性を調べ、USLE式との比較検討が必要であろう。

　米国で提案された、世界各地域において土地改良事業設計指針で幅広く使われている土壌侵食予測式（USLE式）：

$$A = R \cdot K \cdot LS \cdot P \cdot C \; (kg \cdot m^{-2} \cdot y^{-1}) \qquad ①$$

ここで、
- A ：土壌流出予測量（$kg \cdot m^{-2} \cdot y^{-1}$）
- R ：降雨流出係数（$J \cdot m \cdot h^{-1} \cdot m^{-2} \cdot y^{-1}$）降水量、降雨強度、最大 30 分間降雨強度から求める
- K ：土壌侵食係数（$J \cdot m \cdot h^{-1} \cdot m^{-2} \cdot y^{-1}$）土壌の受食性（透水性、土粒子の分散性）による定数
- LS ：地形係数・・・斜面長と傾斜角から求める
- P ：保全対策係数・・・等高線栽培、帯状栽培、テラス工での軽減割合
- C ：作物係数・・・被覆、耕起、地中の残渣、根の状態によって決める

著者が展開したモンスーン気候に適した土壌侵食予測式：

$$q_e = a \, K_e \, L_d^{\alpha} \sin^{\beta} \theta \, q_r^{\gamma} \qquad ②$$

ここで、
- q_e ：土壌流亡量（$m^3/(10min \cdot m)$）
- a ：係数
- K_e ：侵食係数
- L_d（$=L/19.7m$）：無次元斜面長
- θ ：斜面勾配（°）
- q_r ：降雨量（mm/10min）
- α, β, γ ：べき数

(2) 大メコン圏地域（Greater Mekong Subregion, GMS）における土壌劣化の予測

大メコン圏地域 (GMS) はカンボジア、タイ、ベトナム、ラオス、ミャンマー、中国（雲南省）6 カ国を抱合する（図 11-1）。同地域は 260 万平方キロ、人口約 3 億人を有するが、その大部分（75%）は農村地帯に住んでいる。この地域内の各国においては森林伐採、水利用効率問題や土壌侵食などが原因で土壌劣化が激しく、地域の経済発展の妨げにもなっており、本研究では GIS（地理情報シ

図 11−1　大メコン圏地域の国々

ステム）および RS（リモートセンシング）を活用して大メコン圏地域における土壌劣化度合いを推測した。研究の結果、大メコン圏地域（GMS）全体の 85％以上の地域では土壌劣化が進行しており、3分の2以上の地域では土壌が激しく、もしくはやや劣化していることがわかった。また、国土面積比率（％）の見地から、中度と重度の劣化割合を合わせた結果、大メコン圏地域内において、タイとベトナムは土壌の劣化が激しく（73％）、カンボジアは最も低くも 54％の劣化度合いを示していることがわかった（図 11−2）。今後、大メコン圏地域内の各国にて土壌劣化を引き起こすそれぞれの要因（被覆率、水利用効率、流出量、土壌侵食）に関する現地調査およびサンプリングによって土壌劣化度合いをより高精度で予測ができると考えている。

3　土壌生産力（地力）の増進
(1) 木質系資材の堆肥化時間短縮に関する研究
　木質系資材は堆肥化過程において時間がかかる（通常1年以上）という問題が指摘されている。これまでに堆肥化装置の利用や大規模な堆肥化により時間の

96　第3部　環境と開発

図 11-2　大メコン圏地域における土壌劣化の予測図

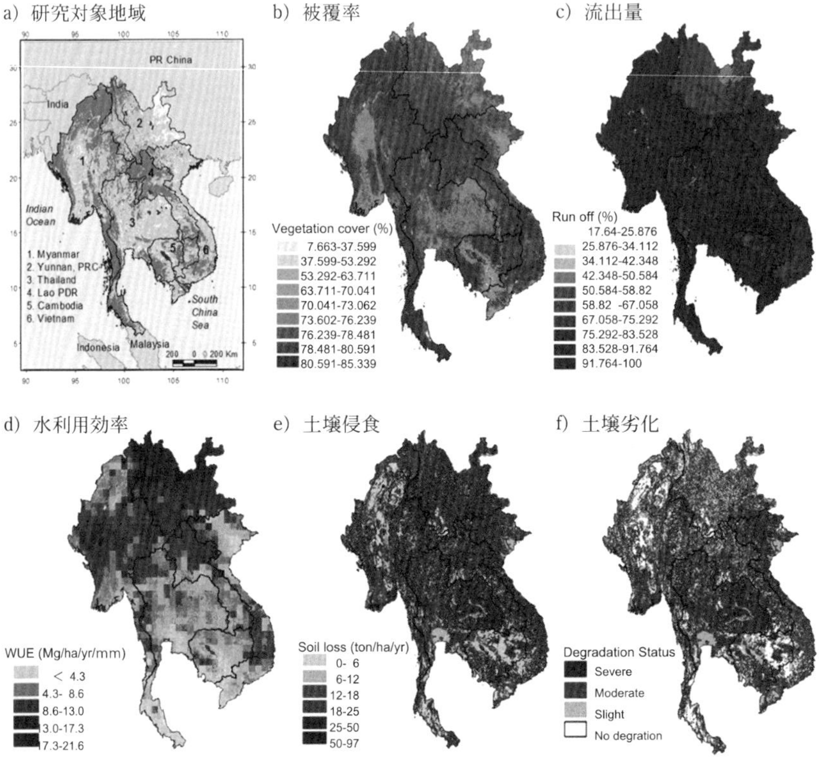

a) 研究対象地域　　b) 被覆率　　c) 流出量

d) 水利用効率　　e) 土壌侵食　　f) 土壌劣化

短縮をする研究が国内外で行われているが、普及という点で課題が残る。そのため本研究では、木材チップと落ち葉に、発酵鶏糞、米糠、菜種油粕を副資材として加えた原料に、木酢液や廃糖蜜を発酵促進剤として利用することで、小規模で機械を使わない木質系資材の堆肥化時間短縮の有用性を検討した。その結果、堆積物内の温度が堆肥化に必要な温度まで上昇した。また、発酵促進剤を加える事により温度が維持された。廃糖蜜を利用した区は、3カ月でC/N比測定試験、4カ月で幼植物試験において完熟したと判定できた。今回の実験では使用した木材チップは大きさが10～40mmだったが、今後の課題として、木材チップの大きさによって堆肥化の完熟度合いの変動を調べ、さらに発酵促進

図 11-3 木質系資材の堆肥化実験の様子

剤の廃糖蜜や木酢液の希釈倍率及び混合割合の最適化を図ることによってより実用的になると予測できる。

(2) 中国内モンゴル地域における砂漠化対策

アジアは、世界の乾燥地の33％を示しており、特に中国の内モンゴル自治区で砂漠化（土壌劣化）の進行が著しく、使用可能な草原の面積は年々減少してきている。内モンゴルでの砂漠化の原因として、人口増加、過開墾、伐採、乱開発、地球温暖化、過放牧、定住化などが挙げられているが、現地住民に受け入れられやすい対策が強く求められている。そこで、本研究では、現地で簡単に手に入れられる安価かつ廃材（石炭灰、綿など）を活用して農地土壌の理化学的な性質の改良（保水能力、塩類緩和、蒸散抑制）を試み、様々な実験を行った（図11-4）。研究の結果、少量の綿（0.5％：質量）および石炭灰（人工ゼオライトの形で3％：質量）を砂質系土壌に混合した場合、植物成長・生育に有用な土壌水分を確保できることが判明した。また、少量の石炭灰（人工ゼオライト：pH 7.0）を

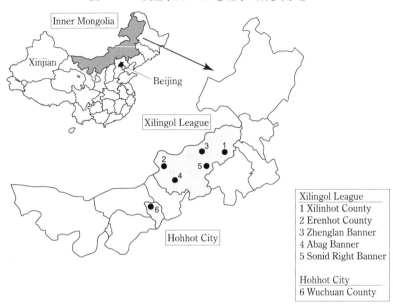

図 11-4　中国内モンゴル地域内の研究対象地

膜被覆材として使用した場合、砂質系土壌で栽培した植物（綿花）には通常の成長・生育を保ちながら蒸散量の低減効果がある。さらに、人工ゼオライトは、その高 CEC 機能を活かし、土壌の塩類化緩和に貢献できる潜在性を持っているため、綿製のガーゼと一緒に適切に使用した場合、塩類捕集の機能が最大限まで発揮できることがわかった。

4　おわりに

　農業諸国とも言われるアジアの農業は多様性にあふれており、「農地土壌」という貴重な自然資源を最適に利用するためには、土壌劣化を正確に予測し、また現地に適した地力の増進活動・研究は、アジアのみならず、地球の自然資源・生態系の持続性を高めるためにも非常に重要である。

参考文献

Roy, K., Shimowatari, T. and Zhang W. (2015): Site-specific soil conservation approaches in desertification-prone areas in the Inner Mongolia region, China, International Journal on Environmental and Rural Development, Vol. 6, pp.166-176.

Roy, K., Kusaka, T. and Fukada, M. (2008): Revision of an Equation to Predict Water Erosion from Agricultural Lands: Consideration of the effect of lateral width of slope on soil loss, Journal of Environmental Information Science, Vol. 36, No. 5, pp.21-28.

Shrestha, P. R., and Roy, K. (2008): Land Degradation Assessment in the Greater Mekong Subregion, Journal of Environmental Information Science, Vol. 36, No. 5, pp.29-38.

佐藤直樹、ロイ　キンシュック (2010): 木質系資材の堆肥化時間短縮に関する研究－木酢液及び廃糖蜜を発酵促進剤として利用した場合－、環境情報科学論文集 24、pp.161-166.

Kusaka T., M. Fukada and K. Roy (1994): Soil Loss Equation with Regard to Rainfall Types. Journal of the Japanese Society of Irrigation, Drainage and Reclamation Engineering (JSIDRE), 62(4), pp.39-45.

第4部　経済・経営と開発
－アグリビジネス－

　ここでの課題は、経済学や経営学の視点から国際地域開発学の問題領域にアプローチすることである。このように述べると、既存の多くの類書と同じように、経済学や経営学の分析手法を用いて、途上国の経済現象をあたかも解剖するように事細かに整理し、分類し、何らかの処方箋を書くことが課題であるかのように思われるかもしれない。けれども、そうした知的営みは国際地域開発の経済学や経営学ではあっても、経済学や経営学からアプローチする国際地域開発学に達しているとは言いがたい。

　こうした考え方にたって、以下の3つの章は、それぞれの研究課題の解明に取り組んでいる。第12章は、ぶどうの房やミツバチの群れを意味するクラスターの概念を用いて、農業を基盤にした地域開発モデルを構築するとともに、その適用事例をアジアと日本に求めている。続く第13章は、日本の「食」を対象にして、経済発展に伴い農業部門が他部門と複雑に結合してアグリビジネスが形成されてきた様相を簡潔に描き出している。第14章は、沖縄県における亜熱帯農業の振興を主題にして、さまざまなアクターが特産物の生産と流通のシステムを構築するための取り組みを紹介している。

　以上の各章のメッセージを大くくりにまとめてみると、国際地域開発学は地域において新たな価値を創造する仕組みやシステムを構築する役割を担っている応用科学である、ということができる。

第12章　農・食・観光クラスター形成による地域開発
－「シークエンスの経済」の存在－

朽木昭文

1　はじめに

　日本の農林水産省は近年、地域開発の方法として6次産業化を推奨している。6次産業化とは、農業、製造業、流通産業を農業者が行うことにより付加価値を高め、農業所得を向上させる。農業を起点としてその農産物を使用した食品産業を興し、農業者が流通産業まで参入し、地域を活性化する地域振興政策である。

　朽木（2013）は、製造業クラスターの形成のモデル化を進めた。しかし、これは、製造業に関する分析であり、農業ではない。また、6次産業化は、農業、製造業、サービス産業を連関させようとする考え方であるが、クラスターまでを想定していない。

　本章は、農・食・観光クラスターの形成に関する実践的なモデルを提示する。研究方法としては、朽木（2013）で提示したフローチャート・アプローチを使用する。その際に、農・食・観光クラスターを定義する。本章でのクラスターは、朽木（2013）の定義により第1段階を「企業集積」、第2段階を「イノベーション（革新）」とする。

　産業連関はバリューチェーンを考慮する。つまり、第1に農業生産のための資材の調達、第2にそれによる農産物の生産、第3にその農産物を使用した食品生産、第4に農産物、食品を使用した観光業による利潤最大化を目指す。その特徴は、観光業から食品産業、食品産業から農業への後方産業連関効果を最大化することである。本章は、ベトナムのダラット、南アフリカのケープタウン、沖縄の農・食・観光クラスターの事例を考察する。

　結論として、フローチャート・アプローチにおける農・食・観光クラスターの形成のプロセスにおいて、農業、食品産業、観光産業のそれぞれの集積を進

める。観光産業振興のための「プラットフォーム」の形成、さらに観光客を誘致するための「交通網」の整備である。特に、交通網において「航空路線」の整備がある。次の段階に進むためには文化構成因子を強化する。文化構成因子とは、例えば歴史、食品、音楽などである。

　クラスターの形成にはプロセスがある。つまり、時間軸がある。そのプロセスでの組織部門の形成の効率的な順序、シークエンスがある。このシークエンスを間違えると、クラスターの形成が前に進まない。これが「シークエンスの経済」である。

　本章の構成は以下のとおりである。2 で「農・食・観光クラスター」に対するフローチャート・アプローチを提示する。3 は「農・食・観光クラスター」とは何を意味するのかを説明する。4 において、事例としてベトナムのダラットと沖縄を取り上げる。5 で、農林水産省・JETRO、宮崎、北海道、沖縄のプロジェクト事例を示す。6 が結論である。

2　農・食・観光クラスターに対するフローチャート・アプローチ

　本章は、農業、食品産業、観光産業の 6 次産業化による地域開発を考える。その 6 次産業化を産業クラスターの形成により実現する。産業クラスターの形成のプロセスを朽木（2013）は、実践的な方法としてクラスター形成の動態的なプロセスを示す「フローチャート・アプローチ」を提示した。製造業クラスター政策に対するフローチャート・アプローチの要点は、地域開発の牽引役となるアンカー企業の選出にある。

　アジアの製造業クラスター形成の場合にこの現象が発生した。例えば、工業団地を建設したが、港湾の建設と道路の建設が伴わなかった。この工業団地への入居が進まない。なぜなら、当初は原材料を日本から港湾を通して輸入し、道路を通して輸送し、加工した後に製品を輸出したからである。ここで、工業団地、道路、港湾などを産業クラスターの組織部門（Segment）と呼ぶ。

　ここで対象となる産業は輸出加工区を利用した労働集約型産業である。図 12－1 に定義するように、産業クラスターの形成は 2 段階からなる。第 1 段階が

図12-1 産業クラスターに対するフローチャート・アプローチ

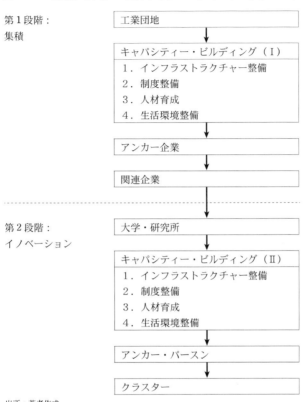

出所：著者作成。

ブドウの房ができて企業が集まる段階の産業「集積」段階であり、第2段階がそれらの企業が革新を活発に起こす「イノベーション」段階である。つまり、「クラスター」は産業「集積」と「イノベーション」からなる。第2段階のイノベーションとは、新機軸を創造することであり、技術革新や経営革新と訳される。それは、新しい技術や考え方を取り入れて社会的に大きな変化を起こすこと、つまり技術が変わり社会が変わることである。

第1段階は、工業団地の建設、キャパシティー・ビルディング、アンカー企業の誘致、アンカー企業に関連する企業の集積というステップからなる。キャ

パシティー・ビルディングとは、組織部門の形成である。組織部門は、インフラ（道路、電力、通信、港湾など）、人材（熟練、プロフェショナルなど）、制度（税制など）、生活環境の整備からなる。

アンカー企業とは、その企業がたくさんの部品を使う後方連関効果の高い企業である。例えば、トヨタやキヤノンである。キャパシティーが十分に整備されていれば、アンカー企業が工業団地に入居することにより関連企業が工業団地に多数入居する可能性がある。これにより産業が「集積」する。

朽木（2015）は、生物学の「階層モデル」の概念を産業クラスターの形成プロセスに導入した。クラスターは、道路・港湾・電力などのインフラ、制度整備などの組織部門（セグメント）から構成される。この概念の導入による含意は次の点である。第1に、階層モデルの出発点となるクラスター形成の出発点はヒトである。DNAで設計されたヒトが与えられた環境の下でクラスターの組織を形成する。第2に、クラスターは階層モデルのエコ・システム（生態系）下に存在する。第3に、クラスターの組織部門（Segment）形成の動態的なプロセス（Dynamic process）には時間軸（Time）がある。組織部門は、同時に形成されるのではなく、順番に「時間」を要して形成される。

第3の点が、フローチャート・アプローチを生む根拠となる。「クラスターの組織部門形成の動態的プロセス」の分析がクラスターを効率的に形成させるうえで不可欠である。フローチャート・アプローチ仮説は、組織部門形成の動態的なプロセスを「時間」軸上に示す。

次に問題となるのが、組織部門形成の順序、つまりシークエンスである。ここで、「シークエンスの経済」という概念を朽木（2013）が提示した。それは、効率的な組織部門形成の順序である。仮にシークエンスの経済が成立しない順序で形成のプロセスを進めた場合は莫大なコストを要し、形成のプロセスが前へ進まない。つまり、「シークエンスの経済」は常に存在するわけではないが、決定的に組織部門の形成が進まなくなる場合がある。

次に、図12－2は、沖縄の経験を基にした組織部門・ビルディングから「農・食・観光クラスター」を形成するための「政策手段のシークエンス」を提示した。その出発点は『農』である。図12－2に示すように、農・食・観光クラス

図12-2　「農・食・観光クラスター」の集積過程のための「政策手段のシークエンス」

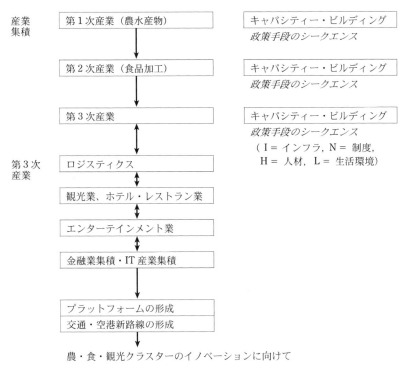

出所：著者作成。

ターの発展段階は、順番に第1次産業（農・水産物）、第2次産業（食品加工）、第3次産業（観光業）のそれぞれの企業集積段階がある（山下・橋本・朽木（2012）を参照）。第3次産業は、まず食材を利用したレストラン業が考えられる。さらにショッピングの小売業と組み合わせて観光業（特に、アジアなど外国）の発展が考えられる。また、第3次産業は、ロジスティクス、エンターテインメント業、金融業、IT産業、製造業の研究・開発がある。こうして、クラスターは、観光クラスターへと進展する可能性がある。

　産業クラスター政策は、第1次の農・水産業、第2次の食品産業、第3次のレストラン業、観光業などへと順次に進行するために、インフラ、制度、人材、

生活環境の必要な政策手段によるキャパシティー・ビルディング（能力の構築）が必要である。インフラ、制度、人材、生活環境の必要な政策手段のシークエンス（配列）が、産業クラスター政策の成否を決める。

さて、食品産業クラスターにおけるアンカー企業は、「食品・飲料・タバコ」分野と「畜産・家禽」分野を包括し、アグロインダストリーに繋がる幅広い産業分野の連携をもたらす「食品産業」から選定される。なお、食品産業は、自動車および機械・機器分野と異なる点として、加工用原料を供給する労働集約的な農業分野（第1次産業）のウエートが大きいことである。食品産業は、その前方・後方産業連関効果が大きく、自動車産業のそれに近い効果を持つ。

3　6次産業化のための「農・食・観光クラスター」

観光産業は、産業分類に存在せず、観光に関する業種の総称である。含まれる業種は、旅行業（旅行代理店など）、宿泊業、飲食業、運輸業、製造業（名産品など）などである。そして、新しい観光産業が発展しており、観光資源を活用したエコツーリズム、グリーンツーリズム、ヘルスツーリズム、産業ツーリズムがある。近年では、製造工場の工場見学も観光に含まれる。観光産業は伝統を活用するとともに、そこでイノベーションが起こり、新しい産業が興る。ここに、消費産業構造の高度化がある。以下で農・食・観光クラスターを定義する。

産業連関がある場合とない場合は、産業連関表により明らかにされる。図12－3（1）、12－3（2）が産業連関である。産業連関の投入（インプット）がある場合は二重丸で示され、投入がない場合はバツで示される。産業連関がない極端な場合は、農産物は農業にのみ投入される。稲を作るのに稲のみを投入する。肥料など一切を使用しない場合である。食品は食品にのみ投入され、観光産業は観光産業にのみ投入される。

産業連関がある場合は、農産物が食品に投入される。たとえば、ジャガイモが食品会社に投入され、ポテトチップが作られる。食品会社は原料の農産物がないと成立しない。また、農産物は観光にも投入され、ジャガイモがホテルに売られ、ホテルがレストランで調理をし、ステーキに添える。したがって、農・

図12-3 農・食・観光クラスターの定義

(1) 農・食・観光の産業連関表：連関効果なしの場合

	農業	食品	運輸	観光
農業	◎	×	×	×
食品	×	◎	×	×
運輸	×	×	◎	
観光	×	×	×	◎

(2) 農・食・観光の産業連関表：連関効果ありの場合

	農業	食品	運輸	観光
農業	◎	◎	◎	◎
食品	×	◎	◎	◎
運輸	×	×	◎	◎
観光	×	×	×	◎

(3) バリューチェーン・マネージメントの説明

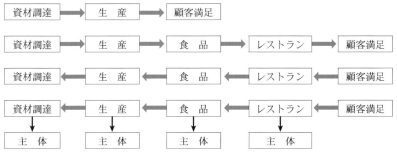

出所：著者作成。

食・観光クラスターの「第1条件」として、農業、食品、観光に産業連関がある場合を想定する。農・食・観光クラスターは、観光産業、食品産業、農業と顧客から逆の方向へ後方連関効果を最大化する。観光産業、食品産業、農業の各産業が、それぞれクラスターを形成する。

4 農・食・観光クラスター形成の事例

(1) 農・食・観光クラスターの事例

1) ベトナム・ダラットの場合

ベトナムのダラットは農・食・観光クラスターの構築に向けたプロジェクトを 2014 年の 8 月に開始した。ダラットは、ホーチミンから北へ約 200 キロメートルに位置にあり、標高 1,500 メートルの気温の安定した高地である。観光ブランドの形成を目指す。ラムドン省の農業経営者は新しい技術を学ぶことに熱心であり、技術交流を望んだ。花・野菜苗生産に関する生物工学技術の高さが特長である。

ダラットの主要農産物は、野菜、茶、花、コーヒー、ブドウである。食品産業としては、ジュース、ワインなどがある。文化・歴史では、元朝の第 13 代皇帝で、1940 年代半ばに終焉を迎えたバオ・ダイが過ごした宮殿がある。これは 1928 年に建てられ、全体がヨーロッパのアールデコを基調としている。また、フランス占領時に建設された旧ダラット駅もアールデコのスタイルである。ダラット全体がフランスの雰囲気で建設されている。ここに、ダラットは、農産物、食品、文化・歴史の 3 つの要素を備える。

地理的概況を説明しよう。ラムドン省内耕作面積は 97 万 6,000 ヘクタールである。農業生産は省内の GDP の 44％を占める。ラムドン省は農業分野、特にハイテク農業についての牽引役である。傾斜地が少なく大規模化に適している。標高は 800-1,500m であり、降雨量は年に 1,800-2,600mm であり、好条件耕作地である。総耕地面積（31 万 6,169 ヘクタール）の内で、短期作物が 6 万 9,302 ヘクタールであり、永年作物が 24 万 6,867 ヘクタールである。

農業投資環境は、大規模化が可能であり、人件費が低い。研究所と大学が連携し、人材の育成環境がある。投資環境の改善を実施中であり、ワンストップ・サービス等の行政手続きを簡略化している。今後の投資家へのインセンティブに関わる政策を特に農産加工分野で整備している。政府と企業が協力連携し、市場開拓支援を実施している。ラムドン省は組織培養による苗生産の先進地域である。

農業生産概況に関して、作物別に野菜、花卉、茶、コーヒーを説明する。野

菜については、栽培面積 5 万 1,210 ヘクタールにおいて年に 170 万トンの生産量である (2013 年)。特に、ジャガイモ、人参、キャベツ、トマトなどがある。特産品として、イチゴ、アーティチョークも生産する。オーガニックの生産も推進する。ハイテク技術を活用した栽培面積は 1 万 2,026 ヘクタールである。輸出相手先は日本、台湾、タイ、シンガポール、マレーシア、カンボジアであり、輸出量は 1 万 1,000 トンであり、輸出額は 15.3 百万 US ドルである。

　花卉については、栽培面積は 5,443 ヘクタールであり、ハイテク農業面積は 2,415 ヘクタールである。輸出相手先は、日本、シンガポール、台湾、タイ、オランダ、EU、USA、中国などである。輸出量は 196.69 百万本であり、販売額は 22.18 百万 USD である。

　茶に関しては、栽培面積が 2 万 3,117 ヘクタールであり、内高品質茶 (ウーロン茶等) は 2,885 ヘクタールである。生産量は 21 万 2,493 トンの生茶葉 (製品にして、およそ 4 万トン) である。輸出量は 1 万 1,616 トンであり、販売額は 1 万 8,375 百万 US ドルである。

　コーヒーについて、その農業生産面積は、全体の 50% を占める (15 万 1,565 ヘクタール) である。農家世帯総数 15 万 5,000 世帯のうち 11 万 4,000 世帯がコーヒー栽培に関わる。コーヒー豆の生産量が 38 万 2,966 トンであり、国内第 2 位である。その販売額が 10 万 7,000 億ベトナム・ドンである。

　日本政府のダラット支援の第 1 段階として「農業」の強化を日本の JICA の協力で目指した。この間に日本の JETRO が協力し、ベトナムの地元の農企業と日本農企業のマッチング事業が 2015 年の 3 月にダラットで開催された。この支援が 11 月に完了し、次の食品産業、観光産業の形成へ進んだ。

2) 沖縄の例

　「農・食・観光クラスター形成の段階」として、第 1 段階が農業、第 2 段階が食品産業、そして第 3 段階が観光産業というシークエンスを図 12－3 に示したが、沖縄ではこれらの 3 つの段階で集積が進んでいる。

　沖縄に、第 1 次、第 2 次、第 3 次産業が集積している。第 1 次産業としてモズク、ゴーヤ (ゴーヤ・パーク)、ウコン、マンゴーがある。石垣牛、本部牛 (もとぶ牧場) の肉牛、アグー豚などの肉豚やマグロ (渡久地港) の魚がある。第 2

次産業として、食品産業として食卓塩、黒糖、飲料として泡盛、ビールがある。第3次産業であるレストラン・ホテル産業が成立する。その例が沖縄そばのレストランである。第3次産業として「沖縄料理」がある。エンターテインメントとしてミュージックは特によく知られている。また、スポーツなどがある。ただし、第3次産業の集積は十分ではない。

　健康（癒し）をコンセプトとした様々な観光産業が集積している。ゴーヤ・パークがあり、有機健康食品をテーマとしたホテルがあり、癒しのための水族館がある。健康とは直接関係ないが、琉球グラス、アウトレット、首里城など観光に必要な企業が整備されている。沖縄には、海、水族館、国際通りショッピング、平和祈念資料館、ゴーヤ・パークなど様々な観光資源がある。特に、空港は国際空港として整備が進んでいる。更に空港と港湾を結ぶ道路が完成し、2つを利用したビジネスが大きく展開できる可能性がある。

（2）クラスター形成の文化・「基礎要因」

　表12−1で示すように、沖縄は農・食文化産業クラスターを形成するための文化の構成因子を備えている。これらの構成因子として9つを例示する。つまり、王朝・国、食・料理、音楽、歴史、織物、工芸、美術、保養地、酒である。このほかに近年ではスポーツ、ショッピングなどが含まれるようになった。ここでは、9つの文化の構成因子を沖縄県、宮崎県、鹿児島県、中部ベトナム、中国・広東省、ポルトガル、そして福井県へ適用した。

　例えば、福井県は越前朝倉氏により歴史・文化的な面の構成要因が始まる。福井県は人気の食品が多数あり、サバ寿司、越前そば、クサヤ、カニなどが有名である。音楽は太鼓が有名である。歴史的に柴田氏が織田信長と関係した。福井県は、サバエの眼鏡で有名であり、繊維産業が重要産業の1つであり、絹織物にその起源がある。工芸として越前漆器や若狭塗がある。美術に関して福井県出身の岡倉天心が日本の近代美術の創始者である。福井県の保養地として東尋坊や芦原の温泉がある。最後に福井県は有名な日本酒がある。

　沖縄文化のカギとなるのは琉球王朝の歴史・伝統である。尚氏が歴史的に重要な家系である。特産物はウコン、モズク、豆腐、シークワサーなど多数あり、

表 12-1　農・食文化クラスターのための文化・基礎要因

	沖縄県	鹿児島県	宮崎県	神奈川県
文化の鍵概念	琉球王朝・城・御嶽・エイサー・指笛・相撲・琉球舞踊・組踊	薩摩藩・桜島	神武天皇	鎌倉幕府
食	豚肉・豆腐・昆布・沖縄そば・チャンプルー	さつま揚げ・黒豚	地鶏・宮崎牛・かぼちゃ	唐揚げ
音楽	神歌・三線・琉歌	霧島音頭	民謡・芋がらぼくと	平曲
歴史	尚氏・万国津梁・大交易時代	島津家	天岩戸・伊東家・古墳	源頼朝
織	芭蕉織・首里織・読谷織・ミンサー織・宮古上布・八重山上布・久米島紬	大島紬	綾織り	鎌倉織舎
工芸	ガラス・琉球漆器・壺屋焼き・びんがた	薩摩焼	日向塗（沖縄から）・碁盤・碁石	彫刻
美術	山田真山	黒田清輝・洋画	瑛九	絵巻物
保養地・温泉	北谷市・沖縄市・那覇市	指宿	えびの高原	箱根
焼酎・酒	泡盛	さつま白波	そば焼酎	鎌倉ビール

	中部ベトナム	広東省	ポルトガル	福井県
文化の鍵概念	チャンパ王国、グエン王朝、朱印船交易（16〜17世紀）	南越国・鉄製農具	ブルボン王朝	朝倉氏
食	フエ宮廷料理、米の加工品（B級グルメ）	水稲・柑橘・桃	マヌエル（家庭料理）Manuel	サバ寿司、越前そば
音楽	クアンホー（民謡）、ニャック・クェ・フン「故郷の音楽」、フエ王宮音楽（無形世界遺産）	楽器銅鼓・舞踊越舞	ファド	あわら和太鼓
歴史	チャム王国・グエン朝	趙佗	ポルト月王朝	柴田氏
織	チャム織物・ドンソン文化（タイ織）、アオザイ、シルク、少数民族織物	絹織物	ラシャ（raxa）	繊維産業、絹
工芸	伝統漆芸,陶器（フエ近郊に王宮献上品の技術残る）	青銅器・陶器・玉器	タイル	越前漆器、若狭塗
美術	ドンホー版画、刺繍	金銀加工・金印	グルベンキアン	岡倉天心
保養地・温泉	ホアヒン・ビン、ビーチリゾート	広州従化温泉	アルガルベ（Argarve）etc.	東尋坊、芦原
焼酎・酒	ネプチャン、ミンマン酒（フエ名物、長寿）	広州五加皮・陳珠紅酒	ポルトワイン	日本酒

出所：沖縄県については沖縄県庁・物流班（2011年4月30日）。その他は朽木昭文。

織物は芭蕉織などがあり、工芸は漆に伝統があり、琉球漆器などがある。酒類では泡盛が有名であり、美術やガラス製品もある。

5　次の政策手段の効率的なプロセスの決定
(1) 農林水産省・日本貿易振興機構プロジェクト

「農林水産物・食品輸出ロジスティクス研究会」は、農林水産省とJETRO（日本貿易振興機構）により農林水産物と食品の輸出を促進するための政策を提言するために2013年に実施された。この研究会の結論として、日本からアジアに輸送する際に貨物の規模が小さく、規模の経済を達成できず、単位当たりのコストが非常に大きくなるということが課題であった。

基本ラインとして、「農林水産物・食品輸出ロジスティクス研究会」は議論を次のように取りまとめた。

(1) 課題設定は、3点である。第1に「広域地域」単位毎の戦略策定、第2に「パイロット・モデル」の完成、第3に「ロジスティクスの整備」である。こうして国政府、県、JETRO、企業、組織、農企業の原因、対策についての役割を提示した。

(2) 指摘された課題は、4点である。第1に荷の集約化、第2に混載を促進するような仕組み、つまり物流の際の積載率が低く採算性が低くなる傾向をなくすこと、第3にコストが割高となる小口混載貨物は手続き・仕分け等の煩雑性、第4に国内の物流の高コストである。

(3) 上記課題への方向は次の2点である。第1に効率的な集荷を推進するための「広域な地域単位による集荷」、第2にコンテナ混載の推進のための「プラットフォーム」の構築である。

(4) 解決策としての「プラットフォーム」の役割は次の5点である。第1に「共同化スキームを構築」、第2に「調整する主体の決定」第3に倉庫滞留時間をミニマム化するための「集荷タイミングの調整ルール確立」、第4に混載方法の調整として「混載方法のパターン化」、第5に端境期の解消のために「同一品目のリレー出荷」である。なお、温度帯や輸送方法についても気をつける必要がある。

この研究会において日本で当時、進行中であった農産物輸出の事例が紹介された。その例として、「北海道プロジェクト」の札幌大学と国土交通省の連携による農産物輸出の場合、沖縄の国際物流ハブ利用の場合、「宮崎プロジェクト」のJA経済連の香港事務所活用の場合、関西の関西空港を利用した輸出の実施例が紹介された。この研究会の成果の1つとして、北海道モデルが宮崎へ適用された。

　結論として、農業の考え方は、6次産業化、そして農・食・観光産業の産業連関、「農・食・観光クラスター」の形成がある。農・食・観光クラスターの形成は、異文化交流であり、アジア地域統合に繋がる。シークエンスの経済として、農業、食品、「ロジスティクス産業」、そして観光産業の形成がある。このために能力構築（キャパシティー・ビルディング）、つまりインフラ、制度、人材が必要である（朽木・溝辺（2011）を参照）。

　そして、残された課題として、(1) 国内運賃の引き下げ（原因と対策）、(2) 物流センターの構築、(3) 海外コールド・チェーンの形成（温度・品質管理）が挙げられた。

(2) 北海道プロジェクト

　「北海道国際輸送プラットフォーム（HOP: Hokkaido Export Platform)」が札幌大学と国土交通省・北海道開発局により構築された。2006年に、北海道における国際物流の課題を把握検討し、その解決に向けて総合的な物流機能の高度化・効率化を推進する施策を展開した。地域の有識者、産業界、行政などの産官学が一体となった「北海道国際物流戦略チーム」が設置された。

　各種の課題がそこで検討されたが、その進行状況は次のとおりであった。2006年に、アクションプランが策定され、北海道と韓国間の国際RORO船の試験運航が実施されるとともに、試験運航に合わせた商談会、韓国企業ヒアリング、消費者ニーズアンケートが実施された。生鮮品を中心とした北海道産品の東アジア相手国における需要動向が把握され、PR活動等が実施された。2006年に、既存輸送手段（コンテナ航路・航空チャーター便等）を活用して北海道産品を輸送して潜在的貨物を顕在化させることが検討された。2007年に、既存輸送

手段を活用した輸送に向け、具体策（モデル航路の策定、航空貨物輸送実験）が検討された。輸出促進に向けた海外事業を展開するとともに、北海道国際ビジネスセンターと連携した輸出支援の取り組みが推進された。

さて、このモデルが採算の合うように成立するためには、最終的に B to B、つまりビジネスからビジネスへの方式を船利用により大量に輸出することである。ただし、その前段階として B to C ビジネスから個人への方式で航空便を利用して少量輸出方式を試みた。2012 年に、ヤマトグループは 1 箱 9,000 円で香港への輸出を開始した。北海道モデルが上記の「農林水産物・食品輸出ロジスティクス研究会」で紹介され、これが 2013 年に宮崎に適用された。

(3) 宮崎プロジェクト

「宮崎国際輸送プラットフォーム（MiP: Miyazaki Export Platform）」は、2013 年（平成 25 年）2 月にヤマト運輸、ANA、そして宮崎 JA 経済連を核として結成された。これに国土交通省、宮崎県農政部、宮崎アジア経済研究所、日本大学が、参加した。これを取りまとめたのは宮崎県工業会であった。

このプラットフォームは B to C の北海道モデルを適用することであった。第 1 回目の会議における討議の内容は次のとおりであった。宮崎県が「宮崎県の農産品の輸出促進の取組み状況について東アジアへの対応」と「みやざきフードビジネス振興構想」を、国土交通省が「北海道における国際物流プラットフォーム」の紹介を、ヤマト運輸が「ヤマト運輸における海外物流戦略」を、宮崎県工業会が「ものづくり産業東アジア市場開拓支援事業」を紹介した。このプラットフォームの会合は、宮崎の農産品を香港へ輸出することを決定したことであった。

同年の 3 月に、ヤマト運輸は宮崎 JA 経済連と共に香港への輸出をトライアルとして成功した。輸出した産品として、宮崎牛約 230 グラムを 388HK ドル（1HK ドルが約 12 円）で 100 個を 27 時間で完売し、日向夏ミカン 1 箱 2.5 キログラムを 388HK ドルで 72 箱を販売した。なお、販売で重要な役割を果たしたのはヤフー HK（香港）であった。B to C の販売においてはインターネットによる販売が有効であった。このプロセスでは、農産品を輸出するというもっとも困難な

プロセスを通過したことであった。

　この成功を受けて 2013 年 4 月にヤマト運輸を中心として JA 宮崎と ANA が会合を開き、次の予定を計画した。その計画では、5 月に再び 6 品目の宮崎から香港への輸出が実施される。ヤマト運輸は、6 月からこの方式を全国に展開する。この全国展開の一環として宮崎が九州地区の 1 つとして香港への輸出に参加した。

　以上の経過を要約すると、農林水産省・JETRO の「農林水産物・食品輸出ロジスティクス研究会」が主導し、ジェトロがこの組織の形成をリードした。「北海道国際輸送プラットフォーム」のモデルが「宮崎国際輸送プラットフォーム」に適用された。北海道モデルを宮崎に適用する際に主導したのは宮崎県工業会であった。宮崎プラットフォームが宮崎牛と日向夏を香港へ輸出することをリードしたのはヤマト運輸であった。

　宮崎県の課題は、輸出業者、商社、物流、マーケティングに関連するプレイヤーの確立である。その目的は、輸出業者の育成と自立業者の育成である。つまり、商流ルートの確立、物流ルートの確立である。宮崎に関して物流の確立は可能である。「地域商社」は JA が担う。市場開拓のために「マーケット調査」が課題である。「説明会」の実施が課題とされた。コールド・チェーンの確立のためには企業「ヤマト運輸」の役割が期待された。ネット販売のために「ヤフー香港」が利用された。「9,000 円」小口貨物パックの定期化が期待された。

　その後の展開として、次の 4 点が指摘された。第 1 に、テストケースから恒常的販売へ向けた経済的な採算の確立である。このために認知度を高めること、量的拡大、産品の拡大が必要である。第 2 に、方向性として、マスコミへの発表の頻度を多くする。民間企業の別ルートの開拓による多元化を必要とする。説明会の実施では頻度を多くする。第 3 に、担当者の明確化が必要である。情報の集中、権限と責任の付与、やりがいの付与が必要となる。

（4）沖縄国際航空物流ハブ活用推進事業

　沖縄国際航空物流ハブ活用推進事業は、2009 年から開始された。これは、那覇空港を核に国内およびアジアの主要都市を結ぶ ANA の沖縄ハブ＆スポーク

方式による新たな航空ネットワークを活用し、①県産品の販路拡大、②臨空型企業の誘致、「③海外航空会社就航の誘致」、④外国人観光客の誘客などの事業を一体的に進める。これにより沖縄に人、物、情報の流れをつくり、国際交流、物流拠点として確立することを目指す。2010年度は9企業・団体（電通沖縄、電通、沖縄県産業振興公社、沖縄県物産公社、地域開発研究所、りゅうぎん総合研究所、おきぎん経済研究所、海邦総研、南西地域産業活性化センター）に事業委託された。本節は、「③海外航空会社就航の誘致」に着目する。

表12-2が沖縄の海外からの空路・海路観光客数を示す。新路線数が増加するのは2012年からであり、便数が2008年の便数が2倍を超えるのは2012年である。2012年に観光客数が倍を超え、2015年には2008年の約10倍になる。沖縄の空路・海路の観光客の合計は、2015年に2008年の約6倍となり、150万人となる。ここに、交通の新路線の効果が明らかになる。

6　おわりに

本章は、農・食・観光クラスターを定義した。その特徴は、観光業から食品産業、食品産業から農業へ産業連関を作り、その後方産業連関効果を最大化することである。フローチャート・アプローチにおいて、農・食・観光クラスターの形成のプロセスは時間軸である。クラスターの組織部門の形成には順序、つまりシークエンスがある。そのシークエンスは効率的な順序がある。これが

表12-2　沖縄の空路・海路観光客

年	新路線数	便数	空路	海路	合計
2008	1	22	107,500	144,100	251,600
2009	0	19	90,000	140,300	230,300
2010	1	23	145,800	116,400	262,200
2011	0	30	163,600	138,900	302,500
2012	4	45	299,900	146,800	446,700
2013	2	49	377,400	173,400	550,800
2014	5	78	654,800	238,700	893,500
2015	12	156	1,048,650	398,500	1,447,150

出所：沖縄県庁商工労働部国際物流課2015年作成。

「シークエンスの経済」である。これが成立しない場合は、クラスターの形成プロセスが前に進まない。本章は、このシークエンスを考察した。

農・食・観光クラスターの場合のシークエンスは、「プラットフォーム」の形成、さらに観光客を誘致するための「交通網」の整備である。特に、交通網において「航空路線」の整備がある。

次の段階に進むためには「文化」の構成因子を強化する。観光産業の振興にはブランディング戦略が有効である。ブランドを築くことにより観光地に付加価値をもたらす。観光産業のブランディング戦略には、文化の要因が有効である。そして、そのための歴史や伝統が文化の要因の構成要素となる。しかし、伝統は、単に存在しているだけではなく、「創られた伝統」の部分がある。つまり、伝統を形成することで、「文化」構成因子を強化し、観光産業の商品の「付加価値」を高め、産業を振興することにつなげられる。

参考文献

朽木昭文、「産業クラスターと「シークエンスの経済」」、『経済セミナー 8・9 月号』、No.685、2015。

朽木昭文、「アジア地域の産業クラスターの展望と課題－アジア成長トライアングルにおける「農・食文化クラスター」の形成－」、『開発学研究』第 24 巻 1 号、2013、pp.8-17。

朽木昭文・溝辺哲男、「農業・食品加工産業クラスター政策へのフローチャート・アプローチ・モデルの確立」、『開発学研究』第 22 巻 1 号、2011。

山下哲平・橋本孝輔・朽木昭文、「観光クラスターモデルにもとづく「文化」因子の資源化にむけて－沖縄県および愛知県の観光開発の事例から－」、『人間科学研究』第 10 号、2013、pp.144-55。

第13章　日本における食料貿易とアグリビジネス

李　裕敬

1　はじめに

　グローバル化がますます進んでいる今日、私たちが消費している食べ物のうち、外国産はどのぐらいなのか。言い換えて、国産で賄われている部分はどのぐらいなのか。また、なぜこのような状況が起きているのか。

　こうした状況をリードしているのは多国籍企業である。多国籍企業は世界的規模でアグリビジネスを展開しており、食料貿易を担っている主体である。本章では、アグリビジネスとは何か、また、世界的規模でアグリビジネスが展開されるようになった背景を整理するとともに、日本における食料貿易の動向とアグリビジネス、アグリビジネスの課題と対策について説明する。

2　アグリビジネスとは

　アグリビジネス（Agribusiness）とは、農業およびその関連産業における企業活動、農業資材・サービス供給産業、食品加工産業、飲食産業、そして関連する流通産業などを総称する概念である（荏開津・樋口、1995）。また、アグリビジネスは利潤の獲得を動機とする企業、不断に事業規模を拡張しようとする組織のことで、生業として営まれている小規模な自営業は含まないとし、農・食の関連分野においてグローバル化・多国籍化を展開する巨大企業に限定する場合もある（大塚、2004）。

　さて、アグリビジネスの語源は農業（Agriculture）と商工業（Business）の合成語で、1957年にハーバード大学のジョン・デービス（John.H.Davis）とロイ・ゴールドバーグ（Roy.A.Goldberg）の共著作『アグリビジネスの概念（A Concept of Agribusiness）』のなかで提唱された。彼らは、農業は従来の農業が持つ機能が分化され、組織化・専門化する過程で、新しい商工業と相互に関連性を持つことに着目し、農業と関連産業を垂直的統合体として言い表す必要性があることを

示し、アグリビジネスの概念を導入した。

これに関連して、稲本・川合（2002）によれば、経済が発展するにつれ、農の営みは自給自足的経済から商品生産・販売をする商業的農業へ展開し、その生産形態も自立的な経営として、さらには企業的形態として事業が営まれるようになってきた。さらに、経済発展や技術の進歩はより複雑で高度な組織や企業形態の形成を促し、今日のアグリビジネスが形成されるようになったのである。

かかる経済発展とともに成長・拡張してきたアグリビジネスの範囲・領域と産業組織について示したものが図13－1である。この図は、アグリビジネスを河川の流域に例えてその範囲を示したもので、農業資材産業（川上）、農林水産物の生産・経営（川中）、農林水産物の加工・製造・貯蔵・流通・外食とそれらに関わる市場・情報・運搬などを扱う産業（川下）で構成される。なお、国内に限らず、国境を超えた領域も含む。

アグリビジネスは①非差別化商品（農産物）の差別化商品化、ブランド化、②生産・流通・加工・販売を担当するチャネルリーダーの川上から川下への移動、

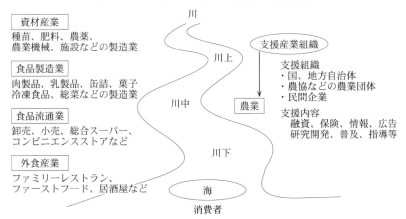

図13－1　アグリビジネスの領域と産業組織

出所：河合明亘・稲本志良（2010）『アグリビジネスの新たな展開』放送大学教育振興会。
注：1）資材産業、食品製造業、食品流通業、外食産業に関わる支援産業組織についての図示は省略。
　　2）フードシステムでは、農業が川上、食品製造業、卸売業が川中、食品小売業や外食産業は川下と捉える。

③商品の標準化（国際的基準や規格など）、④チャネルリーダーの効率化の重視、価格指導権の堅持、⑤非差別化商品の市場原理による価格形成、⑥生産者（農民）の大規模層と小規模層への二極化、⑦消費者ニーズに合わせたマーケットの形成のプロセスをたどる特徴がある（杉山、1996）。

3　アグリビジネスを取り巻く環境
（1）国際貿易

　国際貿易の基本原理は、1817年にデヴィッド・リカードによって提唱された比較優位の原理である。比較優位の原理では「各国が自国の得意とする分野に特化し、自国の商品と他国で生産された商品を貿易することにより双方が国際分業による利益を得ることができる」とされる。すなわち、貿易はそれぞれの国で財の相対的コストの差によって導かれるもので、諸国は国内において相対的にコストの低い財を輸出する。また、一国が全ての財を他国より低いコストで生産できる状況（絶対優位）であっても、別の国が相対的に効率的に財を生産できるなら、貿易によって両国には利益が持たされるという。こうした国際貿易の原理をベースに、ヒト、モノ、カネ、情報が国家や地域などの国境を越えてグローバル化するとともに、貿易の自由化が進んでいる。

　それでは、アグリビジネスが海外進出に取り組む条件には何があるのか。基本的には利潤最大化を目指し、より安い労賃での雇用、原料調達が可能かで他国への進出がかかっている。その際に、各国間の税率、タックスヘイブン、カントリーリスクが少ないことが条件となる（杉山、1996）。

　また、アグリビジネスの代表的な形態である多国籍企業が国際生産に取り組む動機の類型に①資源の探求と開発を動機とする自然資源指向、②輸出に代替して投資国の市場を傘下におさめる目的の市場指向、③規模と範囲の経済を追及する効率指向、④外国企業の資産を取得し、国際競争力を高め、多角的な多国籍コングロマリットを指向する戦略資産指向（豊田、2005）があることから、自然資源開発、市場開拓、事業の多角化も海外進出の条件である。これに加えて、国家規制からの逃避、貿易関連などの他部門の支持、補完的な消極投資といった動機によって多様な国際生産が展開している。

(2) プラザ合意以降の円高

プラザ合意とは、1985年9月22日にニューヨークのプラザホテルで開催された5カ国蔵相会議（G5：米国、イギリス、西ドイツ、フランス、日本）において、当時のアメリカのドル高を是正し、為替レートの安定化を図るために会議参加国が交わした合意のことである。

合意内容の核心は、当時、アメリカのレーガン政権の「小さな政府」「強いドル」政策によってドル高が続き、膨大な貿易赤字の状況に陥ったアメリカに対し、周辺国（先進国G5）が協調して為替市場に介入し、主要通貨に対するドル安を誘導するものであった。

その結果、日本経済はドル高・円安から円高へ切り替わり、急速な円高を経験した。1985年の円相場は1ドル252.5円から1988年には1ドル121円へと2倍以上も上昇したのである。こうした円高の結果、貿易における国内外価格差が生じることになり、工業・重化学の原料に限らず、農林水産物や食品市場の輸入が増加するようになった。この影響により、アグリビジネスや多国籍企業の展開が拡大したのである。

4 農産物貿易自由化とアグリビジネス

2015年10月、環太平洋パートナーシップ協定（Trans-Pacific Partnership Agreement、以下、TPPと略称）が妥結された。TPPは「関税の例外なき撤廃」を原則とする多国間の包括的自由貿易協定のことで、シンガポール、ニュージーランド、チリ、ブルネイ、アメリカ、オーストラリア、ペルー、ベトナム、マレーシア、メキシコ、カナダ、日本の12カ国が参加している。各参加国の国会において承認が得られれば、全世界におけるGDPの約40％を占める巨大な自由貿易ブロックが誕生すると期待されている。

TPP交渉の当初、日本は農業分野においてコメ、麦、乳製品、牛肉・豚肉、甘味資源作物（砂糖・でん粉）を「重要5項目」「聖域」として位置づけ、関税撤廃の例外を確保するとした。しかし、実際の妥結案には、これら重要5項目の586品目のうち、関税を撤廃する品目は174品目で、約3割に上る結果となった。また、日本が輸入している農林水産物2,328品目のうち、1,885品目（81％）

の関税が撤廃されるとともに、過去の経済連携協定では一度も関税が撤廃されなかった 834 品目のうち、395 品目が初めて関税撤廃に含まれた。すなわち、今後は農林水産物の市場自由化がますます進展することが決まったのである。

　こうした農産物貿易における自由化の流れの転機はガット・ウルグアイラウンド（GATT・Uruguay Round）であるとされる。GATT（General Agreement on Tariffs and Trade）は国際貿易の自由化を志向しており、各国の関税や輸出入規制など貿易上の障害を排除し、自由かつ無差別な国際貿易の促進を目的とする国際経済協定である。基本原則は、①関税・課徴金以外の輸出入障壁の廃止、②関税の軽減、③無差別待遇の確保である。

　また、1994 年のガット・ウルグアイラウンドの背景には、日米貿易摩擦がある（岸川ほか、2010）。日本は明治以降、輸出などにより経済大国に成長したが、1960 年代後半は日米の貿易収支において日本の貿易黒字とアメリカの貿易赤字が続き、日米貿易の不均衡が問題視された。こうした貿易関係を是正するため農業大国であるアメリカが、当時、国内農業を保護するために農林水産物の多くの品目を輸入制限していた日本の農林水産物市場の閉鎖性を指摘し、市場開放を要求したものである。

　表 13−1 で示した通り、それまではバナナやレモン、パインなど国内農産物と競合しない品目に限って輸入自由化を許容してきたが（一部、豚肉は例外）、1994 年のガット・ウルグアイラウンドの農業合意を契機に農林水産物の輸入禁止や数量制限などがかかっていた品目が関税化へ切り替わり、輸入自由化への道に突入したのである。当該農業交渉の合意内容は、1995 年から 2000 年までに①市場アクセス（国境措置：関税や関税割当等）、②国内支持（国内農業保護に用いられる補助金や価格支持等）、③輸出競争（輸出補助金）の 3 分野の保護水準を引き下げることである。

　その後、GATT は 1995 年に設置された国際貿易機関である WTO（World Trade Organization）に引き継がれている。しかし、WTO は 2015 年現在、161 カ国も参加していることもあって国際貿易ルールの交渉が順調に進展しないのが実情である。その結果、世界各国では二者間あるいは複数の国家間で経済連携および貿易自由化の協定を結ぶ FTA（Free Trade Agreement）が進んでおり、上述の TPP

表 13-1　戦後の日本における食料貿易自由化の経緯

年次	事項・できごと	内容・自由化品目
～1960 年		1960 年以前の自由化品目：飼料用トウモロコシ、ナチュラルチーズなど
1960 年	日本：外国為替・貿易自由化大綱	品目ごとの自由化スケジュールの設定 早期自由化品目：鶏肉、生鮮野菜、バナナ、大豆、コーヒー豆など
1967 年	GATT・ケネディラウンドの合意	実施期間：1968 年～1972 年 日本の主な自由化品目：レモン、ソルガム、生きた牛、レモンジュース、ブドウ、グレープフルーツ、植物油脂、なたね、チョコレート、豚肉（差額関税）、配合飼料など
1979 年	GATT・東京ラウンドの合意	実施期間：1980 年～1987 年 日本の主な自由化品目：豚肉調整品、グレープフルーツジュース
1988 年	日本：牛肉・オレンジなどの自由化の決定（対アメリカなど）	牛肉と生鮮オレンジの輸入自由化を約束（1991 年実施） 日本の主な自由化品目：プロセスチーズ、トマトケチャップ、ジュース、牛肉調整品、パイン製品、果汁（リンゴ・グレープ・パイン・オレンジ）
1994 年	GATT・ウルグアイラウンド農業合意	実施期間：1995～2000 年 輸入禁止や数量制限などの非関税障壁を関税に置き換える包括的関税化を即時実施し、以後関税率と国内保護水準を順次引き下げる。アメリカ、EU などは輸出補助金を削減する。 日本の主な自由化品目：残存輸入制限品目（米、麦類、指定乳製品、豚肉、砂糖、大豆以外の豆類、など）の輸入自由化
2001 年	WTO ドーハラウンド開始	10 年あまりの交渉を経るも、2012 年秋に合意達成を当面の間は断念
2002 年	日・シンガポール経済連携協定発効	日本初の地域貿易協定（RTA: Regional Trade Agreement）
2005 年～	日・メキシコ経済連携協定発効 以後多数の経済連携協定の締結・発効や交渉開始など	関税割当による豚肉・牛肉の関税率引き下げなど 多数の関税撤廃、引き下げ、関税割当によるアクセスの改善を実施 しかし、UR 農業合意における関税化品目の多くは関税撤廃の例外

資料：茂野隆一ほか『食品流通』、実教出版（2013）。

もこれに該当するものである。

　こうした農林水産物の貿易自由化の進展に伴い、世界を舞台にビジネスを展開する巨大な多国籍アグリビジネスが登場したのである。主にカーギル社やブンゲなどの穀物商、コーヒーや紅茶などの食品加工企業、タバコ会社、ビールやコーラなどの飲料会社がある。これらの会社は 1 次産品の販売や加工を行っており、農業経営部門に対しては契約栽培などのインテグレーション（垂直統合）

を通して影響力を強化し、原材料となる良質な農産物の安定した供給量を確保している（河合、2010）。

5　日本における食料輸出入の動向
（1）食料輸出の動向

日本は輸入自由化や円高によって農産物輸入が増大し、政府や農業団体はウルグアイ・ラウンド、農産物 12 品目問題、牛肉・オレンジ輸入自由化などへの対応に追われ、農業関係者は農産物を輸出するという発想・意欲が乏しく、輸出はリンゴや缶詰など一部の品目と数量に限られていた（清水、2014）。

その一方で、一部では少子高齢化による国内市場の縮小とアジア諸国の経済発展に伴う市場規模拡大の動きに伴い、キッコーマンが 1910 年、味の素が 1957 年、ヤクルトが 1964 年と早くからグローバルな事業展開に取り組んだ。

農林水産物の輸出は、1980 年代の農産物の輸出支援政策や 1990 年代の農産物の貿易自由化の影響により増加して以来、横ばい傾向が続いている。近年、積極的な輸出振興政策に加え、海外で日本食の人気の高まりにより農産物輸出額が増加傾向にあるというものの、2013 年の農産物輸出額は約 5,505 億円（輸入額：8 兆 9,531 億円）で輸入額の約 16 分の 1 に過ぎない。その結果、農林水産物の貿易収支は恒常的に大幅な赤字となっており、貿易赤字の程度は世界に類を見ないほど大きく、世界第 1 位の農産物純輸入国である。

輸出相手国は、日本の農林水産物輸出額の上位 10 カ国（金額ベース）からみると、香港、アメリカ、台湾、中国、韓国、タイ、ベトナム、シンガポール、オーストラリア、フィリピンの順となり、アジア向けの輸出額が全体の 7 割以上を占める。

輸出品目は、表 13-2 の日本の輸出農林水産物の上位 10 品目の推移からみると、2000 年と 2005 年には真珠（14.7％）とタバコ（7.0％）がトップを占めていた。その他には主に貝柱、ホタテ貝、かつお・まぐろ類、さけ・ます、練り製品などの魚介・魚類、アルコール飲料、播種用の種、小麦粉などであった。2014 年には依然としてホタテ貝（1 位）、アルコール飲料（2 位）、真珠（3 位）、たばこ（5 位）が上位を占めるものの、その割合は低くなっている。一方、ソー

表13-2 日本の輸出農林水産物の上位10品目の推移（金額ベース）

区分	2000年 品目	割合(%)	2005年 品目	割合(%)	2010年 品目	割合(%)	2014年 品目	割合(%)
1位	真珠（天然・養殖）	14.7	真珠（天然・養殖）	7.1	たばこ	5.5	ホタテ貝（生・冷・凍・塩・乾）	7.3
2位	たばこ	5.7	たばこ	7.0	ソース混合調味料	4.3	アルコール飲料	4.8
3位	アルコール飲料	4.5	かつお・まぐろ類（生・蔵・凍）	4.1	さけ・ます（生・蔵・凍）	3.7	真珠（天然・養殖）	4.0
4位	かつお・まぐろ類	3.7	さけ・ます（生・蔵・凍）	3.7	アルコール飲料	3.6	ソース混合調味料	3.8
5位	貝柱（調整品）	3.3	アルコール飲料	2.9	真珠（天然・養殖）	3.3	たばこ	3.2
6位	播種用の種・果実及び胞子	3.2	貝柱（調整品）	2.9	粉乳	2.9	清涼飲料水	2.6
7位	小麦粉	2.8	ホタテ貝（生・蔵・凍・塩・乾）	2.7	かつお・まぐろ類（生・蔵・凍）	2.8	かつお・まぐろ類（生・蔵・凍）	2.6
8位	ホタテ貝（生・蔵・凍・塩・乾）	2.4	播種用の種・果実及び胞子	2.5	乾燥なまこ（調整品）	2.6	菓子（米菓を除く）	2.4
9位	配合調整飼料	2.3	小麦粉	2.0	貝柱（調整品）	2.5	播種用の種・果実及び胞子	2.1
10位	練り製品（魚肉ソーセージ等）	1.3	豚の皮（原皮）	2.0	清涼飲料水	2.4	豚の皮（原皮）	1.9
上位10品目の合計		43.9		36.9		33.6		34.7

資料：農林水産省「農林水産物輸出入概況」各年度により抜粋・整理。

ス混合調味料（味噌・醤油・ソース等）や清涼飲料水、菓子が上位入りしている。また、上位10品目が全体輸出農産物に占める割合も34.7％で2000年43.9％の比べて低くなったことから、輸出品目が多様化していることがうかがえる。

さて、日本の輸出農産物の特徴として、農産物輸出の上位10品目から輸出農産物の主たる部分を加工食品が占めていることが分かる。2013年の農産物全体の輸出における部門ごとの輸出割合は、加工食品48.0％、畜産品12.2％、穀物等7.2％、野菜・果樹等6.3％、その他26.4％で加工食品が半分を占めている。厳密に言えば、現在の農産物輸出のうち、国産農産物は約3割程度に過ぎず、5割という加工食品の割合も原料や副産物などを考慮すると実際は7割近くに

あるという指摘もある（清水、2014）。

近年、農産物輸出は農林水産省の輸出支援政策の後押しに加え、世界的に日本食のブームの影響により増加傾向にある。JETRO の調査[1]によると、好きな外国料理のトップに「日本料理」が挙げられ、その理由として「健康に配慮」が挙げられた。1970 年以降のアメリカで高まった健康志向に端を発し、「日本食＝健康」というイメージが広がったことが日本食人気を支えているという。こうした影響により、海外における日本食レストランの店舗数が 2006 年約 2 万 4,000 店舗から 2013 年約 5 万 5,000 店へ倍増したと推計されている(JETRO)。こうした日本食の世界への広がりや健康志向は今後の農産物輸出の追い風になるとみられる。

（2）食料輸入の動向

日本の農産物輸入は 1960～2013 年の間、金額ベースで 9.9 倍と大幅に増加した（図 13-2）。食生活の洋風化や簡便化など多様な食生活が展開されるなか、需要が拡大した畜産物や油脂類の生産に必要な飼料穀物や大豆等の油糧種子のほとんどは国土条件等の制約から輸入に依存せざるを得ない状況にある。また、近年、食の外部化・サービス化などの食料消費構造の変化や経済のグローバル化といった社会経済情勢の変化の中で、国内の農業生産が消費者や実需者のニーズに出荷量や価格等の面で十分に対応できないことで、結果として実需者が原材料を海外から調達している面もある（農林水産省、2014）。

こうした日本の農産物輸入額の規模は世界的にも高いレベルで、2013 年の世界の農産物輸入に占めるシェア（金額ベース）は 4.3％、世界第 6 位を占めている。なかでも、とうもろこし（14.7％）と肉類（9.8％）は世界第 1 位、小麦はインドネシア、ブラジルに次ぎ第 3 位（5.3％）と極めて高い。すなわち、日本の食料市場は海外依存度が高い。これに関連して日本の食料自給率（カロリーベース）は 39％（2014 年）で、主食の米（97％）を除き、食糧作物の小麦 13％、大豆 7％、そのほか、果実 43％、牛肉 42％、豚肉 51％等の数値からも食料市場の海外依存度が高いことが分かる。

輸入農産物の品目は時代の変化とともに大きく変化してきた。1960 年代は国

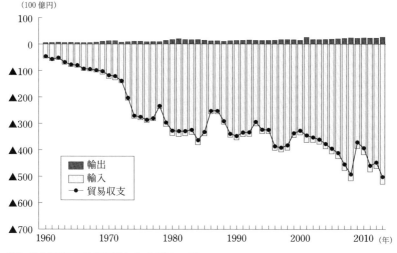

図13−2 日本の輸出農林水産物貿易の動向（1960年〜2013年）

資料：農林水産省「海外食料需給レポート2014」、p.33。
注：1）金額は、輸出がFOB価格、輸入がCIF価格である。
　　2）羊毛、アルコール飲料、たばこ、天然ゴム及び綿を含む。
　　3）貿易収支＝輸出額−輸入額。

民の主要食料を確保する必要性から、直接食用として消費する小麦の輸入額が最も多かった。以後、国民所得の増大に伴い食生活の多様化・高度化が進展し、畜産物や油脂類の国内需要が拡大したことから1980年代には家畜の飼料のとうもろこしや、植物性油脂原料の大豆の輸入が拡大した。1990年以降は食肉の需要が国内生産を上回って増加したことから、牛肉、豚肉等畜産物の輸入が拡大した。近年では、生鮮・乾燥果実についても、消費の周年化や業務用・加工用需要の増大等により輸入が増加傾向にあるほか、鶏肉調製品や水産物についても輸入が増加している（農林水産省、2014年）。

次に、2013年の輸入農林水産物の主要品目(表13−3)とその相手国をみると、豚肉、とうもろこし、牛肉、生鮮・乾燥果実、えび、小麦、鶏肉調整品、大豆、かつお・まぐろ類、冷凍野菜の順となっている。それぞれの輸入先（原産国）を見ると、豚肉はアメリカ34.1％、カナダ18.0％、デンマーク15.6％と上位3カ国で全体輸入量の67.7％を占める。さらに、とうもろこし−アメリカ84.3％、

表13−3　主要農林水産物の国別輸入割合（2014年）

(単位：%)

順位	品目	1位		2位		3位		4位		5位		その他
		国	割合	国	割合	国	割合	国	割合	国	割合	割合
1	豚肉	アメリカ合衆国	34.1	カナダ	18.0	デンマーク	15.6	メキシコ	7.9	スペイン	7.9	16.5
2	とうもろこし	アメリカ合衆国	84.3	ブラジル	7.9	ウクライナ	5.4	南アフリカ共和国	1.2	アルゼンチン	0.4	0.8
4	牛肉	オーストラリア	51.0	アメリカ合衆国	39.8	ニュージーランド	4.7	カナダ	2.2	メキシコ	2.1	0.2
6	生鮮・乾燥果実	アメリカ合衆国	34.5	フィリピン	32.5	ニュージーランド	8.2	メキシコ	7.7	チリ	2.7	14.4
7	えび	ベトナム	20.9	インド	16.8	インドネシア	16.7	アルゼンチン	7.1	タイ	6.6	31.7
9	小麦	アメリカ合衆国	50.9	インド	16.8	インドネシア	16.7	アルゼンチン	7.1	タイ	6.6	31.7
10	鶏肉調整品	タイ	50.1	中華人民共和国	49.4	大韓民国	0.2	ブラジル	0.1	アメリカ合衆国	0.1	0.1
11	大豆	アメリカ合衆国	62.9	ブラジル	19.1	カナダ	15.6	中華人民共和国	2.1	ウルグアイ	0.1	0.1
13	かつお・まぐろ類	台湾	20.7	大韓民国	11.8	中華人民共和国	10.8	オーストラリア	8.0	インドネシア	7.7	41.0
16	冷凍野菜	中華人民共和国	49.0	アメリカ合衆国	25.1	タイ	6.9	台湾	4.3	カナダ	2.3	12.4

出所：財務省（2015）『農林水産物輸出統計（貿易統計）2014』より抜粋・整理。
注：1）第3位 たばこ、第5位 製材・加工材、第7位 アルコール飲料、第8位 木材チップ、第14位 さけ・ます、第15位 合板は省略した。
　　2）えび、かつお・まぐろ類は生鮮、冷蔵、冷凍を含む。

小麦−アメリカ50.9％、鶏肉調整品−タイ50.1％、大豆−アメリカ62.9％など少数の特定国への輸入依存度が高い特徴がある。こうした傾向は、全体輸入農産物に関しても同様で、例えば、2013年の農産物輸入額は相手国別にアメリカ（23.1％）、EU（15.1％）、中国（12.1％）、オーストラリア（6.9％）、カナダ（6.7％）などである。

　しかし、こうした傾向は国内需給が国際需給の変動や輸入先国の輸出政策の影響を受けやすい状況に置かれていると捉えられることから、今後は輸入先の多角化やリスク分散への努力が求められる。

6　日本の食料貿易を担うアグリビジネス

　アグリビジネスにおける多国籍企業は世界的な食料・農業に関わる産業、資材、食料生産、加工、販売、流通など全般において対外直接投資と食料貿易を行っている。

　その類型は、①穀物メジャー型多国籍企業、②付加価値型多国籍企業、③食品多国籍企業の3つがある（豊田、2001）。まず、穀物メジャーはカーギルやコンチネンタルグレイン、ブンゲなど穀物流通の商社群である。代表格であるアメリカのカーギルは、世界67カ国に1,100拠点を置いて世界穀物貿易を支配しており、年間売上高1,348億ドルの超巨大企業である。

　次に、付加価値型多国籍企業には、ドール・フードやチキータブランズ、デルモンテのように開発途上国でバナナ、パイナップルのプランテーション経営からオレンジやりんご、ぶどうなど先進国産品を開発途上国でも生産し、先進国へ輸出する形態である。

　最後に、食品多国籍企業は熱帯産品貿易を担う多国籍企業のことである。開発途上国でコーヒー、ココア、天然ゴム、砂糖、バナナなどを生産し先進国等へ輸出する食品企業が該当し、世界的に事業を展開する食品メーカーである。表13-4は世界の食品メーカー売上高ランキングの上位20社（2012年度実績基準）を示したものである。第1位のネスレや第3位のユニリーバ、第4位のペプシコ、第6位のコカ・コーラなどは私たちの生活に馴染み深い企業である。さらに日本企業であるキリン、アサヒ、味の素、明治、日本ハム、サントリー、山崎製パン、マルハニチロは言うまでもない。こうした食品メーカーは、世界を舞台に生産・加工・販売の拠点を構築するなど多角的な事業を展開する多国籍企業である。この他に、外食産業のケンタッキー・フライドチキン、マクドナルドなども代表的な多国籍企業である。

　こうした多国籍企業によって供給されている代表的な農産物（果物）としてバナナが挙げられる。

　バナナは、国際貿易量の8割を大手3社（チキータ（Chiquita）、ドール（Dole）、デルモンテ（DelMonte））が支配しており、南米や南米の北部、アフリカやアジアでのプランテーションによって栽培されている。当然のことながら、日本で消

表 13-4 世界の食品メーカー売上ランキング上位 20 社（2012 年）

順位	企業名	国籍	カテゴリー	売上高 (100万ドル)
1	Nestlé S.A.	スイス	乳製品、菓子	95,949
2	Archer Daniels Midland	米	穀物、油脂	90,559
3	The Unilever Group	英・オランダ	飲料、調味料	65,996
4	PepsiCo	米	飲料、菓子	65,492
5	Bunge Limited	米	家禽飼料、油脂	60,991
6	The Coca-Cola Company	米	飲料	48,017
7	Wilmar International	シンガポール	油脂	45,463
8	Anheuser-Busch InBev	ベルギー	酒類	39,758
9	JBS	ブラジル	食肉加工	38,902
10	Mondelēz International	米	菓子	35,015
11	Tyson Foods	米	食肉加工	33,055
12	キリンホールディングス	日本	酒類、飲料	27,406
13	Danone	フランス	乳製品	26,835
14	Heineken Holding	オランダ	酒類	23,638
15	アサヒグループホールディングス	日本	酒類、飲料	19,796
16	Associated British Foods	英	パン、菓子	19,286
17	Kraft Foods Group	米	乳製品、飲料	18,339
18	Fomento Economico Mexicano	メキシコ	飲料	18,130
19	Diageo plc	英	酒類	17,048
20	SABMiller plc	英	酒類	16,713
24	味の素	日本	調味料、インスタント麺	15,174
28	明治ホールディングス	日本	乳製品	14,059
31	日本ハム	日本	食肉加工、冷凍食品	12,962
32	サントリー食品インターナショナル	日本	飲料	12,438
34	山崎製パン	日本	パン、菓子	11,928
42	マルハニチロホールディングス	日本	食肉加工	10,343

出所：株式会社大和総研（2013）「我が国食品関連企業のアジア諸国における事業展開事例等調査報告書」より抜粋・整理，p.31．
注：1）たばこ会社を除く。アミかけの部分は日本企業。
　　2）Bloomberg より大和総研作成。
　　3）上位 20 社の他に、味の素、日本ハムなど上位 50 位にランクインした日本企業も示した。

費されているバナナの 99.9％以上が輸入であり、輸入国別割合は（2014 年、貿易統計）、フィリピン 92.3％、エクアドル 5.1％、グァテマラ 0.8％でほとんどをフィリピンから輸入している。しかし、戦前から 1963 年のバナナ輸入自由化

までは日本のバナナ輸入先は台湾に限定されていた。しかし、台湾産バナナは季節性（3〜6月に限定）があるため、年間を通して収穫できるフィリピンやエクアドルにシフトしたのである。

フィリピンのバナナ生産量は922万トンで、インド（2,486万トン）、中国（1,055万トン）に次ぎ世界第3位の国である（2012年、FAO統計）。生産されたバナナはアメリカ系多国籍企業（ドールやデルモンテ等）、住友系の日本企業が市場を独占しており、バナナ・プランテーションは輸入商社が直接経営する直営農場と輸入業者と現地農場主（大規模）や小規模生産農家による契約生産によって行われている。もちろん、こうした生産構造の最下部には安い賃金の労働力が存在している。これに加えて、利益追求を基本とするアグリビジネスでは低コスト・利潤極大化を追求するため、広大な農園の病害虫防除にヘリコプターでの農薬散布を行う。これによって農園の労働者が農薬を浴びることで皮膚病におかされる問題も発生している。こうした安い賃金や過酷な労働条件の問題を是正するために、フェア・トレードによるバナナ交易も登場している。

7　アグリビジネスの課題と対策
(1) 食の安全性

今日、日本経済のデフレーション状況のなか、大手スーパーや食品メーカー、外食産業などでは激しい価格競争が展開されており、そのため安価の輸入農産物や食品への依存度は一層高まっている。しかし一方で、こうした輸入食料への依存度の高まりは食の安全性の問題を伴う。

これまで、輸入野菜からの残留農薬や危険添加物の問題や、BSE（牛海綿状脳症）や鳥インフルエンザの問題、食品偽装問題など数多くの食品安全性に関わる問題が発生しているなか、2014年7月に発生したマクドナルドの中国製チキンナゲット事件（試用期限切れ食肉の使用の発覚）は記憶に新しい。

さらに、大量の輸入農産物や飲料・食品の検疫体制はサンプリング検査であること、また、利潤極大化をモットーとするアグリビジネスが食料貿易を主導することから、私たちの食料安全が危ぶまれている。

それに対して、現在日本ではトレーサビリティ体制の拡大と直売やローカル

フード運動などの地産地消が取り組まれている。

（2）生産地における環境問題

バナナの国際貿易においては日本を含む先進国等の消費地とフィリピンやエクアドルなど開発途上国の生産地が離れており、安く買いたがる消費者、それに応じたがる中間供給業者の存在によって、現地では安い賃金や過酷な労働条件が強いられる状況が発生している。

また、日本の輸入水産物のトップを占めるエビの場合においても生産地の環境問題が発生している。例えば、ブラックタイガーの養殖に適する場所は海水と淡水が混じり合う汽水域であり、マングローブ林が広がる地域である。このため、エビの養殖業者はマングローブ林の伐採を行い養殖場を設置することで自然破壊が行われる。併せて、エビの養殖の際に使用される薬剤や飼料の投入により水質の汚染が深刻化している。

環境破壊の問題はエビの主要輸出国である、タイ、インドネシア、ベトナム、中国において多発している。こうした状況を改善するために、フェア・トレードや生産国では政府主導によるマングローブ植林活動と開発規制などが行われている。

注

1) 実施主体：ジェトロ、調査時期 2012 年 12 月、中国、香港、台湾、韓国、アメリカ、フランス、イタリアに在住する 20 代～50 代の消費者計 2,800 人、13 ヵ国・地域の消費者計 2,800 人を対象に海外インターネット調査を実施。2013 年 2 月、ロシア、ベトナム、インドネシア、タイ、ブラジル、アラブ首長国連邦に在住する 10 代～50 代の消費者計 3,000 人を対象に海外インターネット調査を実施。

参考文献

稲本志良・河合明宣編著、「アグリビジネス」、放送大学教育振興会、2002。
荏開津典生・樋口貞三編、「アグリビジネスの産業組織」、東京大学出版会、1995。
大塚茂、「食ビジネスの展開と食生活の変貌」、「現代の食とアグリビジネス」、有斐閣選書、2004、pp.3-27。
株式会社大和総研、「平成 25 年度食品産業グローバル革新支援事業　我が国食品関連企

業のアジア諸国における事業展開事例等調査報告書」、株式会社大和総研、2014。
河合明宣・稲本志良編著、「アグリビジネスの新たな展開」、放送大学教育振興会、2010。
岸川善光編著・朴慶心編著補、「アグリビジネス特論」、学文社、2010。
茂野隆一、「食品流通」、実業出版、2013。
清水徹郎、「農産物輸出の実態と今後の展望」、農林中金総合研究所、2014。
JETRO、アグロトレードハンドブック 2014、JETRO、2014、pp.3-19。
生源寺眞一、小林弘明、村田泰夫、冨田清行、坂野裕子「政策研究：ウルグアイラウンドと農業政策〜過去の経験から学ぶ〜」、東京財団、2014。
杉山道雄「第1章農産物貿易とアグリビジネス」、日本農業市場学会、『農産物貿易とアグリビジネス』、1996、pp.15-34。
関根佳恵、「多国籍アグリビジネスによる日本農業参入の新形態－ドール・ジャパンの国産野菜事業を事例として－」、『歴史と経済』、2006、p.193。
豊田隆、「アグリビジネスの国際開発－農産物貿易と多国籍企業－」、農文協、2001。
農林水産省、「海外食料需給レポート 2014」、2014。
G.W.ノートン、J.オルワン、W.A.マスターズ、板垣啓四郎訳、「農業開発の経済学第2版－世界のフードシステムと資源利用－」、青山社、2012、p.228。

第14章　離島における農業の生産・流通システムの構築

菊地　香

1　はじめに

　島嶼地域の産地における不利な点は、小さな島々であるため産地が小規模かつ分散し、ロットが揃えられないことであり、有利な点は沖縄県は亜熱帯気候であることを活かして端境期出荷を狙えることである。沖縄県は他の 46 都道府県で栽培の難しい熱帯果樹を中心に農業振興を図ろうとしている。沖縄県では観光業が盛んになりつつも、やはり産業の基本は農業である。農業の振興および農業経営の安定化を図ることは、島嶼経済の安定的な発展につながり、農業が活性化することによって若年層の定住化につながる可能性をもつ。そのためにはどのような農業を展開して行くのが妥当であるのか、その辺りを本節では、熱帯果樹における流通システムの現状から明らかにしようとするものである。
　本章では、沖縄県のパインアップルを取り上げる。そして、現在の生産支援と販売体制のあり方を明らかにして、農家が再生産可能となる今後の販売経路のあり方を探ることで熱帯果樹における生産・流通システムの構築を検討する。

2　沖縄県における農業生産と生産体の動向

　沖縄県の耕種部門について、図 14−1 に示す産出額での構成比をみてみる。沖縄県における基幹的な農作物は 1975 年から 1985 年までは、サトウキビが構成比の 45％以上を占めている。その後、サトウキビの構成比は徐々に低下し、1990 年代では 30％台を維持している状況にある。サトウキビ離れが進展しているところで花卉の増加が著しい。1980 年までは 10％に満たない構成比であった。しかし 1985 年に 11.2％となり、その後一貫として増加傾向にある。野菜は意外なことに 1985 年以降 30％以上の構成比となることがない。

第14章 離島における農業の生産・流通システムの構築 137

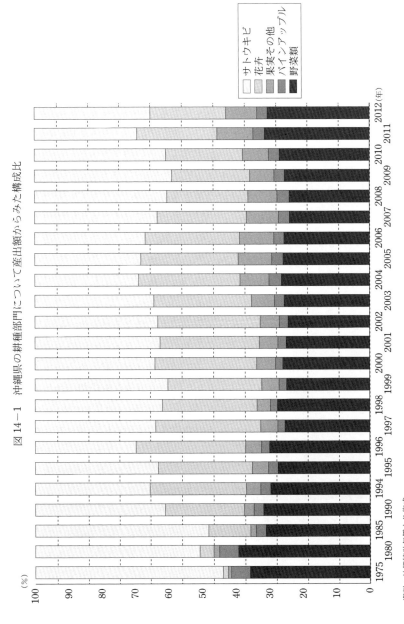

図14−1 沖縄県の耕種部門について産出額からみた構成比

資料：沖縄統計年鑑より作成。

沖縄県では、野菜の拠点産地の形成を沖縄県では生産振興策として掲げているが、実際のところ生産は減少している。様々な生産振興策を取りながら、これらが機能しないことはどのような意味をもつのであろうか。沖縄県は1972年に本土復帰し、このことにより県内を本土並みに復興させるために国の過大な介入が農民の自主性の芽を摘んでしまったことである[1]。各種補助事業によって、農家は自助努力する必要性がなくなった。沖縄県において産地化を図る上で最低限必要なことは、組織化していくことである。その1つの方法はJAによる系統販売である。JAおきなわが農家や生産者組織のプロモーターとしての意識を今以上に認識し、既存の販売網の充実や新たな市場開拓をすべく販売戦略を行うことである。今までの沖縄県の生産者組織に不足していることは、組織の統一的な見解があいまいで、かつ組織の行動規範が生成されていないことである。これらの原因は、農家が定規格、定時、定量、定品質を守ることができなかったことと契約を履行しなかったことにある。

　JA系統販売は、全てが良いわけではない。JA系統販売を通じて農家が経営意識を向上させて、自立的に販売活動ができるのであれば、JA系統販売に農家を留めておく必要はない。つまり、JA系統販売によるによる組織化を経て個別に市場対応できる農家は、独立させていくことである。このことは農家の経営意識を変革させることで産地のボトムアップを図ることが可能と考えられる。

　以上のことから沖縄県の農作物は定着している基幹的な農作物とされているサトウキビ、減少しながらも基幹的な作物として位置付けられているパインアップルだけが存続している。それ以外の農作物は「現れては消える」を繰り返している状況にある[2]。

3　沖縄県における熱帯果樹振興策
　　－パインアップルを中心に－

　沖縄県における果樹の生産振興策の体系を図14-2に示す。沖縄県の果樹は、生産振興にあたり、生産対策、価格対策の2つを基本的な柱としている。これをもとに5つの方針にわけ、それぞれを具体的に振興させるために12の事業を展開している。5つが沖縄県の基幹的な果樹であるパインアップルに強く関

図14-2 沖縄県における果樹の生産振興施策体系

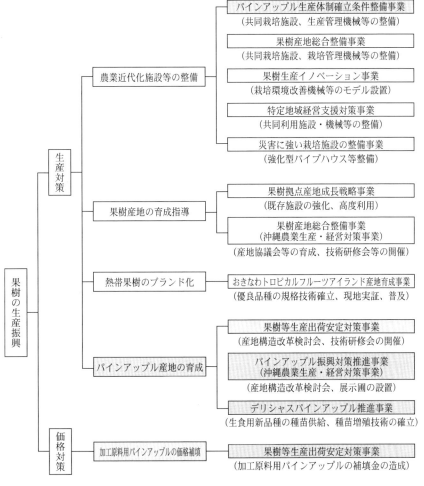

資料：沖縄県農林水産部『平成25年度版 沖縄県の園芸・流通』

係した事業となっている。

　パインアップルは1990年におけるパインアップル缶詰の輸入自由化で減少しながらも、他の熱帯果樹よりも生産量や栽培面積が多く、まだまだ基幹的な

地位はゆるぎない。しかし、パインアップルは酸性土壌を好むことから自然条件に左右される農作物であり、酸性土壌である沖縄本島北部の一部、石垣島及び西表島において栽培されている。それ以外の地域ではパインアップルを栽培することが適さない。パインアップル以外の果樹を沖縄県では生産振興するために、生産対策では果樹産地総合整備事業としての共同栽培施設、栽培管理機械等の整備を行うことで農業近代化施設等の整備を実施している[3]。

　沖縄県ではパインアップルに続く熱帯果樹を創出させ、その生産基盤をゆるぎないものにするためにトロピカルおきなわフルーツランド支援事業として図14-3のような事業を展開した。こうした事業を打ち出している背景に沖縄県では、生産者が定規格、定時、定量、定品質で農産物を供給する体制が十分に確立できていない。このことについては菊地ら（菊地ら2006）が生食用パインアップルを事例にあげて述べているように、生産者が出荷組織を作ってもそれが機能することはなく、また出荷組織が統一的な方向性をもって市場対応することがなく、個々の農家がそれぞれに出荷しているため産地形成できなく現在に至っている。出荷組合なり生産者組織なりが今の組織をいかにあるべきかを考慮せず、場当たり的な対応に終始していることが産地として伸びることのできない一因であろう。また、別の観点でみれば農家が組織化してその組織のカラーである組織文化を形成できないことが（奥村・加護野 1999）、沖縄県の産地化を阻む1つの要因であろう。

4　パインアップルの流通体制
（1）加工用の原料に関する制度的な支援

　パインアップルの缶詰の支援策に関しては、沖縄県によれば、加工原料用果実価格安定対策事業がある。同事業は、加工原料用のパインアップルの取引価格において著しく低落した時に生産する農家へ補給金を交付している。それにより、パインアップルを生産する農家経営の安定と、パインアップル果実加工需要の拡大を図っている（沖縄県農林水産部、2013）。この事業によって加工用のパインアップルの原料を安定確保できるような支援を行っている。加工用のパインアップルは、表14-1に示すようにもともと安価な単価設定である。平均

第14章 離島における農業の生産・流通システムの構築 141

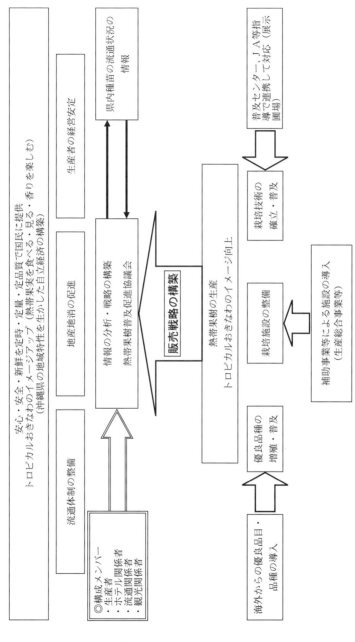

図14-3 トロピカルおきなわフルーツアイランド支援事業

資料：沖縄県農林水産部『平成16年度版 沖縄県の園芸・流通』より。

表14−1　加工用パインアップルの規格別価格

(単位：円/kg)

	1級果	2級果	3級果	等外果	平均
2003〜2008	47.32	47.32	16.46	-	46.44
2009	60.00	50.32	19.46	-	50.60
2010	60.00	51.19	15.51	13.00	50.57

資料：沖縄県農林水産部『沖縄県の園芸・流通』

的な取引価格が最低基準価格を下回るのであれば、生産する農家は経営を成り立たせることが困難となる。現状としても1級果が60.0円/kg、3級果が15.51円/kgと低い水準である。常に通常補填をすることで安定した価格を実現させており、図14−4に示すような価格の補填をしていかなければ農家は加工用を

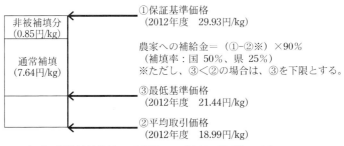

図14−4　価格補填の仕組み

2008年度　通常補填単価　7.40円/kg＝(29.93−21.71)×0.9

2012年度　通常補填単価　7.64円/kg＝(29.93−21.44)×0.9

資料：沖縄県農林水産部『沖縄県の園芸・流通』

断念するか、生食用にシフトしてしまうであろう。図14−4の上は、平均取引価格が最低基準価格より高い年度であり、下は最低基準価格が平均取引価格より高い年度である。このように年度によって平均取引価格は変化するので通常補填単価も連動して変化する。なお、平均取引価格が保証基準価格を上まわると、価格補填をしないことになっている。

原料供給の仕組みは図14−5に示す通りである。沖縄本島北部では加工用原料となるパインアップルが栽培されており、なかでも東村では加工用と生食用の両方に仕向けられる品種が栽培されている。加工原料を安定的に確保するために価格補填が行われている。原料供給は図14−6のような仕組みにより、原

図14−5　パインアップル加工原料における原料供給の仕組み

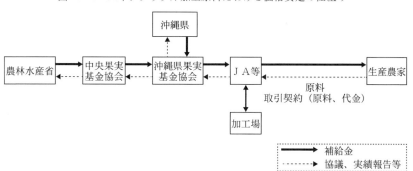

資料：沖縄県農林水産部『平成25年度版 沖縄県の園芸・流通』

図14−6　パインアップル加工原料における価格安定の仕組み

資料：沖縄県農林水産部『沖縄県の園芸・流通』

料が供給され農家への価格が保証されていくのである。この仕組みがあるがゆえに、東村での販売は、JA系統販売が多く、顧客販売が少ない。農家は加工原料だけではなく、生食用パインアップルであってもJAを中心とした販売となっている。一方で、農家からすれば加工用は単価が安い。農家とすれば単価を高く設定できる生食用に仕向けたいことが理解できよう。八重山地域のパインアップルは、この単価では経営が成り立たないことから、1990年にパインアップル缶詰の自由化がされて農家は加工用の栽培をやめ、生食用に特化している。

一方で、パインアップル缶の加工原料における価格安定の仕組みは、さらに詳細に示すと図14-7および表14-2に示した関税割当（TQ）制度によって価格の安定となっている。TQ制度は沖縄県によると次の通りである。沖縄県産

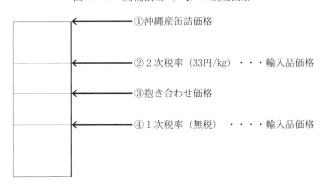

図14-7 関税割当（TQ）の制度図解

①沖縄産缶詰価格

②2次税率（33円/kg）・・・輸入品価格

③抱き合わせ価格

④1次税率（無税）・・・・輸入品価格

資料：沖縄県農林水産部『平成25年度版 沖縄県の園芸・流通』

表14-2 関税割当数量の推移

(単位：円/kg、千ケース)

	2006	2007	2008	2009	2010
2次税率	33	33	33	33	33
国内実需見込数量	2,588	2,450	2,270	2,180	2,100
沖縄産製造見込数量①	84	73	63	63	63
関税割当数量②	2,459	2,395	2,278	2,190	2,140
抱き合わせ比率 ①：②	1：29.3	1：32.8	1：36.2	1：34.8	1：34

資料：(社)日本パインアップル缶詰協会「パインアップルニュース」およびJAおきなわ特産加工部より。

パインアップル缶詰を購入するものが、その数量に見合った一定量を輸入する場合に、無税（1次税率）を適用し、沖縄県産パインアップル缶詰の販路を確保する一方、その他の輸入については、33円/kg（2次税率）の関税を適用する仕組みである。一定の抱き合わせ比率により沖縄産パインアップル缶詰が保護される。そして、この制度により、沖縄県産パインアップルが安価な外国産との価格競争面で保護される仕組みとなっている（沖縄県、2010）。国内実需見込数量が2006年に2,588千ケースであったが、年々その実需見込数量が減少しており、2010年には2,100千ケースとなっている。また、沖縄県生産増見込数量であっても2006年に84千ケースであったが、2008年以降63千ケースで推移している。パインアップル缶詰自体の実需見込数量が減少している状況の下で、2006年の抱き合わせ比率は1：29.3から、2010年には1：34となっている。

(2) 流通の実態

図14-8に沖縄本島北部のパインアップル出荷体制を示す。JAおきなわ経済事業本部の下に、北部センターを事務局として北部地域パインアップル出荷協議会がある。この出荷協議会を構成する全農家の70％が、東村の農家によって構成されている（2007年調査）。そして各支店にパインアップル生産部会が置かれている。パインアップルは露地栽培が基本である。しかし60戸の農家が北

図14-8　北部地域におけるパインアップルの生産体制

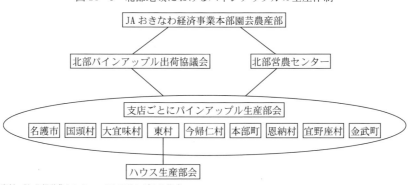

資料；JA北部営農センターへのヒアリングより作成。

部地区で施設化し、JAおきなわとハウスパインアップル売買契約を行っている。ハウスの生食用夏実パインアップルは、JAおきなわと農家が出荷量を5〜7月までに取り決めて、売買契約をしている。東村は生食用ハウスパインアップルの生産農家数が45戸であることから、東村にのみハウスパインアップル生産部会がある。生産部会の構成について東村を例えると、村内6つある集落から代表者1名を役員としている。生産部会としては収穫時期に目揃え会を実施し、技術の統一を図っている。

　加工用と生食用のパインアップルの販売経路を図14－9に示す。この販売経路は、農家から出荷された後の各段階での数量や規格が厳しく取り決められており、非常に硬直的である。JA系統を利用した生食用パインアップルの販売経路は、JAおきなわの支店から北部センターを経てJAおきなわに集積し、全農へ出荷される。その後、全農から様々な全農独自の販売ルートによって消費者へ行き届く。この販売経路は、全農とJAおきなわとの取扱量の取り決め、全農はJAおきなわに契約量の確保を徹底させている。そして、JAおきなわは沖縄県内でのパインアップル出荷量をあらかじめ収穫前に北部地区の各支店へ連絡して、収穫量の確保をしている。このJA系統の販売経路は、規格に合ったものが他の用途に向かうことなく、全てのパインアップルが硬直的に各段階を経て消費者に流れていく。

　加工用の販売経路は1つだけである。しかし、生食用の販売経路はJA系統を基本にしながらそこに様々な経路を加えて、危険分散を図っている。また一方で生食用パインアップルの販売経路は、JA系統60％、その他40％の割合で流通させている。沖縄本島北部のパインアップル生産は、加工用として果実基金からの補給金を農家が受けている。その関係から、加工原料が不足した場合に、北部センターは農家に了解を得てJAの出荷場に集積された生食用を加工用に仕向けざるをえず、計画的な販売計画を立案することが困難となっている。

第14章　離島における農業の生産・流通システムの構築　147

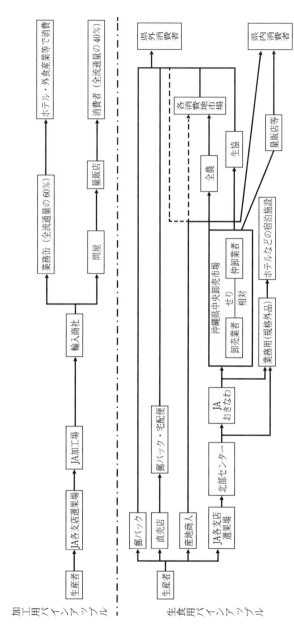

図14－9　加工用及び生食用パインアップルの主要販売経路

資料：JAおきなわ北部営農センター及びJA沖縄県経済連加工場へのヒアリングより作成。

5　おわりに

　沖縄県は熱帯果樹によって、沖縄県の地域特性を生かした自らを律した自立経済の構築を打ち出そうとしている。しかし、県内において個々の農家をリードする組織が十分な機能を果たしていない。現状として、産地を維持するために様々な支援を行ってきたが、それを十分に活かしきれていない状況にある。

　販売経路でみると、生食用は様々な経路により消費者のもとに届く。しかし、加工用は硬直的な経路である。加工用は原料供給という側面と輸入缶との関係から、パインアップルの価格が農家支援をしつつも安価である。加工用の価格設定は、加工用はTQ制度のもとに原料供給する農家に対して再生産可能な価格を実現できるような価格補填を実施している。農家にとってすれば加工用パインアップルによって経営を安定させるというよりTQ制度によって再生産がギリギリできる水準である。

　今後に必要な対策は以下のように整理できる。まず現行のTQ制度下においてパインアップルにおいてもJAおきなわと農家の出荷契約を強固にし、現在の組織を現状の緩やかな組織から農家間のつながりが強固となる組織へ再編が必要である。また、生食用パインアップルを中心とする農家の経営をより強固なものとするためには、JA系統販売を通じて農家が意識を変えて経営に当たることである。それをJA系統販売によって確立させることである。漫然とパインアップルを栽培するのではなく、生食用パインアップルにおける販売のノウハウをJA系統販売から学び、個別経営で顧客販売できるような方向をとる農家を育成することである。今後一層、農家が再生産のできる販売体制を目指すことが、沖縄県パインアップルに欠かせないことである。

注

1) 金沢夏樹（1993）はインドネシアを例にして「政府の過大な介入は農民の自主性の芽をつむ」と示しており、急激な発展はかえって逆効果になると指摘している。つまり沖縄県では本土並みの経済復興を急ぐあまり、農民の自主性の芽を摘んでしまった恐れがある。
2) 近年定着してきた農作物としてはマンゴーやパパイヤである。これらの農作物は都市部において需要が多く、大きな値崩れをまだ経験していない。産地の結束力が弱い

沖縄県では、価格の低下がみられると組織が崩壊してしまうことから、未だこれらの農作物が安定的に推移するとは限らない。
3) 2012・2013年度での沖縄県農林水産部「沖縄県の園芸・流通」によれば、農業生産・経営対策事業の実績では、12事業のうち5事業がパインアップルに関するものである。パインアップルは沖縄県においてまだまだ重要な果樹に位置付けられている。

引用文献

沖縄県農林水産部、『沖縄県の園芸・流通』「果樹生産の現状」、2010、p.94。
沖縄県農林水産部、『沖縄県の園芸・流通』「果樹生産の現状」、2012、p.81及びpp.86-88。
沖縄県農林水産部、『沖縄県の園芸・流通』「果樹生産の現状」、2013、p.77及びpp.81-83。
奥村昭博・加護野忠男、「経営戦略と組織」、石井淳蔵・奥村昭博・加護野忠男・野中郁次郎、「経営戦略論（新版）」、有斐閣、東京。1999、pp.125-176。
金沢夏樹、「新しい農民層は生まれるか」、金沢夏樹、「豹変するアジアの農業と農民」、東京大学出版会、東京。1993、pp.36-61。
菊地香・魏台錫・中村哲也・川満芳信、「パインアップル産地の流通対応に関する研究－加工中心から生食へ転換する東村をもとー」、『食品流通研究』23（2）、2006、pp.31-52。
来間泰男、「沖縄経済の課題」、来間泰男、「沖縄経済の幻想と現実」、日本経済評論社、東京。1998、pp.377-400。
中村哲也・菊地香・慶野征嵜・吉田昌之、「生食パインアップルの生産意向に関する計量的分析－選択実験型コンジョイント分析による接近－」、『農林業問題研究』41（1）、2005、pp.66-71。

第5部　貧困削減と開発

　貧困は、どの人間社会にも存在するが、貧困問題となるとそうではない。貧困には相対的貧困という見方もあり、これはいわば他者から押しつけられた貧困ということができる。さらに、物質的尺度では豊かであっても、人々の幸福度からみると、アメリカとブータンの貧困の順位は逆転する可能性がある。

　国際地域開発学が取り上げる貧困問題の端緒は、かつての経済優先の時代には、経済発展の未達成や遅れに起因する低所得問題の解決であった。したがって、当時の開発は、貧困撲滅（あたかも病原体のように捉えられていたことに注意）を課題としていた。やがて、貧困の研究が進んだ結果、所得基準に加えて平均寿命、就学率を加味した社会開発に開発の重点が移行した。それがいまでは、SDGs が掲げるように人間生活のさまざまな側面から総合的に貧困問題の削減に取り組むようになったのである。開発で削減し得ない種類の貧困は、先進国では福祉の対象ということになる。

　以下では、国際地域開発学でははずせない「貧困」を常に深く問い続けることの重要性を訴える章をはじめ、問題解決の視点から具体的に地域の現実に即して貧困問題の解決に取り組むための計画の重要性を概説する章、そして、貧困削減を途上国の農村のフィールドで具体的に考え実践することの意義を追求する章を収めている。これらの章を読んだうえで、さらに専門的な文献に進むと、国際地域開発学に対する興味がまちがいなく格段に高まることを期待している。

第15章　貧困とは何か－その考え方－

半澤和夫

1　なぜ、いま貧困なのか

　私たちはいま、「貧しさ」を理解し、あるいは「貧しさ」に共感しながら、生きていかなくてはならない。理由はこうだ。1つは言うまでもなく、世界のグローバル化が猛烈な勢いで進んでいるからである。どんな人間であれ、この地球で日々起きている出来事に無関心ではいられない時代に生きているということだ。テレビやインターネット、そして携帯電話が世界の至る所で普及し、異国の人々の生活や出来事を簡単に、そして瞬時に知ることができる時代になった。

　様々な情報が瞬時に世界を駆け巡り、それが直接的・間接的に、私たちの生活に影響を及ぼすかも知れないのだ。否が応にも同時代に生きていることを、私たちは自覚しなくてはならない。経済的な面だけでなく、様々な面で私たちはグローバル化の恩恵に与っており、地球のどこかで生きている人たちの不幸な状況を知らない、関係ない、ではすまされない。2011年3月11日の「東日本大震災」発生後、日本が世界中から様々な支援を受けたことは記憶に新しい[1]。このようなことに感銘を受けて、国際開発や国際協力などの分野に関心を抱いた若者が現れた。

　2つ目の理由は、私たちの日本は近年低迷しているとはいえ、依然として世界でもトップクラスの経済大国であり、豊かな社会だからだ。いまや、すべての日本人は「貧しさ」とは全く無関係だというわけではないが、しかし相対的に見れば、日本から「貧しさ」がほとんど消えてしまった、といっても過言ではない。日本は戦後、豊かになろうとして経済成長を追い求め、幸運にもその努力が今日の繁栄をもたらしたのだ。だが一方で、ある種の「先進国病」や「文明病」が広まりつつあると思われる。「引きこもり」や「ニート」の若者が増えている。その因果関係は定かではないが、先進国に共通する1つの社会病理であるに違いない。

3つ目は「開発教育」にも関係することである。開発教育協会は次のように説明している。「世界でおこっている貧困・飢餓、紛争・戦争、環境破壊、人権侵害といった問題は、日本の社会のあり方や私たちのライフスタイルとも深く関係しています。また日本にも同様の問題が存在しています」「文化・民族・宗教などを異にする世界の人々がともに生きることのできる公正な社会をつくっていくことが、これからの大きな課題ではないでしょうか。そのためには、私たちひとりひとりが、こうした問題をよく知り、自分の問題として考え、その解決に向けて行動していくことが必要です」[2]。

物質的に恵まれた社会で生きていると、若者から強さや逞しさが消え、精神的な弱さや脆さが目立つようになるのではないだろうか。もちろん、スポーツや野外活動を通じて肉体的・精神的に逞しくなることは可能だが、それは一部の人に限られる。また他者、とくに世界の他者を広く見渡して生きることにはならない。20年も前のことになるが、イギリスの大学はすでに、入学を認める際、高校卒業後に途上国を含む海外での仕事や旅行を経験したことのある若者を優遇していた。これは端的に言えば、若者が入学する前に「貧困」や「多様性」を広く見聞し、自らが体験することを大学が重視しているという表れである[3]。ようやく日本でもその必要性が叫ばれるようになったが、社会的な認識はまだまだ乏しいように思う。

ところで、「貧困」とは直結しないが、経済発展に伴う農業社会から工業社会、そして脱工業社会への移行についても考えてみる必要がある。率直に言えば、その過程で人間は自然とのふれあいが相対的に少なくなるということだ。私たちの社会では、お金さえあれば、交換を通して生きていくうえで必要なものはほとんど手に入る。これに対して「貧困とは、その日、食べるものがない状態」だと言える。自然、とくに大地に触れることなく、食料を簡単に手に入れることができるということはいったい、いかなる意味をもつのであろうか。

「豊かさ」の中で私たちは、お金で食べ物のほぼすべてを手に入れることができるように、きわめて便利な社会に生きている。現代の社会にはここに大きな陥穽がある。とくに、地球の未来を考えると、きわめて危険なことだと言わざるを得ない。人類はこの世界に誕生して以来、生きていくために日々、食料

の確保に労苦を、いや生死を賭けてきた。ときには過酷な自然と向き合いながら、食料確保に努めてきた。自然の恵みに感謝しつつも、人類史の大部分は死と隣り合わせの生活であった。日本を含む先進国や新興国では現在、この苦労からまったく解放されたかのように人びとは生きており、食を口にする時の喜びすら消えようとしている。

どうやら、高度な文明社会では喜怒哀楽の表情が、このような意味で、消滅しつつあるのではないだろうか。人間の多様で複雑な表情には、世界に共通することがあるように思う。自然環境の中で肉体を使った労働に携わっている人びとは、何とも言えない豊かな、素晴らしい表情を見せることがある。しかし残念ながら、都会でこの豊かな表情をみることは決して多くない。また動物には、このような人間が持っている表情はほとんどみられない。それはなぜなのだろうか。

産業が発達し、経済が発展すると、工業や商業中心の時代に変わるが、それに並行して人間の自然観も次第に変化していくと言われる。都会の生活はいつも時間に追われて慌ただしく、人工空間の中で、人口過密の社会では強いストレスが蓄積されやすい。また全体を見渡す観察力や注意力が急激に失われているのではないだろうか。危険な野生動物や敵である人間が多く住んでいる場所では、いつも警戒心を持って行動しなくてはならない。単純に人びとの視力が低下しているだけではあるまい。

今世紀半ばまでに、世界人口は 90 億人以上に達するであろう。一方で、地球温暖化に伴う様々な問題が明らかにされつつある[4]。水やエネルギーの枯渇、そして食料不足が危惧されている。まさに、私たち地球に住む人類、すべての人びとが 50 年後、百年後の地球の未来を考えながら生きていかなくてはならないのだ。そのためには、私たちは自然の営みや食の確保を、少しでも体験を通して理解する必要がある。日本ではすでに小中学生を対象にした「農業体験学習」や「食育」、市民の間でも「都市と農村の交流」が活発に行われるようになった。また観光農業やレジャー農業も日本だけでなく、世界的に増えている[5]。

以上述べたことは、「貧困」や「農」に触れる、あるいは体験することは、日本の将来を担う若者にとってきわめて大切なことだが、他方で、日本や日本社

会のことしか考えていないことになる。しかし当然のことではあるが、この世界で「貧しい」国や社会の発展ないしは開発[6]のために貢献できる人材を養成することが、本学科の使命の1つである。なぜ開発途上国への支援や協力が必要なのかについては、ここではとくにふれない。ただ、1つだけ言えば、グローバル化が進んだ今日、ある国や地域の出来事が、その善悪はともかく、全世界に影響するということだ。自分の国だけが平和であればよい、という独善的な考えは許されないであろう。

2　貧困との出会い－ある1枚の写真－

高校生の頃、たまたまテレビのニュース番組でみた「飢餓の光景」が脳裏に焼き付いてしまった。それは1960年代後半のことだが、「ビアフラ戦争（ナイジェリア内戦）」の影響で食料不足が蔓延したため、皮と骨しかない状態にやせ細った子供の1枚の写真であった[7]。当時、アフリカに行ってみたい、と強く考えていたわけではなかったが、この写真との出会いは、その後の私の人生を大きく変えたと言ってもよい。1977年、アフリカの大地を初めて踏み、それから長い間、調査研究などで何度もアフリカを訪れることになったのである。

なぜ、私はこの写真に強い衝撃を受けたのだろうか。実のところ、その説明はほとんどできない。ただ、それはけっしてぜいたくな生活だったとは言えないが、子供の頃、私は少なくとも食べ物だけは困ることのない生活を送っていた。この痩せこけた子供の写真をみて、「いま、まさにこの瞬間、世界には飢餓で生死をさまよっている人たちが、どこかに存在しているのだ」という世界観をもったのであろう。

アフリカの農村で農業関係の調査・研究を進めてきた。その後、アジアの国々にも何度か訪問する機会はあったが、アフリカはやはり経済的にも、自然条件の面でも貧しい。以下で私が現地で体験ないしは経験した「貧困」、とくに衣食住に強く関連することについて述べよう。その前に、私の幼年期のことを少し思い出してみたい。一面的には、当時の郷里と、その後アフリカの農村でみた光景とに、あまり大差はなかったのではないかと思うからだ。

大学に進学して上京するまで、私は東北のある農村で、昭和20年代後半か

ら 40 年代前半まで少年時代を過ごした。幼少の頃、電気はすでに家に届いていたが、生活面での電気製品といえば、電灯とラジオしかなかったかと思う。県道や近所の道路は未舗装で、雨の日は道路の水たまりで遊んだし、田んぼのあぜ道を通って道草をしたことが幾度もある。自動車といえば、定期便のバス以外、トラックがたまに走る程度であった。馬に引かせた馬車がよく往来していた。小学校までは 2km 弱、片道 30 分の道のりを徒歩で通ったので、自然に脚力がついたのであろう。中学校までは片道 4km 弱で、雨の日も雪の日も、毎日自転車で通学した。どこか近くに出かけるときに利用した乗り物といえば自転車であったし、家では普段の履物は下駄であったと記憶している[8]。

昭和 30 年頃まで家の中に囲炉裏があり、電気こたつや石油ストーブがまだ使われていなかった頃である[9]。水道もまだなく、昭和 30 年頃までは井戸から釣瓶で水を汲み上げていた。その後、手押しポンプ、そして電気の家庭用水道ポンプが入ってきた。テレビがやってきたのは、昭和 30 年代半ば頃であった。生々しい事件であったからか、今でも鮮明に覚えているのは、社会党委員長の浅沼稲次郎やケネディ大統領の暗殺事件である。

100 戸程度の集落であったが、そのほとんどは農家で、小さなよろず屋[10]が 3 軒、鍛冶屋[11]が 1 軒あった。自転車の荷台に氷を入れた箱を積んだ行商人が、毎日のように魚を売りに来たことを覚えている。ただ、肉類はカレーライスのときに豚肉を少々食べる程度で、牛肉を口にすることは全くなかった。豆腐や油揚げ、納豆などを除けば、味噌や醤油は自家製のもので、食料はほとんど自給の生活であったと思う。買って食べたものは、おやつの類であった。

郷里はどのような地域・集落であったかについて少し述べてみよう。近年の発掘調査で明らかになったことは、この集落は奈良から平安時代の役所「牡鹿柵」跡、そして豪族の居宅があった所である。当時は、先住民の蝦夷と、関東地方からの移住者が一緒に住んでいたのか、あるいは蝦夷を追い払って移住者が占拠したのか、それは定かではない。さて、時は下り、江戸初期に伊達政宗の重鎮であった片倉小次郎景綱の一族らとともに、祖先はこの地に移住してきた。当時はアシやヨシなどで覆われた未開拓の野谷地が多くあったが、北上川の付け替えなどの大土木工事による治水で新田開発が進んだ。山本周五郎の小

説『樅の木は残った』などで知られる、寛文 7 年 (1667) の「伊達騒動」に関係する谷地紛争「桃遠境論」の舞台になった地域に程近い。現在では、車で 10 分程度の距離にある。なお、蘭学を学び、幕末に西洋医学所の初代頭取であった大槻俊斎は隣家の出身であり、郷里が誇る偉人である。

　幸か不幸か、大家族の中で育った。祖父母、父母、兄弟、そして私が 4 歳になるまでは曾祖父も一緒に暮らしていた。小学低学年までは叔父や叔母たちも一緒に暮らしていた。社会学的にみれば、家父長制のイエで育ったことになろう。もっとも、私は戦後生まれなので家長の強い力をあまり意識したことはなかった。それでも、座敷のなかで座る位置は決まっていたし、命令や指示は絶対的なことであり、口応えはできなかったと思う。家の手伝いをする働き手も一緒に住んでいたので、時にはかなり賑やかであった。田植えや稲刈りのときには、近所の人たちが大勢手伝いにやってきた。禁忌や四季折々の祭礼・儀礼が執り行われていたが、時とともに少しずつ消えている。農繁期の打ち上げ時には、その人たちも加わって大宴会が家で催された。しかしこれは、昭和 30 年代半ば頃にはすっかり消えてしまったように思う。家屋敷、田畑の大小という違いはあったが、人びとの間で食べ物や暮らしに大差はなかったであろう。

　初めて訪れたケニア、首都ナイロビの 1977 年、近郊のスラムの一角を訪れたことがある。3〜4 畳の狭い空間に、確か家族 5〜6 人が住んでいた。これには大きなショックを受けた。また 1987 年、当時のザイール (現コンゴ民主共和国) のブカブ近郊の農村で調査をしたが、草ぶき屋根の小屋には土間に草が厚く敷いてあり、そこで子供たちは寝泊まりしていた。「ムワミ」という王家の血筋を引く人に会いに行ったが、格別に大きな家屋敷ではなかった。東アフリカの牧畜民マサイの家は小さく、壁は土と牛のフンからできている。牛、羊や山羊、より乾燥した地域では、ラクダに依存した生活を直接見て、人びとの生き方に大いに考えさせられたものだ。草や灌木しか生えていないような大草原でも人間は生きられるのだ、ということに大いに感動した。村の人たちと一緒にたき火を囲み、酒を飲みながら満天の星を眺めたシーンは今でも鮮明に覚えている。

　ザンビアの農村の家屋は近場にある材料で簡単に建築できる。わずかな木材、屋根用の草、壁にする粘土がありさえすれば、数日で完成する。キノコ型の建

物はキッチンと呼ばれ、中は土間であった。その真中に炉があり、薪で煮炊きする。燃えにくい薪だと、煙たくて目が痛い。子供たちは炉のそばで寝ている。飲料水は近くの井戸から汲み上げたものだ。井戸といっても、地面をただ掘っただけの、囲いも屋根もないものだ。水は泥水ではないが、濁っている。煮沸せず、それをそのまま飲んでいる人もいる。重い病気にかからない、強い者だけが生き残るのだ。村の人びとは畑でネズミを捕まえて食べる。コンゴ民主共和国のキンシャサ国際空港周辺では、女性たちがイモ虫を売っていた。食事は1つのたらいの中にあるものをみんなで分け合って食べる。重い病人は牛車で近くの病院に運ぶのだ。

3 飢えと貧困

　世界が抱えている深刻な問題の1つは、開発途上国における飢えと貧困である。開発途上国では世界人口の約6分の1を占める人々が慢性的で深刻な栄養不足の状態にあり、毎年約1千万以上の人びとが、その多くは幼い子供たちだが、十分な栄養を摂取できないために命を落としている[12]。飢餓の発生には貧困問題が関係しているのだという認識をもつことが重要であろう。一部の人びとが飢餓に苦しんでいるときでさえ、お金さえあれば、国内のどこかで食料は購入できるのである。

　私はこれまでアフリカの干ばつ被災地で調査をした経験がある。そのときの状況を紹介しよう。

(1) 1985年6～8月のケニア

　1983-84年、東アフリカ地域一帯は、100年に数回あるかないかという大干ばつに見舞われた[13]。翌年、私はケニア山の東南山麓に位置するエンブ県で調査をした。エンブ県の低地地域は半乾燥・乾燥地域であるが、現在ではンベーレ県という名前になっている。干ばつの後遺症で食料は不足しており、人々は家畜として飼育している牛や山羊、羊を売って食料を購入していた。かつて、この半乾燥地域に人はあまり住んでいなかったといわれる。

　この地域はかつて冷涼の高地地帯に住んでいた人々と、低地のより乾燥した

土地に住んでいた人々との間の緩衝地帯であったが、人口増加と土地制度改革の進展により人々はこの地域に移り住むようになった。家畜は英語で"livestock"であるが、まさに干ばつなどの自然災害に直面したときには、人々が生き抜くための1つのストックとして機能するのだ。

もっとも、このようなときには家畜を手放そうとする人々が増えるので、家畜の値段は下がってしまう。そのため、干ばつによる食料不足から脱出するには、現金を獲得するための他の手段も考える必要があるのだ。現金を得るために蜂蜜採集や炭焼きなどがみられた。村での調査時、昼食は牛肉の塊を買って焼いて食べた。調味料は塩だけだったが、とても美味しかった。

首都のナイロビは当然だが、近くの町にも食料は十分にあった。援助物資である食糧を満載した多数のトラックと何度かすれ違った。食料の足りない地域に向かっているのだ。今日では情報や交通手段の発達によって外国から食糧の緊急援助が迅速に供与されている。

(2) ザンビアー1991年12月〜92年2月

この頃、南部アフリカ一帯は大干ばつに見舞われた。この間、私は調査のためにザンビアを2度ほど訪問した。調査地は首都ルサカから約180kmも離れた、隣国モザンビークとの国境に近い、とても貧しい村だった。ここはザンビア国内でもとくに標高が低く、訪れた頃は1年の内でとくに気温の高い時期であった。日中の最高気温は40度以上にもなり、体温よりも高かった。

村の男性の多くがアシを材料にしてゴザを編んでいた。村人たちはこのゴザを売って食糧を購入するのだという。アシは村の至る所に生えており、自生したものだ。アシは作物を栽培するときには邪魔者扱いされるが、干ばつに見舞われた村にとっては貴重な資源となる。刈り取ったアシは内部の繊維質を腐らすためであろうか、しばらくの間、水に漬けておく。実は、日本の援助でこの村に雨季の補完灌漑として水路が掘られ、貯水用の小さなプールが何箇所か造られていた。取水口の部分が壊れたために灌漑水は全く流れていなかったが、プールには雨水が貯まっていた。アシの中身を腐らすためにこのプールが利用されていたのだ。この灌漑事業は本来の目的を十分達成できていなかったのだ

が、地元では副次的に役に立っていた。この場合、援助効果はどのように評価したらよいのだろうか。

　この村でもう1つ強く印象に残ったことがある。それは女性たちによる地酒のビール造りである。朝から老若男女がたくさん集まる場所があった。そこには必ずドラム缶があった。皆が一緒に酒を飲んでいるのだ。酒を売って主食のトウモロコシを買うのだそうだ。酒を飲んでいる場所に行くと、厄介なことが起こるといけないので避けたが、行っていれば貴重な情報が聞けたかもしれない。

4　所得とは何か

　貧困の定義は多様であるが、1つ注意を要することがある。多くの日本人もそうだが、高所得国の世界に住んでいる人びとは毎日のように値段のある商品を購入して生活を営んでいる。これは市場経済が高度に発達した中での生活である。モノやサービスを購入するときは、対価を支払って手に入れることができる。分業が高度に発達した経済社会で生きているので、私たちの生活はとても便利である。お金さえあれば、必要なものは何でもすぐに手に入る。例えば、日々欠かすことのできない食料は自分で作らなくても、店で購入できる。最近は加工食品や中食をスーパーマーケットやデパ地下で買い求め、電子レンジで加温すればすぐに食べられる。

　ところが、途上国の世界では、都市を除けば、多くの人々は自給自足の生活を送っているのだ。とくに農村では、家族が田畑を耕して作物を育て、それを食べて暮らしている。もちろん、あまった作物は市場で売ったり、商人に売り渡して現金収入を得る。中には「商品作物」というものがあり、生産者自身はまったく、あるいはほとんど口にしない、消費しない作物もある。例えば、コーヒーや除虫菊のようなものだ。子どもの授業料を支払うために、本来は家族の自給用作物だが、一部を販売して現金を手に入れることもある。現金が必要なときは、後で不足することが分かっていても、売ってしまうことがある。だが、食料は基本的には自給自足の生活である。水や燃料にしても自宅の周辺で手に入れて使っている。つまり、村の人びとは市場を介して取引をするのではなく、

現金をあまり必要としない生活を送っているのだ。もちろん、まったく現金を必要としないわけではなく、最近では教育費や病院の診療費の支払いなどには現金が必要だ。

1日 1.25 ドル、年 400〜500 ドルの収入で過ごす生活は想像できない、という声を聞くことがしばしばあるが、以上のような背景があるのだ。これが「未発達の市場経済」や「慣習経済」とよばれる経済である。このような経済の下では、分業が高度に発達している先進国の経済とは経済システムがかなり異なる。自給経済で消費されているモノやサービスは、シャドープライス（影の価格）を用いて経済的価値を計測することは形式的には可能であろう。だが、それはどの程度現実的に意味のある価値なのだろうか。国民の 2〜3 割の人びとが主食にしている穀物の市場価格で、7〜8 割の人びとが自給している同じ穀物の経済価値を測っても、それはあまり意味がないのではないかと考える。

市場経済が「未発達」の社会に浸透し、拡大していくに違いない。おそらく、どんな社会でも経済が発展し、分業が少しずつ発達していくことであろう。『国富論』の著者アダム・スミスが「グローバリズム問題」に直面していたとの問題意識から書かれた、佐伯啓思著『アダム・スミスの誤算』は、市場経済の発達過程を考えるうえで有益である[14]。とくにこの「第1章　市場における『自然』」は、自然価格と市場価格の関係についてふれていて、「ひとまず整理」という限定付きではあるが、佐伯は「市場価格が需要、供給からなる『経済学的』な概念だとすれば、自然価格は、賃金、利潤などについての社会的評価を含んだ『社会学的』な概念」だと述べている。

ところで、前述のような前提条件を考慮すれば、世界人口の約半分は 500 米ドル以下の所得で生活している。このような低所得国、とくに最貧国と呼ばれる国はサハラ以南のアフリカ地域に多くみられる。最近、食料生産は少し増えつつあるものの、過去約 30 年間、この地域は 1 人当たり食料生産が低下している世界で唯一の地域なのだ。

どのようにしたら飢えの状態にある人々が食料を十分満足に手に入れ、人間らしい生活を送ることができるようになるのであろうか。そこで真っ先に考えられる方法は、農業開発や農村開発を積極的に進めていくことであろう。もち

ろん、ここでは「開発」を「発展」と置き換えてもよい。食料を増産し、より多くの所得を稼得するにはどうしたらよいのであろうか。社会や経済の発展と農業の役割との関係について考えよう。

都市、とくに低所得層が多く住むスラム街の貧困もかなり厳しい。都市に行けば、現金収入が得られる仕事に就くことができるかも知れない、農村よりももっと便利な生活ができるかも知れないと、人びとは期待を抱いて都市に向かう。つまり、向都離村である。しかし期待通りに職を見つけることができない。収入がないから、同郷人を頼って生きているのだ。互いに支えていかないと、生きてゆけない厳しい現実がある。グローバル化の時代は発想を逆転し、農業所得を高め、生活の質を向上させて農村を魅力的な生活空間に作り上げていくことが重要である。

5 なぜ農業開発は重要か

開発途上国において農業開発はなぜ重要なのであろうか。特殊な国、例えばシンガポールのような国を除けば、開発途上国では国民の大多数が農村で生活している。1人当たり国民所得が低い国ほど、農村人口や農業就業人口の割合が高くなる傾向がみられる。

自然発生的に、あるいは植民地政策のもとで都市が生まれ、いわゆる農業以外の他産業の発達がみられるようになる。経済発展とともに非農業人口が少しずつ増え、1人当たり所得が増大する。その結果、食料需要が増大し、食料増産の要求が高まる。食料を輸入する方法も考えられるが、工業化や農業開発のために機械や技術あるいは消費財を輸入するのに外貨は貴重である。そこで非農業部門を発達させるためには、どうしても国内で食料を自給する必要性が生じる。

国内需要に応じて食料が十分に増産されないと、食料価格は上昇する。これが非農業部門における名目賃金率の上昇をもたらし、利潤と投資が減少することになる。その結果、非農業部門の成長と雇用が停滞する。また食料価格の上昇はインフレの原因となり、ときには都市で暴動が発生する[15]。それが社会的・政治的な混乱を招き、外国からの投資が減少するのである。

そのほかにも農業・農村は、国内の社会・経済発展に貢献することが多い。非農業部門への労働力の提供、経済発展の初期段階における資本の提供、農産物の輸出による外貨の調達、消費財や農業投入財など工業製品の市場としても農業や農村は重要である。

　以上は、農業や農村が国内の経済発展に対してどのように貢献できるかを中心に考察したものである。農業や農村は長期的には経済発展の利益を享受するであろうが、積極的に農業や農村の開発を促進するにはどうしたらよいのであろうか。

注

1) 2015年8月、私は東日本大震災で児童74名と教職員10名の尊い命が奪われた宮城県石巻市立大川小学校を訪問した。校庭の壁画に「世界が全体に幸福にならないうちは、個人の幸福はあり得ない… 宮沢賢治」と書いてあった。
2) 開発教育とは「共に生きることのできる公正な地球社会づくりに参加するための教育」である(開発教育協会)。詳しくは、開発教育協会のHP(http://www.dear.or.jp/de/index.html) をみよ。
3) 「大学で学生に何をおしえるのか」の問いに、オックスフォード大学のあるカレッジの学長は「自国の没落をリアルに認識してほしい」と答えたそうだ。(出口治明、「本物の教養」、幻冬舎新書、2015年、48-49頁)。
4) 2015年12月、国連の第21回気候変動枠組み条約締約国会議 (COP21) が「パリ協定」を採択したが、温暖化という世界的課題を「全員参加」で取り組もうとした第一歩である。
5) 最近、台湾の「観光農業」や「レジャー農業」が注目されている。台湾では国内の観光客だけでなく、中国を含む海外の中国人旅行者が増えている。とくに香港やシンガポールなどの中国系の人びとが子供に農業体験をさせたいとのことである。
6) 英語の"development"には「発展」や「開発」などいくつもの日本語の意味があるので、適切に使い分けることが大切だ。
7) このナイジェリアの「ビアフラ戦争」では、飢餓や栄養不足、北部州における虐殺により、少なくとも150万人を超えるイボ族が死亡した。この1枚の写真は、世界的な同情を呼ぶことになった。
8) 下駄を足で空中に放り投げてする、「明日の天気占い」という遊びがあった。
9) 全く記憶はないが、私は1歳か2歳のときにこの囲炉裏に落ちて頭部に火傷を負った。小学6年の修学旅行では、福島県猪苗代町にある野口英世の生家を訪れたが、尊敬の念を抱くとともに、親近感も覚えた。
10) 大切なものは近くの大きな町で購入したが、それは年に数回程度であった。

11) 記憶はわずかだが、この鍛冶屋は農具や馬具などを作っていたと思われるが、昭和30年代初め頃には消えてしまった。
12) 調査のお礼に写真を撮り、そのプリントを配っていた。1985年の時だが、生まれて間もない赤ん坊の写真を撮った。その後、写真を渡しに訪問したが、直前、その赤ん坊は病気で亡くなっていた。赤ん坊の母親は記憶のために保存すると言って、快く受け取ってくれた。
13) この頃、アフリカ飢餓救済のチャリティーソング"We Are The World"が世界的に大流行した。ケニアでは、毎日のようにラジオからこの曲が流れていた。
14) 佐伯啓思「アダム・スミスの誤算」、PHP新書、1999（2013）年。
15) 例えば、2010-12年の頃に発生した「アラブの春」は、食糧価格の高騰が一因だと言われる。日本でも、江戸時代、そして戦前までは食料暴動が発生している。

第16章　農業・農村開発計画の必要性

溝辺哲男

1　はじめに

　開発途上国の多くの国では、依然として農業を基幹産業とし、大多数の人々が農村に居住する構造を維持している。また、開発途上国の農村は、都市に比べて基本的な生活インフラ（上水道，道路，電気，病院，学校など）が不備であったり、不足していたりするのが一般的である。さらに就業機会も少ないため貧困率は都市よりも高いのが普通である。このため農村では、単に農業生産を拡大し、自給を達成するだけでは生活の質的向上に繋がらず、貧困削減を困難としている。農村部での貧困削減に向けては、農業と生活インフラの一体的な整備が不可欠なことを理解しておく必要がある。

　その一方で、開発途上国の農業と農村は、都市部への食料供給源としての役割のほか、国内経済が悪化し、失業者が増加した際には都市の過剰労働者を一時的に吸収するバッファー（緩衝）機能などの特性を有している点にも理解が必要である。

　国連は、2015年9月にこれまでの「ミレニアム開発目標（MDGs）」に代わって「持続可能な開発目標（SDGs）」を策定した。SDGs では、「飢餓を終わらせ食料安全保障及び栄養改善を実施し、持続可能な農業を促進する」ことに主眼を置いて、開発途上国の農業・農村地域を主要なターゲットに定めている。この背景には、上述したような農業・農村セクターの社会経済的な特性と同セクターへの支援によってもたらされる高い開発波及効果への期待がある。

　それでは、農業生産の拡大から農村の生活環境整備まで多岐にわたる開発課題を解決するには、具体的にどのような手順と方法を講ずればよいのであろうか？　その最初のステップとして求められるのは、開発課題に対する方策を包括的に取りまとめた開発計画の策定である。本節では、開発途上国における農業・農村開発計画と、そこから生み出される具体的な開発方策である開発プロ

ジェクト（事業）の策定方法に関する基本的な手順を解説する。

2 農業・農村開発計画とプロジェクト[1]の実施手順
(1) プロジェクト・サイクルの理解

　農業・農村開発プロジェクトは、図16－1に示すようなプロジェクト・サイクルの各段階を経て策定される。プロジェクト・サイクルの第1段階は、計画対象地域における地元住民や農民の開発ニーズの認定を主目的としたプロジェクト案件の発掘調査である。同段階では開発途上国から援助要請された案件の概要を調査し、要請案件の妥当性が判断される。第2段階は発掘された案件の実施可能性に関する開発である。ここでは、要請された開発対象地域における開発課題と課題解決に向けた改善策を検討し、複数の開発プロジェクトが策定される。策定された複数の開発プロジェクトは、計画対象地域の住民や現地政府などのステークホルダー（関係者）に提示し協議の上、優先プロジェクトを選定することになる。

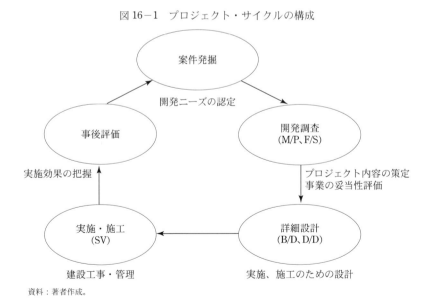

図16－1　プロジェクト・サイクルの構成

資料：著者作成。

開発プロジェクトを実施するには、当然ながら事業費や工事費の積算と工期管理計画が不可欠である。これらは、開発調査で算定された概算事業費を基に第 3 段階の詳細設計で検討することになる。第 4 段階は、詳細設計に基づいて行われる実際の建設工事と施工管理である。プロジェクト・サイクルの最後には事後評価[2]が行われる。事後評価は、プロジェクトの実施効果を各サイクル別に評価し、将来の類似プロジェクトにフィードバックすることが目的である。以上の段階を経て一連のサイクルは完了する。

ただし、ここで示したプロジェクト・サイクルは、プロジェクトが完了するまでの基本的な流れである。この実施プロセスに従って、全ての農業・農村開発プロジェクトが実施されるわけではなく、各サイクル間の区別が曖昧なケースも発生する。特に案件発掘調査と開発調査の線引きが明確でないケースもある。しかし、開発調査（計画段階）を省いたプロジェクトでは、プロジェクトに対する地元住民と政府さらには援助国側との合意形成が不足し、その結果、プロジェクトの実施期間中や終了時評価において関係者間での齟齬が生じ、プロジェクトの実施効率性の低下が往々にして認められる場合がある。

（2）プロジェクト・サイクルの連結手段

ところで、プロジェクト・サイクルは、原則として各サイクルを連結させる媒体がなければ、次のサイクルには移行できない。その媒体となるのが表 16−1 に示したプロジェクト・サイクルの各プロセスで策定される「調査報告書」である。これら調査報告書は、開発対象地域の開発課題や課題解決に向けた対策などについて、専門家が現地調査を通じて科学的な見地から作成することになる。

日本の ODA（政府開発援助）プロジェクトの場合は、ODA の実施機関である国際協力機構（JICA）から業務を委託される開発コンサルタントが現地調査を実施し、その結果を取りまとめて報告書を作成する場合が多い。農業・農村開発調査の場合であれば、各分野の専門家（農業開発計画、作物栽培、営農、農村社会、土壌、水質、環境影響調査、経済評価、社会調査、ジェンダー、農業金融、灌漑排水、産業開発、経済・社会インフラ、制度構築、組織化支援など）が調査チームを編

表16−1　プロジェクト・サイクルにおけるプロセス別の調査と策定される報告書の事例

プロセス	調査形態	報告書	主な内容
1. 案件発掘	予備調査／事前調査／プロジェクト形成調査 (Project Identification)	・事前調査報告書 ・P/F調査報告書 (P/F : Project Finding)	・援助要請内容の妥当性判断 ・新規案件の発掘調査
2. 開発調査	・マスタープラン調査 (Master Plan Study) ・フィージビリティ調査 (Feasibility Study)	・総合開発計画報告書 (M/P) ・事業計画報告書 (F/S)	・中長期的視点から策定される地域・国家開発計画 ・プロジェクトの経済的・技術的な妥当性判断
3. 詳細設計	・基本設計調査 (Basic Design) ・詳細設計調査 (Detail Design)	B/D報告書 D/D報告書	・工事実施のための設計図作成・詳細事業費の積算
4. 実施・施工	施工管理 (S/V) (Supervise)	施工管理報告書	・計画及び設計に基づく施工と管理方法
5. 評価	・終了時評価 ・事後評価 (Evaluation)	評価報告書	・プロジェクトの定量的、定性的な評価

資料：著者作成。

成し、約6カ月から1年間かけて現地調査を実施し、調査報告書を仕上げる。なお、調査団の構成分野や人員数は、それぞれのプロジェクトの規模と内容によって異なる。また、調査報告書は、和文と英文で作成するほか、アフリカ地域であればフランス語、ラテン・アメリカ地域であればスペイン語で作成する場合もある。

　開発途上国の多くの国では、一般的に開発プロジェクトの実施に必要な資金（事業費）が不足している。このため国際援助機関（世界銀行、アジア開発銀行、アフリカ開発銀行、米州開発銀行等）および主要援助国に対して開発資金の支援要請を行うことになる。しかし、開発資金を得るには、科学的なデータに裏付けづけされた説明材料が必要になる。同様に援助機や援助国は、開発途上国から要請された開発プロジェクトの技術的、経済的な妥当性を判断する上で根拠のあるデータを求めることになる。

　つまり、表16−1に示した開発調査段階におけるマスタープラン報告書(M/P)とフィージビリティ調査報告書（F/S）は、援助側と被援助側（援助を受ける側）の双方にとって、開発資金を要請あるいは供与する際に不可欠なエビデンス（根拠／証拠）としての役割を果たしているのである。

(3) 開発調査³⁾ の位置づけと重要性

　プロジェクト・サイクルにおいて最も重視されるのが開発計画と具体的な開発プロジェクトの策定を目的に実施される開発調査であると言えよう。開発調査の位置づけを概念的に示すと図16-2のようになる。開発調査は、被援助国（援助される側）における政府レベルでの政策面の意向と、開発対象地域における住民レベル（受益者側）の意向をすり合わせる調整局面に位置していることが理解できよう。

　この開発調査は、既に表16-1にも示したようにマスタープラン調査（M/P）とフィージビリティ調査（F/S）に分けられる。M/P調査は、中長期的な視点から開発地域全体の開発構想を描くことが主眼であり、各種の開発プロジェクトから構成する開発プログラムが策定される。F/S調査は、計画されたプロジェ

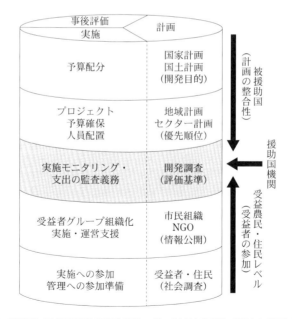

図16-2　開発調査の位置づけ

資料：嘉数他編「アジア型開発の課題と展望」p.62、名古屋大学出版、1997 から引用作成。
　注：上記資料では開発調査の部分は「プロジェクト計画」となっている。

クトが技術的に実施可能であるか、また、経済的・財務的に妥当性があるか否かについての調査を主目的としている。当該プロジェクトが技術的に実施可能（available）であっても、経済的に妥当性（feasible）でない場合は not feasible と判断されプロジェクトの実施は見送りとなる。

M/P 調査と F/S 調査を通じて策定された開発計画は、開発プロジェクトが実現しなければ、開発計画そのものが「画に描いた餅」となってしまう。そのため開発調査の中でも F/S 調査には実現性の高い詳細な計画が求められることになる。

3　期待される開発プロジェクトの実施効果

ODA による開発プロジェクトは、開発資金の返済義務がある「借款プロジェクト」と返済義務のない「無償資金協力プロジェクト」に分けられる。ただし、ODA による開発プロジェクトの原資は、借款にせよ無償資金協力にしても国民の税金等の公的資金によって大部分が賄われていることに留意する必要がある。特に借款プロジェクトの場合は、国民の税金を使った開発投資事業であるとの認識が必要である。投資である以上、開発プロジェクトの実施による何らかの「効用」がなければプロジェクトを実施する意義は薄れてしまうほか、プロジェクトの実現には至らないことにもなる。

ODA プロジェクトと同様に、日本国内でおこなわれる農業基盤整備事業の一つである「土地改良事業」においても公的資金が投入されている。同事業は、法律によって「プロジェクト実施に要する総事業費（Cost）がその結果生じることであろう効用（Benefit）によって償われるものでなければならない」としている。つまり次のような定式が成り立たなければ土地改良事業は実施できないことになる。

$$\frac{効用（B）}{費用（C）} \geq 1.0$$

公共性の強い土地改良事業の事業費は、公的資金で賄われていることを根拠にしてこの定式が成立しているといえる。同様に日本の ODA が公的資金で賄われている以上、開発プロジェクトの実施による開発効果（インパクト）の把握

は、プロジェクトを実施する上で常に考慮しなければならない不可欠な実施要件であると言える。

なお、上記の定式における「効用」のうち、金銭評価を行って定量しうるものを「効果」と呼んでおり、これは直接効果とも言われる。一方、金銭では評価できない効果は間接効果と呼ばれる。効用と効果及び費用の間では、「効用＞効果≧費用」という関係が成立することになる。

一方、農業開発プロジェクトによる開発効果の測定にあたっては、図16－3に示すように農家の生産拡大を通じた自給率の向上や所得改善を伴うような私経済の面から効果を測定するほか、国レベル及び地域レベルから検討することが一般的である。また、開発効果の発現内容からは、下記のように長期効果と一時的効果に分けて提示することができる。

図16－3　農業開発プロジェクトに期待される開発効果の事例

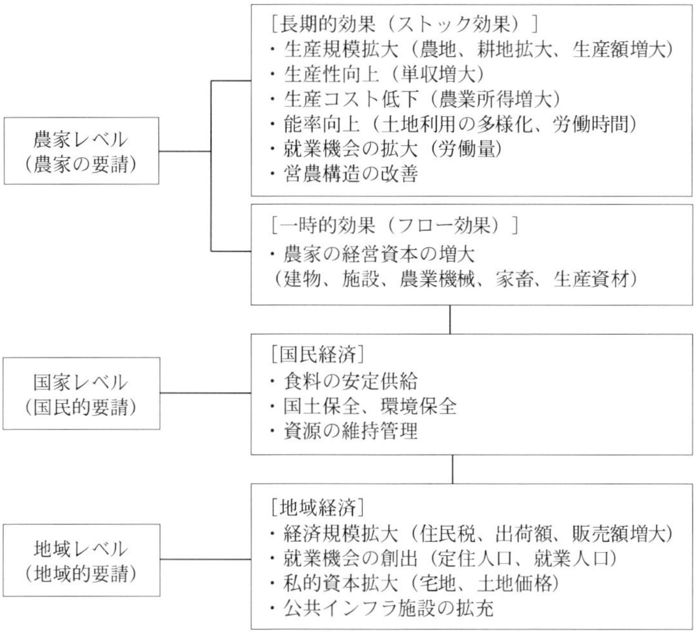

農家レベル（農家の要請）
　［長期的効果（ストック効果）］
　・生産規模拡大（農地、耕地拡大、生産額増大）
　・生産性向上（単収増大）
　・生産コスト低下（農業所得増大）
　・能率向上（土地利用の多様化、労働時間）
　・就業機会の拡大（労働量）
　・営農構造の改善

　［一時的効果（フロー効果）］
　・農家の経営資本の増大
　　（建物、施設、農業機械、家畜、生産資材）

国家レベル（国民的要請）
　［国民経済］
　・食料の安定供給
　・国土保全、環境保全
　・資源の維持管理

地域レベル（地域的要請）
　［地域経済］
　・経済規模拡大（住民税、出荷額、販売額増大）
　・就業機会の創出（定住人口、就業人口）
　・私的資本拡大（宅地、土地価格）
　・公共インフラ施設の拡充

資料：「土地改良事業の地域経済への効果」p.6, 農業土木学会誌、1986を参照に筆者作成。

・長期的効果：ストック効果とも呼ばれ、農地、道路、橋梁などの整備や改良により、その機能が喪失するまで長期間にわたって及ぼすことができる効果。
・短期的効果：フロー効果とも呼ばれ、プロジェクト自体が誘発する効果であり、道路の建設などの労働機会の創出などがこれに当たる。有効需要創出効果とも言われる。

4　おわりに

　開発途上国の多くの国では、一般的に土地資源に比較優位性がある。他方、資本（開発資金）と労働（技術）に関する資源は限定的である。特に開発資金が乏しいため、自前の資金で多様な開発ニーズに対応することは困難である。そのためODA資金や企業によるFDI（海外直接投資）に依存することになる。しかし、援助する側にとっても資金には限度があるため、無計画に支援を行うことはできない。限られた開発資金を有効に活用して、開発効果を最大限に発揮させるには、開発対象国や地域が抱える開発課題を正確に把握した上で、効果的な開発プロジェクトを策定することが求められる。

　一方で、近年のグローバリゼーションの急速な進展は、農産物貿易の自由化の速度を早め開発途上国向けODAによる農業・農村開発プロジェクトのあり方にも質的変化をもたらしている。これまでのように、農産物の増産によって農業所得を向上させて貧困削減を達成するというような単純な開発方針では対応できなくなっている。付加価値形成力の高い基幹作物の導入と生産拡大を通じたバリューチェーン（価値連鎖）の構築、収益性確保に向けたサプライチェーンの形成による取引費用削減、生産コスト削減に必要な低投入型営農システムの構築及び、環境適応型レジリアンス農業の推進、さらには検疫体制の改善・強化等を通じた競争力の強化策等が、途上国向け開発プロジェクトを策定する上での重要な要件となっている。これらは、輸出指向型農業開発プロジェクトのニーズの高まりがその背景にあるとも言える。

　また、国内外の市場動向に大きく影響される農業分野では、開発途上国の特定の国や地域だけを対象にして開発計画を策定する時代は既に過ぎたともいえ

る。国境を跨いだ広域にわたる地域横断的な視点から開発途上国が求める多様な開発ニーズに対して、戦略的に応えていく必要がある。このような状況から、農業・農村開発援助の最初のステップである開発計画は、今後ともより大きな役割を担うとともに、その重要性が高まることになると考えられる。

注

1) 本章における農業・農村開発プロジェクトは、「借款」によるダム、灌漑、農地整備、上水道、道路、学校、病院等のインフラ事業を中心とする投資プロジェクトを対象としている。
2) 事後評価にはプロジェクト終了時直後の終了時評価と5年または10年後に実施する事後評価等がある。
3) 日本のODAの実施機関である国際協力機構においては、開発調査を開発準備調査や開発調査型技術協力と呼んでいる。

参考文献

小浜裕久、「ODAの経済学」、日本評論社、1992、p.110。
嘉数啓・吉田恒昭 編、「アジア型開発の課題と展望」、名古屋大学出版会、1997、p.62。
農業土木学会、「土地改良事業の地域経済への効果」、農業土木学会誌、1986、p.6。
農林水産省構造改善局監修、「農業・農村開発協力の展開方向」、1990。

第17章　ミャンマーにおける貧困削減に向けた持続可能な開発
－JICA の取り組みと少数民族－

山下哲平

1　はじめに

　ミャンマー連邦共和国（以下、ミャンマー）は、中国、タイ、バングラデシュ、ラオスと国境を接し、国土は日本の約 1.8 倍（68 万 km²）である（図 17-1）。しかし、人口は 5,141 万人（2014 年 9 月時点）と日本の半分以下である。また、産業は農業を中心に 1 人当たりの GDP[1] は 868 ドル（2012/13 年度、IMF 推計）と、日本の 38,644 ドル（2014 年度）に比べ 44 分の 1 に満たない[2]。この背景には、長期間の軍事政権による支配と、これによる国際社会からの隔絶がある。

　1942 年から 1945 年まで、日本はミャンマーを占領していた。第二次世界大戦終結とともに日本軍は撤退、その後、英国が再びミャンマーの植民地支配を行うも、1948 年にはビルマ連邦として正式に独立することができた。しかし、この政権もビルマ共産党やカレン族の反感があり、長くは続かなかった。1962 年にネ・ウィン将軍が軍事クーデターを起こした。その結果、彼を議長とする革命評議会が全権を掌握し、本格的な軍事政権が発足した。この軍政下では、外国との交流を制限していた[3]。1989 年 6 月に国名をミャンマー連邦に変更したが、政策的な変更は見られず、不法貿易と地下経済と軍政の腐敗は深まるばかりだった。当然、人びとの生活は貧しいままであり、次第に政府に対する不満が募るようになった。

　1988 年に、反ネ・ウィン運動が起こり、全国的な規模にまで発展した。しかし、国軍が武力によって政権を掌握し、民主化運動を抑え込んだ。この新しい軍政は、開発経済型の経済政策を採用したものの、かえって経済は混乱してしまい、国民の失望と反感を強める結果となった。そのため、民主化運動の旗手であるアウン・サン・スー・チー氏への期待が高まり、1990 年の総選挙で彼女

図17−1 ミャンマー略地図

資料:「世界地図」をもとに著者作成。
[http://www.sekaichizu.jp/atlas/worldatlas/p800_worldat]

が書記長を務める国民民主連盟が圧勝した。しかし、軍政はアウン・サン・スー・チー氏を軟禁し続け、この選挙結果を無視する。欧米諸国はこの重大な人権問題を重く捉え、ミャンマーに経済制裁を行った。そのため、ミャンマー経済はより悪化することとなった（工藤 2012）。

　このような軍政による弾圧は続かず、2007年のガソリン価格の引き上げを発端とする大規模なデモが発生し、2010年にアウン・サン・スー・チー氏が解放され、2011年には国会招集が行われた。ここでテイン・セイン氏が大統領に選出され、新政府が発足し、軍政は終わりを告げた。これを受け 2012 年に、欧米による経済制裁は緩和され、ミャンマーは国際社会へと復帰することとなる。日本の JICA（国際協力機構）も、2011 年以降の新政権による民主化への取り組

みを評価し、2012年4月から経済協力方針を変更し、円借款を含む本格的な支援を再開している。そして2015年11月8日に実施された総選挙では、アウン・サン・スー・チー氏が率いるNLD（国民民主連盟）が、軍事政権の流れをくむそれまでの与党USDP（連邦団結発展党）を圧倒し、全国で81％の議席を獲得した。

この「今」注目されるミャンマーの残された社会的問題が、少数民族問題[4]である。ミャンマー人口の約7割を、ビルマ族が占めている。そのほかに八大民族（シャン族9％、ラカイン族4.5％、カレン族6％、モン族2.4％、カチン族1.4％、チン族2.2％、ロヒンジャ族1.7％、カヤー族0.4％）がおり、この中でもさらに異なる民族としてのアイディンティを有するため、135の少数民族がいるとされる（宮本2012）。

2　JICAの取り組み

日本のミャンマーに対する経済協力は、1954年に始まった。しかし、1988年以降のミャンマー国軍による政権の掌握を受け、原則として経済協力を停止した。その後再開された2012年度の社会経済開発支援借款[5]は1,988.81億円（うち債務免除1,149.27億円）、無償資金協力277.3億円、技術協力42.00億円となっており、これらの合算値2,308.11億円（≒18.91億ドル、但し$1=122円）はミャンマーの対外債務残高である3,126.86億円（≒25.63億ドル、但し$1=122円）の74％に相当する。特に少数民族地域への支援は、表17-1の通り4件の無償資金協力によって行われている。この計画内容からわかる通り、食糧支援や住居、子供や女性、避難民の保護など最低限の生活水準に達していない、いわゆる社会的弱者層[6]をターゲットとしており、少数民族はその対象になりやすい傾向があることがわかる。特に北部国境地域での紛争や、山岳および沿岸地帯で発生した洪水被害などで、2015年現在も混乱が生じている。

これらを整理すると、ミャンマーは国全体として政治・経済的に着実な成長を遂げており、図17-2で示した名目GDP[7]の時系列変化からも2005年の138.3億米ドルから2014年には628億米ドルと10年間で4.5倍以上増加していることがわかる。他方で、少数民族の中には政治的安定や経済成長の波に取り残される社会的弱者がおり、ビルマ族との格差解消が課題として浮き彫りに

表 17-1　ミャンマーに対する少数民族を対象とした JICA 無償資金協力プロジェクト

計画名称	供与限度額	計画の内容
少数民族地域における緊急食糧支援計画	10 億円	少数民族地域であるラカイン州、カチン州及び北部シャン州の避難民に対して国際連合世界食糧計画と連携し、食糧支援を行い、避難民の食糧・栄養状態の改善を図るもの。
少数民族地域及びヤンゴンにおける貧困層コミュニティ緊急支援計画	6 億 3,100 万円	少数民族地域であるカチン州、シャン州及びヤンゴンの貧困層に対して国際連合人間居住計画と連携し、コミュニティ・インフラ整備及び居住環境改善を行うもの。
少数民族地域における子供に対する緊急支援計	4 億 5,200 万円	少数民族地域であるラカイン州、カチン州及びシャン州北部の避難民キャンプの子供や妊婦・授乳中の女性に対して国際連合児童基金と連携し、保健医療、教育及び保護サービスの提供を行うことにより、健康・暴力のリスクからの保護を図るもの。
少数民族地域における避難民援助計画	2 億 7,900 万円	少数民族地域であるラカイン州、カチン州及びシャン州北部の避難民キャンプにおいて国連難民高等弁務官事務所と連携し、避難民向けシェルターの整備及び避難民キャンプの管理・運営に係る指導を行うことにより、避難民キャンプ及びキャンプ周辺の生活環境の改善を図るもの。

資料：外務省、国別データブック［http://www.mofa.go.jp/mofaj/gaiko/oda/shiryo/kuni/14_databook/pdfs/01-09.pdf］

図 17-2　ミャンマー名目 GDP の時系列変化

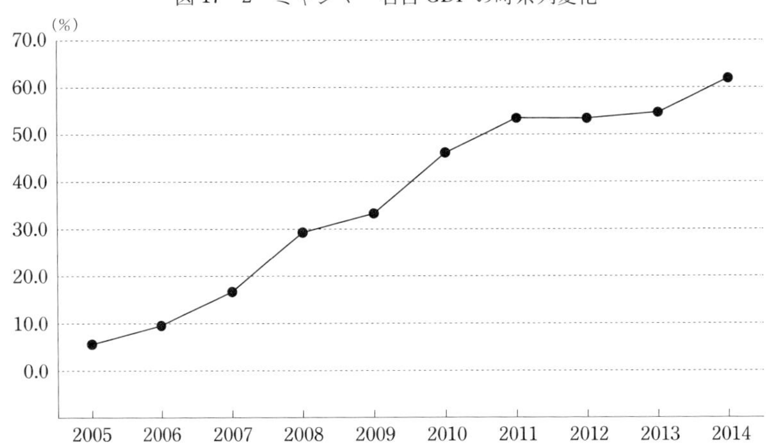

出所：日本貿易振興機構（ジェトロ）［https://www.jetro.go.jp/world/asia/mm/stat_01.html］

なっている。2015年11月に実施された総選挙の影響もあり、中央政府は少数民族に対し、インフラ整備等の公共事業を厚くするなど配慮している。また、さらにミャンマーの民主化が進めば、国際社会からの支援や投資が増え、さらなる経済成長が期待できる。しかしながら、このビルマ族と少数民族との格差拡大と持続的発展のための課題は多い。

本章では、特に少数民族が抱える生計向上に向けた具体的な課題を明らかにし、対象となった南シャン州タウンジー郡タウヨー村（写真17-1）において、近年の生業の変化から「持続可能な発展」の方向性を検討してきたい。また、われわれ「よそ者」が彼らに対し、どのような関わり方が可能なのかについても合わせて考察していく。

3　少数民族が抱える具体的な課題－タウヨー村の事例－

近年のグローバリゼーションの流れは、伝統的生活を送る民族にとって新技術の援用やライフスタイルの変更[8]を余儀なくさせる大きな課題となってきている。これは従来、在来知を基盤とした伝統的ライフスタイル（生計の維持）か

写真17-1　タウヨー村居住区の様子

資料：2015年8月の現地調査にて、筆者撮影。

ら、いわゆるマーケットベースによる市場原理主義（換金、貯蓄や投資への志向）への移行過程である[9]。

タウヨー村の伝統的なライフスタイルにおいては、環境資源の適切な活用によって生計を賄うため、そのライフスタイル自体に持続可能な環境資源化プロセスが内包されてきたといえる。しかし、民主化と市場経済化の波により、急激なライフスタイルの変更を迫られている。それは、換金、貯蓄や投資といったこれまで主流ではなかった生計活動が生業の目標となり、生活の安定よりも所得倍増に向けた取り組みが村全体に波及していることである。この第1の課題が、過大な資本投下である。同村では、果樹（ミカン）に対する「化学肥料の投入量」こそが収益性を決定すると考えられており、多量の化学肥料の投入が積極的に行われている（図17－3の②参照）。

2015年8月に実施した聞き取り調査（31世帯）結果では、確かに化学肥料の施肥（年間総売上額の平均38％、最大で70～74％が化学肥料投入費用）や、市場までの運搬費用（年間総売上額の約25％～17％）に対する支払い能力の多寡が農民間の収入格差を決定づけているように見える。図17－3は、この調査結果を踏まえ、同村の拡大再生産のサイクルを示している。生活基盤であるお茶（写真17-2）や

図17－3　伝統的農業からみかん栽培への発展プロセス

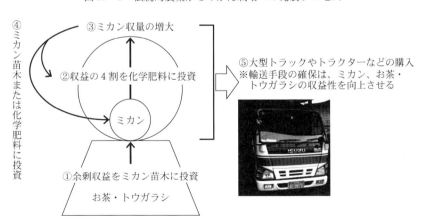

資料：2015年8月の現地調査より、筆者作成。

トウガラシから得られた余剰収益が、ミカンへの再投資原資となっている。ミカンは、苗木から5年間の生育期間を経て、収穫が可能となる。その生育期間も大量の化学肥料を施肥し、こまめな手入れが行われている。このミカンの収益はほぼ全額が再投資に振り向けられ、さらなる拡大再生産へと展開している。

　第2の課題は、市場、学校、病院などへのアクセシビリティ（支障なく利用できる度合い）が低いこと、特に市場への移動運搬手段の問題は農民の家計に直結する問題である。写真17-3は、常設の市場がある比較的大きなカローの町までの道のり（徒歩で片道約2時間半）の様子である。村民は、カローの市場まで、お茶と新しく取り組み始めたミカンを販売し、同時に生活必需品（コメ、油、たばこ）を購入するため、5日おきにこの道を往復している。従来の主たる輸送手段は徒歩であったが、近年、トラクターやトラックを所有する世帯が現れている。2014年8月の調査時点で、村にあるトラクターは全6台で、これを利用する場合はトラクターのオーナーに対し5万ks（約6,250円）を1往復ごとに支払っていた。これは、この村の平均的な世帯年収（約44万5,056円）と比べると大きい額である。

写真17-2　茶摘みをするパラウン族の少女と少年

資料：写真17-1に同じ。

写真17-3　タウヨー村の道路

①村までの畔道

②新しく整備された道路

③土砂崩れによる通行止め

資料：写真17-1に同じ。

4　持続可能な発展にむけた協力の可能性

　これまでのミャンマー少数民族に対するJICA支援は、緊急性の高い分野に限定されてきた（前掲表17-1参照）。また2015年はミャンマーにおける総選挙の年であったこともあり、積極的な公共事業が少数民族のいる地方・遠隔地域まで展開されたが、その持続性には疑問が残る。すなわちビルマ族を中心とする中央政府にとって少数民族の存在は、未だ「民主化」の主役として位置付けられてはいない。むしろ、正規軍への編入から取り残された危険な武装集団であり、天然資源が賦存する地域に点在する「ビルマ化」から取り残された厄介な異民族集団である。当然、少数民族側も中央政府や政治自体を基本的に信頼していない。こうした中で、少数民族にとっての持続可能な発展とはどのようなことであり、どのような協力が求められているのだろうか。今回、タウヨー村の事例を踏まえ、以下の2点について検討する。

　（A）伝統的ライフスタイルと経済発展の両立
　（B）少数民族のブランド化（観光資源化）
　（A）については図17-3で説明した通り、急速な生計向上の基盤には伝統的な農産物であるお茶（写真17-4は、専用の土間にてお茶の火入れをしている様子）

写真17-4　お茶の火入れの様子

資料：写真17-1に同じ。

とトウガラシなどがある。たとえ、みかん栽培に失敗したとしてもこの伝統的農産物がある限り生活に困ることはないというのが村民の基本的な考え方である。しかし、化学肥料の多投や農地の過剰な開墾は、基盤となるお茶やトウガラシへの悪影響の恐れもあるため、土地利用や作付け体系、化学肥料の効率的な施肥スケジュールの検討など科学的根拠に基づく課題分析が必要である。また、過度な機械設備への投資は、負債を抱え込む原因となるため、適切な「計画の立案」が重要である。

　（B）について、宮本（2014）によれば少数民族は観光資源として位置付けることが可能である。まず、彼らの伝統的産業としてのお茶はブランド化している。しかし他方で、タウヨー村民は不衛生であるというレッテリングによって、価格を低く設定されるなど交易上の不利益を得ている。他方で、近年では

多くのハイカーが、冷涼な南シャン州をトレッキングコース（カロー〜インレー湖）として好んで訪れている。この地理的価値に加え、少数民族との交流がある。写真の女性は、村の子供達に歯ブラシを渡している（写真 17–5）。単に飴やチョコレートをあげるのではなく、子供達のより良い将来のために何かをしてあげたいという気持ちを実践するこうした交流は、ハイカーにとっては善行の良き経験になると同時に、村の子供達にとっても自らのライフスタイルを見直すきっかけとなっていくと考えられる。このように、<u>少数民族として価値のある固有性に着目すること、また反対に不足している点や未熟な点について様々な（個々人の）視点から提案していくこと</u>が、彼らに発展の（例えば衛生面に対する具体的な配慮行動などの）選択肢を与えていくのではないだろうか。

写真 17–5　子供に歯ブラシを渡すハイカー

資料：写真 17–1 に同じ。

5 おわりに

　山岳地帯という厳しい環境条件のもと伝統的な生活を送る少数民族パラウン族は、近年の民主化や経済発展を契機に、伝統的生業（お茶やトウガラシ栽培）から、より収益性の高い次の生産（ミカン）へと発展している。同時に、この経済成長に合わせて生じる経済格差や、拡大再生産の主たる要素となっている化学肥料の多投入によって、環境への負のインパクトが予見される。特に、生計の向上とともに多くの商品を麓（カロー）の市場から調達することで、プラスチック容器をはじめとするゴミ処理問題は今後大きく表出化するだろう。現在のところ、ゴミは、路上や路肩に放置するか、村はずれのゴミ溜に投棄・集積しているだけだからである。同村は、冷涼で降雨量も多いため、今のところ悪臭や害虫の発生はまださほど深刻ではない。

　写真17-6は、インタビュー調査終了後にゴミ拾いを行う学生とその様子を眺める村の親子である。彼らからは、「なぜゴミを拾っているのか？」「無駄だからやめなさい」など色々な反応があった。中には、一緒になって拾ってくれた子供達もいた。この提案も、村全体のゴミ処理システム構築と補完的につながっていかなければ普及・定着しない。今後の課題は、経済、政治、生活のそれぞれの重なりを理解しながら、持続的な開発の選択肢を広げていくことである。

写真17-6　村のゴミ拾い（ボランティア活動）

資料：写真17-1に同じ。

注

1) GDPとは、一定期間（1年間）に国内でマーケットを通じて儲けたお金（付加価値）の総和のこと。
2) 例えばヤンゴンの一般食堂で食事をすると、日本円で500円から700円ぐらい必要である。1食500円だとしても日本の経済規模に照らすと2万2,000円に相当する。この違和感は、大きく2つの要因で説明できる。1つは経済格差である。都市部ヤンゴンで働くミャンマー人の経済水準と農村部との差が大きいこと（都市部には、1食500円の食事代を支払うことのできる高所得者が多くいること）。2つめは、マーケットを経由しない経済活動（自給的生産や家事労働など）が多い場合、GDPを直ちに彼らの所得水準モデルと見ることは不適切となる（農村部では、このような価格で外食することはほとんどないということ）。
3) ビルマ式社会主義とよばれ、イギリス統治時代に支配していた外国人（隣国のインド、パキスタン、バングラデシュと中国系住民など）や外資（地主、商人、資本家など）を追放し、経済の国有化を進めるもの。「鎖国政策」と言われるほど、外国との交流を規制した。
4) イギリス統治時代に正規軍として、ミャンマーの治安維持を担ったのがカレン族をはじめとした少数民族の職業軍人集団であった。これがのちに少数民族武装集団となり、国境付近に居住した。ビルマ族によって構成される国軍は、彼らとの内戦を経て停戦合意を結び、彼らを国境警備隊に編入するなど和平に向けた取り組みを行うものの、反発する一部勢力が武装を解除しないまま残っている。
5) 円借款とは、低利で長期の緩やかな条件で開発資金を貸し付ける（返済義務がある）支援のこと。
6) 社会的弱者層（social weakness）とは、教育や人種・宗教・国籍・性別、疾患などによって、社会的に不利な立場におかれやすい人たちを指す。例えば、高齢者・障害者・児童・女性・失業者・少数民族・難民・貧困層などがいる。
7) GDPには名目値と実質値がある。その違いは、名目値は実際に市場で取り引きされている価格に基づく値であり、実質値とはある年（参照年）からの物価の上昇・下落分を取り除いた値のことである。名目値はインフレーション（またはデフレーション）の影響を受けるため、経済成長率を見るときは、これらの要因を取り除いた実質値で見る方がより適切である。
8) 例えば、携帯電話の普及や電化、移動手段の変化（徒歩や水牛からバイク、トラックなど）によって、従来よりも格段に便利になるため、好みによらず次々と新しい生活様式が社会全体に普及していく。
9) 伝統的ライフスタイルは、自給的生産形態によって生活を賄うことが可能であるが、ライフスタイルの変更によって、マーケットを通じて入手しなければならない財・サービスが増え、お金が必要となる傾向が強い。そしてお金が一時的にでも枯渇すると生活が立ち行かなくなるという問題が生じる。

引用文献

工藤年博編著、「ミャンマー政治の実像 - 軍政 23 年の功罪と新政権のゆくえ-」、(アジ研選書 No.29)、アジア経済研究所、2012、p.348。

宮本雄二、「激変ミャンマーを読み解く」、東京書籍(株)、2012、p.319。

宮本佳範、「ミャンマーの少数民族観光に関する考察」、『東邦学誌』、第 43 巻 1 号、2014、pp.9-26。

第6部　文化・共生と開発

　ここでは、多文化共生、女性農業者、健康や保健と開発との関わりを取り上げている。これにより、読者は、国際地域開発学が対象とする問題領域の広さを実感することができるであろう。

　かつて文化は開発の障害物として捉えられていた時代があったが、今や観光の世紀と呼ばれる21世紀に入り、世界遺産条約に基づく遺産登録合戦も過熱するほど、文化（遺産）は開発資源の目玉の1つにのし上がった。また、日本自身が開発途上にある間に発明した母子健康手帳やKOBANの仕組みは、いくつかの途上国で好感を持って迎えられており、文化要素の異文化間適用可能性を示す興味深い例とされている。

　けれども、文化は、人間生活のあらゆる側面に関わる価値や意味の体系をなすものである。このため、例えば、社会において文化的に決められている男女の役割配当に着目し、ジェンダーの平等の視点から望ましい男女共同参画のあり方を創り出すことが開発の重要なテーマの1つになっている。またさらに、日本の在住人口の2％以上が外国籍保有者であるとか、出生数に占める外国籍保有者数が急増しているとか、黙って座っていても日本も含め世界は急速に多文化共生社会への途を歩みだしている。しかし、われわれが暮らす人間社会のこれに対する備えはたいへん心もとないのが現実である。日本は、この面では今なお途上国性を有しているといわざるを得ない。

　ここで取り上げたテーマを通じて、どんな問題領域からでも国際地域開発学に入っていくことが可能なことが理解できるであろう。国際地域開発学のエントリーポイント（入り口）は、何からでも、どこからでも、いつからでも、よいのである。

第18章　多文化共生と言語

麻生久美子

1　はじめに

　現在、地球規模での人、国の結びつきの強化や相互依存、グローバリゼーション、交通手段の発達などから、世界がより小さくなり、ボーダーレス化が進み、また各国が似通ったシステムを持ちつつある。同時に、世界がより小さくなりハイブリディティ（Hybridity：異種混交性）が進むにつれて、むしろ古代以来の民族固有文化を保っていこうとする傾向が強くなるという。究極には、民族固有の文化を維持していきながら、他の文化・民族を理解・尊重し、多文化の世界で平和に共存していくことが我々の理想の世界といえようか。

　1つの国家における多文化社会も同様であろう。我々にとって日本以外の国家の多文化社会の側面を知ることは、世界を理解することの手がかりになろう。そしてわが国際地域開発学科では、国際協力の実現のために、世界の国々に対して多方面からの理解がぜひとも必要なのである。その手がかりの1つとして、ここでは多文化社会であるアメリカ合衆国における人種的多様性と言語の役割を確認し、さらに多文化社会について、共生とは何かについて考えることとする。

2　アメリカ合衆国における多様性

(1) アメリカ合衆国においての人種的多様性

　移民国家であるアメリカ合衆国（以下、アメリカ）の近年の社会変動のひとつは、「多様性の増加」である（森茂、2005）。そのアメリカの人口の多様性の推移を観察するには、10年ごとに行われる国勢調査（US Census）を参考にできる。近年のこの調査から、多様性の増加を示す変化が2点見られる。1つは、ヒスパニックの人々の増加である。この国勢調査では自らの人種を特定することになっており、人種の選択肢には、①白人、②アフリカ系、③先住民、④アジア

系、⑤ハワイ・太平洋諸島系、⑥その他となっているが、2000年以降、人種というくくりとは別に「ヒスパニック」という選択肢も与えられるようになっている。今1つは、ハイブリディティ出現の認識である。2000年の調査から、上記の①〜⑥その他、およびヒスパニックに加え、これらのカテゴリにおさまらない、自らのアイデンティティを1つの人種集団ではなく、2つ以上の人種集団に属していると認識している人のためのカテゴリができた。この2点がアメリカの多様性の増加を示す例といえる。

　第1の、ヒスパニック（スペイン語を話す集団、メキシコ・ラテンアメリカからの移民）の台頭は、多様性の増加の大きな要素である。移民修正法が施行された1965年以降、アメリカへの移民の出身地域はヨーロッパ中心から、アジア、ラテンアメリカ中心へ大きく転換した（森茂、2005）。2000年の調査では全人口の12.5％がヒスパニックとなっており、2010年では16.3％に増している。同時に2010年では、ヒスパニック人口が50,477,594人に対し、すでにアフリカ系アメリカ人の38,929,319人を上回っている。そして、ヒスパニックは、白人、アフリカ系アメリカ人などという人種集団を表すものではないため人種調査の選択肢としての「ヒスパニック」は人種を問わないが、新たにヒスパニック集団の中での人種を問うという質問カテゴリが出現している。つまり、ヒスパニックという集団それ自体が多様なのである。ヒスパニックを構成する出身地を調べる項目も存在し、その選択肢も、①Mexican、②Puerto Rican、③Cubanと④その他、に選別され、ヒスパニック集団を出身地ごとに考えると多様性の増大は明らかであり、U.S. Census調査内のカテゴリも複雑化しているのである。

　第2のハイブリディティの出現、すなわち上記①〜⑤の人種の選択肢だけではおさまりきれないという人種集団が出現したことは、さらに多様性の複雑さを示している。これは、人種間結婚により現われた新しいタイプの集団（異種混淆―ハイブリッド化）と考えられる。例えば自らを白人とアフリカ系アメリカ人の両方のグループに属すると考える集団である。それを受けて2000年の調査で初めて、自らを2つ以上の人種に属すると考える集団のための項目が付け加えられた。2010年の調査では、表18−1のように属する集団の数がまとめられている。

表 18−1　国勢調査による人種別人口（2010）

Number of races	Number	Percent of Total population（%）
Total population	308,745,538	100.0
One race	299,736,465	97.1
Two or more races	9,009,073	2.9
Two or more races	9,009,073	100.0
Two races	8,265,318	91.7
Three races	676,469	7.5
Four races	57,875	0.6
Five races	8,619	0.1
Six races	792	-

資料：Source: U. S. Census Bureau, Census 2010 Redistricting Data, Summary File, Table PL 1 より筆者作成。

　異人種間結婚の組み合わせは多数あり、このハイブリディティは「多様性の多様化」（ホリンガー、2002）と呼ばれ、新たなアメリカ社会を体現しているといえる。2010年調査では、人種の組み合わせの調査も実施されており、例えば2人種のコンビネーションでは白人とアフリカ系アメリカ人が約20％、白人とアジア系アメリカ人が18％、白人とネイティブアメリカンが約16％、アフリカ系アメリカ人とアジア系アメリカ人の組み合わせは2.1％という結果が出ている。ハイブリディティの増加が進むにつれ、「〜系アメリカ人」という区分けが今後どう変わるか注目される。すなわち、「〜系アメリカ人」というカテゴリ化ができず、実質は「アメリカ人」としか言いようのないハイブリディティの世代が育ってきているからである。

(2) 差異と差別と多文化社会

　ハイブリディティの世代が育ち、「アメリカ人」という呼称で自らを位置づける人々が増えるにせよ、アメリカ合衆国は移民を受け入れる国であるからには、多文化社会であるという前提は今後も変わらないだろう。多文化ではあるが、アメリカは白人中心、西洋文化主義であった歴史を持ち、白人以外の人種は少数派、つまりマイノリティである。さらに、「白人アングロサクソン男性ミドルクラスプロテスタント」という集団をマジョリティとするならば、マジョリティ

以外の集団はマイノリティであり、マイノリティは人種的マイノリティに限らない。アメリカ社会の多様性の要素としては図18−1のような集団が考えられ、アメリカの多様性は「差異」（センブリーニ、2000）という１点でくくることができるともいえる。

　だが、差異が差別につながるのは現在でも否定できない。1960年代の黒人（アフリカ系アメリカ人）公民権運動以降、人種的マイノリティによる運動は、さらに女性解放運動をも盛り上がらせ、性的指向や障害者の問題にも人々の関心をひきつけた。マイノリティが再定義されるきっかけとなった。

　差別に関しては、特にアメリカ合衆国において人種に基づいた差別の撤廃及び人種的マイノリティの人権を尊重する動きが活発である。例えば、1965年、Affirmative action−差別是正措置−が設定され、これにより、公共の雇用や高等教育機関の入学者選抜において、歴史的に不利益をこうむった人種的マイノリティに差別解消のための措置がとられるようになった。雇用や入学者選抜に一定数のマイノリティを確保する措置であるが、例えば大学入学者選抜でのこの政策施行には、大学側の、「キャンパスに多様性を求める」という目的をも果たす役割を担った。ただし、この措置に対するマジョリティ側の「逆差別」の訴訟も起きている。

　また、教育の点から見ると、市民の意識は「作られる」という観点から、全てのマイノリティ集団の理解を進めるため、小学校から大学までの教育機関で

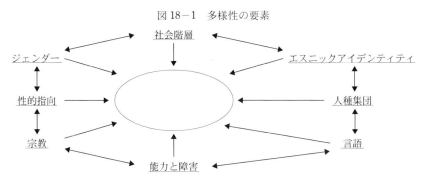

図18−1　多様性の要素

資料：J.バンクス「民主主義と多文化教育」、p.45より筆者作成。

のカリキュラムや環境作りに多文化的視点を盛り込む、多文化教育もさかんになった。大学では、多文化なカリキュラム編成を取りいれ、女性学などが開始された。小学校から高校までの多文化的なカリキュラム再編成も進められ、多元的な視点を持たせられるような教育－例えば、アメリカ大陸発見のコロンブスに対して多方面からの見方を取り入れる－を目指している(バンクス、1994)。

だが、このような実践は、1つの国家においては国家としての統一を阻むものとして理解されることも多い。多文化を保存する主義は国家の統一ではなく分離を進めるものとして(シュレージンガー、1991)警鐘が鳴らされている事実もある。

3　多文化社会と言語－バイリンガル教育と英語

多文化社会における多様性において考察すべき課題の1つは、言語である。アメリカでは英語が公的に使われており、移民は英語を習得することがまず社会での第一歩と考えられてきた。教育の場でもツールとしての英語力を持たなければ教科の授業は理解できないが故に、移民の子供たちは、教育の場で英語漬けのイマージョン方式、通称 Sink or Swim と呼ばれる方式をもって、英語のプールに飛び込んでいたのである。

だが、1960年代以降、多文化主義の台頭やヒスパニックを中心としたさらなる移民の増加、Nation at the risk という教育に関する National Commission on Excellence in Education 委員会による報告書 (A Nation at Risk : The Imperative for Educational Reform, 1983) に示された公教育の危機に基づく外国語教育の必要性などからも、二言語教育法(バイリンガル教育)プログラムが推進されるようになった。アメリカにおけるバイリンガル教育とは、英語を解さない移民の子供たちが学校教育において不利にならないよう、彼らの母語を使って授業を実践し、教科内容の理解をより深めることを主目的としたものである。Sink or swim 式で英語を習得するのを待つのではなく、彼らの母語で授業をすることでまず学力を伸ばすことを目的とする。英語の学習も同時に行う。1987年には、多言語の共存を目指し、バイリンガル教育を推進する English Plus Movement が始まった(本名、1997)。この運動には、移民の子供たちの母語をアメリカの財産

と考え、アメリカ人は外国語に弱いという説に対して、英語と母語のバイリンガルという人材を育てようという目論みがあった。

　このバイリンガル教育に対し、英語を解さない移民に対しての多言語サービスはアメリカ社会の分裂を招くとする批判がある。国家の統一のためには英語習得を第1とし、移民国家で多民族を抱えるからこそ、公的空間での言語を英語に絞り、国家としての統一をはかるべきだという。また、バイリンガル教育を学校に導入することにより、移民の子供たちの英語習得が遅れるという件も懸念されている。さらに、バイリンガル教育には授業で使用する教材、移民の子供たちの母語を話すことのできる（英語も解せる）教師が必要であり、かつ、適切な教師の雇用が可能かどうかも考える必要がある。そして、その予算は膨大である。

　このバイリンガル教育反論を受け、バイリンガル教育実践を廃止した州が出てきている。1998年、カリフォルニア州では、バイリンガル教育を廃止するという提案、proposition 227 の採択の住民投票が行われた。結果は有権者の61％の賛成により、バイリンガル教育はカリフォルニア州で廃止された。English Plus Movement に対し、English Only Movement と呼ばれるバイリンガル教育廃止を支持する運動では、English First、U. S. English という団体を通じて、そのキャンペーンを繰り広げている。母語での教育が学力をより伸ばすか否かの問題や、母語を維持するよりも英語を早く身につけさせて子供のアメリカ社会での成功を望む親がいるという現実も含め、バイリンガル教育の是非そのものについての結論は出ていない。

4　アメリカ、そして世界の多文化社会と多文化共生

　多文化教育のパイオニアである、アメリカの研究者、ジェームス・バンクスは、多文化社会は市民の多様性を認識して社会に受け入れるとともに、全ての市民がコミットしている社会全体の共有価値、理想、目標を大切にする国民国家を作り出すという課題に直面していると言う（バンクス、2006）。アメリカでは、多文化社会での「多元性を踏まえたうえでの（国家の）統一」（辻内、p.60、1999）の実現は可能なのであろうか。アメリカでの一連の多文化社会に関する

論争は、自分が属する集団が多様であるがために提出されたポストエスニック、9.11のテロ事件、オバマ大統領の誕生を経て、現在の難民受け入れやイスラム圏の国々との関係が問題化したことにより、また新たな頁をめくりつつある。

　翻って、日本という国の、我々自身の異文化・多文化問題を再検討する姿勢は、我々にはあるだろうか。日本社会はアメリカ合衆国とは異なる歴史や地理的要素を内包しているが、「多文化」社会であることには変わりはない。第二次大戦前から居住していた外国人とその後に来日した外国人は、それぞれオールドカマー、ニューカマーと呼ばれる。日本における多文化性も多様化の一途をたどり、「共生」という取り組みも、2006年に「地域における多文化共生推進プラン」として公布されたが（前、2013）、例えば、ニューカマーの子供たちへの日本語教育（佐藤、1996）など、整えるべき環境や問題は多々ある。

　さらに、アフリカ諸国、東南アジアなどの国々も、多くはその地理的・歴史的要因から多文化多言語社会となっている。各国独自の地理、歴史、文化により、それらの国々の多文化社会が抱える問題点やその大きさについてはそれぞれに異なる。例えば東ティモールは、2002年に独立を果たした国であり、その国家の歴史から設定された複雑な言語政策を持つ。公用語はポルトガル語と代表的現地語であるテトン語、そして実用語としてインドネシア語と英語が挙げられており、これら4言語が現実に社会で使用されているのである（麻生・等々力、2015）。このような言語多様性が、今後の国家の発展に寄与していくのか、あるいは阻む側面が出てくるのか等、多文化社会の持つ1つの課題であると言える。

　多文化社会、多文化共生はさまざまな視点を持つ。各国によっても歴史や事情が異なり、言語的な視点、法律・制度的視点、教育的視点など、多文化を取り巻く環境だけでも数多くの学ぶべき分野があることを認識せねばならないだろう。

5　まとめ

　文化の要素が持つ多様性は多大であり、多文化社会でその相違を認め、共存し、そしてともに生きていくことを、どういう方策を取るにせよ我々は実現し

ていかねばならない。山内 (2000) は、多民族、多文化の共存に必要なのは「基本的人権と民主主義の尊重を原理として受け入れること」(p.265) だという。そして、現状の冷静な判断、すなわちリアリズムと平和への理想、この2つの概念を持つことが必要だとしている。

　わが国際地域開発学科では、国際協力を目指す諸君が、訪れた国が多文化社会であったという事態も多々考えられ、この多文化を抱える国の側面を考える機会を持つことは必要かつ有意義であろう。国際協力を実践する際に、各国の多文化社会の現実を理解することは重要であり、断片的ではあるがここで見てきた多文化社会としてのアメリカ合衆国の現実は、多少なりとも我々にとって多文化を理解し、さらに「共生」を実現するための参考になろう。今後、多くの分野の文献を読破して、世界の国々についての自らの知識を積み重ねていってほしい。

引用・参考文献

アーサー・シュレージンガー、「アメリカの分裂─多文化社会についての所見」、岩波書店、1992。
アンドレア・センブリーニ、「多文化主義とは何か」、白水社、2000。
ジェームス・バンクス、「民主主義と多文化教育」、明石書店、2006。
ジェームス・バンクス、「多文化教育」、サイマル出版会、1994。
デヴィッド・ホリンガー、「ポストエスニック・アメリカ」、明石書店、2002。
麻生久美子、等々力けい子、「東ティモールにおける英語教育の現状─大学とNGOが担う役割とは─」、『外国語教育研究』、外国語教育学会、2015。
加藤秀俊、「多文化共生のジレンマ」、明石書店、2004。
佐藤郡衛、「日本における二言語教育の課題」、広田康生編「多文化主義と多文化教育」、明石書店、1996。
辻内鏡人、「多文化パラダイムの展望」、油井大三郎、遠藤泰生編「多文化主義のアメリカ」、東京大学出版会、1999。
本名信行、「アメリカの多言語問題」、三浦信孝編「多言語主義とは何か」、藤原書店、1997。
前みち子、「ドイツと日本の多文化共生市民社会の発展」、『言語文化論集⑧』、関西学院大学、2013、p.61-72。
森茂岳雄、「多文化社会アメリカ理解教育の視点と方法」、森茂岳雄編「多文化社会アメリカを授業する」、国際交流基金、2005。
山内昌之、「文明の衝突から対話へ」、岩波書店、2000。
山西優二、「多文化社会に見る教育課題」、『シリーズ多言語・多文化協働実践研究 No.3』、

2010。
油井大三郎、「いま、なぜ多文化主義論争か」、油井大三郎、遠藤泰生編「多文化主義のアメリカ」、東京大学出版会、1999。
Banks, J. A., *Educating Citizens in a Multicultural Society*. New York: Teachers College Columbia University, 1997.
A Nation at Risk: The Imperative for Educational Reform
　　　　　　　　　　　　http://www2.ed.gov/pubs/NatAtRisk/index.html
U.S. Census Bureau　　　https://www.census.gov/
English First Web site　　http://englishfirst.org/englishstates/
U.S. English Web site　　http://www.us-english.org/

第19章　女性農業者の働き方からみた共生社会

堤　美智

1　はじめに

　本章では、共生社会を進めるために、女性の働き方、とりわけ女性農業者の働き方の動向に注目し、労働制度が異なる日本とオランダとの比較を試み、相違と共通点について考察する。

　共生とは、異なる性質をもつものが共に生きること、関係性、連帯性、社会的統合概念である。このような異質性・多様性、差異を踏まえながら共に生きることを意味する。身近なところでの共生とは、例えば男性と女性、高齢者と若い世代、都市と農村、自然と人間等がある。表19－1は地域社会における都市と農村の区分であるが、現代日本では都市と農村の区分が曖昧になってきている傾向がある。都市農村交流や支え合い、共生の方向から新たな地域の良さを再認識し、住みやすい地域社会を模索しようとする動きがある。

　このような視点から男女の共生を目指す社会づくりも推進されている。異なった特質をもつ社会、文化や宗教が異なる社会、自分と異なった人種、性の違いをどのように調和して生きるかなど、共生社会のあり方を学ぶ視点は重要である。

2　女性農業者に関連する研究

　女性農業者・生活時間の研究は中安〔12〕、熊谷〔9〕、大島〔13〕、社団法人全国農業改良普及支援協会〔15〕、がある。中安は農家の女性の就業率はもともと高いが、機械化が進むにつれ女性の労働時間が短縮されたことに言及し、農業労働と家事労働の評価の仕組みを提案している。熊谷は生活時間調査を行い、農業経営と近代化を分析し、労働パターンを明らかにした。大島は海外事情を解説している。勤労者の働き方と生活時間分析は様々な点から先行研究がある

表 19−1　農村と都市の区分

	農村的特徴	都市的特徴
1. 人口	密度小さい	密度大きい
2. 自然環境	豊か、自然環境と深いつながり	乏しい、人工的環境が強い
3. 産業	農業従事者等第一次産業従事者が多い	商工業、サービス産業など非農業的従事者が多い
4. 交通手段	公共交通が少ない、自動車が主	交通手段が多い、多様な手段がある
5. 異質性と同質性	継承性強く、行動様式等同質的	住民の出身地、行動様式等異質的
6. 階層差	地位の高低差が少ない	地位の高低差が大きい
7. 社会分業	役割分化が少ない	役割分化が著しい
8. 社会移動	村から都市への移動が多い。住居、職業地位等の移動が少ない	都市内では村に比べてあらゆる移動が激しい。都市から村への移動は少ないが最近はU、Iターンが言われている。
9. 相互作用	同じ人々が相互行動で接触する。人間的ふれあい、アイツーアイコンタクトがある	広く、浅い付き合いが多く、人間関係の省略現象が生じやすい
10. 社会資本整備	公共的施設は都市に比べて少ない。大型商業施設も少なく、道路整備等未整備もある	公共的施設は多く、便利である。大型商業施設、文化施設も多く、集客がある。

資料：地方からの社会学、p.15。

が、女性農業者に関する調査は少なく、Work Life Balance（以下 WLB と示す）の研究は乏しい。

　WLB について、堤〔16〕、権丈〔4, 6〕、原・佐藤〔1〕がある。堤は女性農業者の WLB の仕事・子育て・家事の実態とそのあり方を明らかにしている。権丈はオランダの WLB について、労働時間と就業場所の柔軟性が高い社会であるとし、仕事と育児の両立支援を分析している。原・佐藤は、現実の労働時間と希望する労働時間のギャップとワーク・ライフ・コンフリクト[1]を発生させる要因を明らかにし、WLB を実現させるための課題を検討している。

　オランダに関する働き方の研究は前田〔11〕と権丈〔2, 3, 5, 7, 8〕、Lee S〔10〕、Pott-Buter〔14〕がある。前田はオランダにおける働き方の動向を考察し、家庭生活の変化について検討している。オランダではパート労働化・短時間労働が進行し、伝統的な性別役割分業や夫婦フルタイム型の働き方とは異なったオランダ独特のモデルを構築し、農業労働の働き方とも深く関連していることを論

じている。権丈はパートタイム社会オランダの実態を分析し、フルタイム労働とパートタイム労働、均等待遇の実態を明らかにしている。Lee, S はオランダにおける労働時間の分布を他の先進国と比べ、労働時間が分散した形になっていることを示唆している。Pott-Buter はオランダにおける女性就業と家族政策について述べている。

以下では女性農業者を中心に日本とオランダにおける働き方（WLB）の国際比較視点も加味しながら、共生社会の在り方を検討する。

3 働き方とその特徴－2つのパターンについて－
(1) 日本女性の働き方の特徴

女性の就業経歴の展開は、結婚や出産・育児といった家族経歴と密接な関係を持っている、その代表的なパターンにM字型と台形型の2つがある。日本女性の年齢別労働力率（15歳以上人口に占める労働力人口の割合）をグラフに示すと、図19－1のように35歳から40歳台前半をボトムとするM字カーブを描くため、女性労働者の働き方をM字型曲線という。

これは、学校を卒業後就労している女性が、結婚・出産・育児期には退職し、子育てが一段落した45歳台で再び就業する実態を意味している。ヨーロッパでは女性農業者が自らの意思で、自らが望む子育てと農業を両立している台形型が一般的である（図19－2参照）。M字型曲線は、1960年代後半からみられる日本女性の働き方の特徴である。

M字型曲線からみる日本女性の働き方は、女性に家事・育児を負担させるという性別役割分業が根強く残っており、結婚・出産後も働き続けるための条件が整備されていないことを意味している。さらにM字型曲線が示す問題点は、子育て後の再就職はパートタイム就労が多く、正社員に比べると低賃金で、社会保険も保障されず、仕事の内容も単純労働を強いられるなど、労働条件が劣悪であることが挙げられる。近年、M字のボトムが上がってきたが、その要因は、就業経歴を優先する女性の未婚化・晩婚化にある。

図 19−1　年齢階級別労働力率の推移（女性）

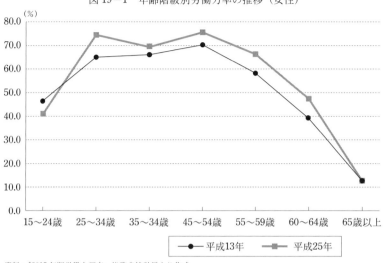

資料：「2015 年版労働力調査」総務省統計局より作成。

図 19−2　年齢階層別別女性の労働力率の国際比較

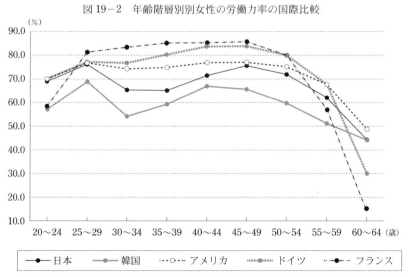

出所：世界の統計 2015 年版

(2) 日本女性農業者の働き方

　日本の女性農業者の働き方は M 字型、台形型等多様である。20 歳代女性の農業従事者は少ないが、30 歳代になると、育児からの解放傾向もあり、2 つの特徴がある。1 つは、「育児中も保育園が預かってくれるから、農業に従事すべきとの考えがある」。かつて農家の嫁は子どもを姑に任せて農業労働に従事した現代的姿ともいえる。この場合、保育園、子育ての社会的支援の充実が必要である。家族や地域の規範に左右されない、自分の意思で子育てと仕事のバランスがとれる働き方が望まれている。他の 1 つの特徴は、「自分の時間の都合をつけて従事する」「農業が好きで従事したい」積極的従事パターンである。家族に農業を担える祖父母、労働力があるか否かで状況が異なる。農業も子育ても両立したいが、難しいと悩む女性が多い。これに対しても、農業技術の指導、働くパターンに応じた保育園機能の充実が望まれている。今までの生産を主とする農業形態から、生産から販売まで自分たちの手で届けたいという思いを実現させるために育児と農業労働を両立させるための支援が求められている。

　女性たちが 6 次産業発展へ貢献し、服従から自立へ・家業から職業としての農業への転換「もの言わぬ嫁」から「もの言う女性」へと変わり地域社会のリードをするようになりつつある。パートタイム農業労働者から専業農業従業者、さらに農業経営者としての専門家への道、専門技術を持った農業者へと飛躍しようとしている。女性農業者は消費者の視点をもち、企業力やネットワーク力も向上させ食育や文化伝承などの面からも女性が地域にもたらす効果は大きい。地産地消による伝統食の保存やスローフード運動への働きは女性のリードによって実現している。

4　オランダ女性農業者の働き方とその特徴

　次に国際比較の視点からオランダを取り上げる。2015 年農林水産省データによるとオランダの国土面積は日本の九州とほぼ同じ大きさで、総面積 415 万ヘクタール（100％）、そのうち農用地は 184 万ヘクタール（44.4％）、耕地は 101 万ヘクタール（24.4％）、永年作物地は 4 万ヘクタール（0.9％）」、永年採草・放牧地は 80 万ヘクタール（19.2％）である。国土の 88.9％、369 万ヘクタールを

農地として利用している。農業経営は先進的であり、日本女性農業者の今後の働き方を示唆できるモデルになるようなWLBが整っている。図19-3は筆者が調査をした対象地域である。オランダにおける人々の働き方については、フルタイム労働とパートタイム労働の選択や労働時間を短縮・延長を選択することが可能な合意がある[2]。また、就業場所に関する選択の自由度も高い。男女ともに仕事と仕事以外の生活のバランスがとりやすい環境にある。オランダでは、労働時間の長さによって時間当たりの賃金や他の労働条件に関して格差はなく、良質な短時間雇用の機会が、広範囲の仕事において存在する。そこで農業労働においても女性が希望する労働時間を選択でき、年代別に合わせた生活の実現が可能となっている。フルタイム労働もパートタイム労働も1つの標準的な働き方と認め、社会保障も均等であり、労働時間を選択する自由度がある。労働者に労働時間を変更する権利が認められており、労働時間の自己決定が可能で、WLBが実現しやすい状況にある。

　子育てに関して、1980年頃まで全面的に母親が担うべきだという意識が強

図19-3　オランダ調査地略図

Copyright(C) T-worldatlas All Rights Reserved.

かった。1991年に育児休業制度が創設され、その後の改正を経て、2009年1月から子どもの両親がそれぞれ約半年間休業できるようになった。オランダの女性就業率は極めて低く、1985年の15歳から64歳の就業率は35.5％、2010年統計では69.4％と女性が労働市場へ進出し始めたのはごく最近のことである。女性の社会進出が進むにつれ、1990年に公的補助が本格的に始まり、4歳未満児の保育サポートが増えた。保育所利用は週に2、3日程度が多く、夫婦がパートタイム労働を組み合わせているため、子どもも保育所をパートタイムで利用する場合が多い。育児休業取得資格が家族に与えられる場合や夫婦のいずれかが取得しても良い場合、結局は女性が育児休暇を取ることとなり、男女の役割分業を固定化してしまうことになる。したがって、男性も育児休暇を取得しやすいように、子どもの両親はそれぞれ一定期間休業ができる個人取得の制度へと変わった。

　オランダにおける人々の働き方は、日本と比較するとパートタイム労働が多く（図19-4）、子育てしやすい労働形態や雇用制度がある[3]。その点オランダはWLBが実現しやすい環境にある。

　オランダ女性農業者の働き方の特徴は、第1に年代による相違では、30歳代

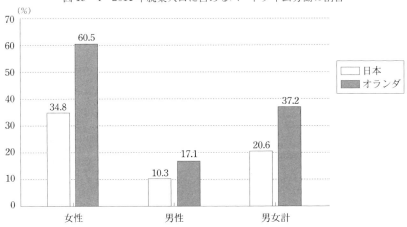

図19-4　2011年就業人口に占めるパートタイム労働の割合

出所：OECD database, データブック国際比較2015年版より作成。

の子育て世代は農繁期・農閑期ともに労働は短時間であるが、子育てをしながら就業している。40歳代でも子どもが幼い場合は、子ども中心の生活を送りながら可能な限り働いている。図19−5 農繁期の生活時間配分、図19−6 農閑期の生活時間配分の事例よりN2の40歳代では子どもが農業経営に参加するようになると農繁期は親子で一緒に仕事をし、農閑期には仕事をせずに余暇に当てている[4]。50歳代の事例では子どもは独立をしているため、対象者は仕事中心の生活をしている。第2に農業に従事しながら、子育て・家庭生活も充実させるために、季節的な雇用労働力を導入していた。従業員は少ないが、機械化・自動化が進んでいるため、アグリツーリズムを楽しみながら働き、農繁期でも子育てをしながら農業に従事している。大規模経営の事例でも、妻は農業外の仕事を主にしている。農繁期に少し手伝う程度で夫婦間の分業が明確であった。第3に仕事と生活のバランスが取れる背景として、夫や家族・親族、一般的な社会支援がある。特に子育て期における働き方は短時間労働であり、子育て支援や家事支援が一般化している。家族経営で多就労の事例では、農繁期と農閑期の仕事量の差は大きい。年間を通してWLBを調整していた(図19−5、19−6)。第4にWLBを取りながら持続的な労働力の提供ができる条件は、高度な機械

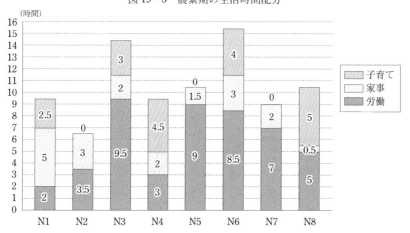

図19−5　農繁期の生活時間配分

208　第6部　文化・共生と開発

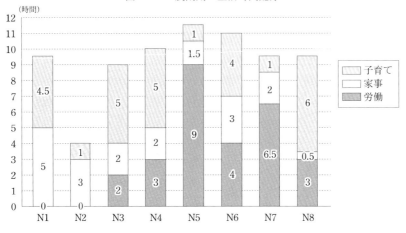

図 19-6　農閑期の生活時間配分

化と代替労働力が背景にある。これらはいずれも会社経営であるため農繁期・農閑期ともにそれほど変わらない仕事量である。持続的な労働力の提供に農業労働における短時間労働の評価が見いだせる。

　オランダ女性農業者の仕事と家庭への時間配分の葛藤は少なく、仕事と生活のバランスについて「意識」はされていなかった。しかし、自分の意思で生活時間を配分していることに一定の満足感を得ていた。WLB が取れる諸条件として、農業の企業化、高度な機械化と雇用労働力の有無が生活時間の配分に関わっている。地域社会をリードする女性農業者たちの多くは WLB をとるために家族・社会支援を得ようとしている。今後は、地域をリードする女性農業者たちの支援が求められる。

5　おわりに－WLB 施策と共生社会推進のために－

　今日、農業・農村はグローバル化、情報化、技術革新などの進展により絶え間ない転換期に直面している。これらの実態から農業・農村にとって女性の役割は重要性を増してきている。多くの女性は主体的に農業経営に関わりたいと前向きに仕事をし、また地域をリードしてきている。女性の家族支援や地域交

流、社会への参画機会の増加、行政の支援などによって、活動の場も拡大傾向にある。

　情報社会、知識社会では、個人や家族の生活のクオリティが高まり、質の高い農産物を求めるようになる。このような中で女性たちはWLBを求め、WLBを認識し、実現できるように時間管理能力と自己管理能力を磨き、プロフェッショナルな農業者としての意識を高めることを望んでいる。

　女性の就業人口が半数を占める農業は、労働力の面で、女性の力を発揮できる成長産業となりうる。農業は自然環境に左右されるが、自然と共に生き、動植物の成長・収穫の喜び、達成感を肌で感じられる生命産業である。自然と人間が共生し、人間と動物が触れ合い、共生する産業である農業は、まさに共生社会づくりの基本、原点である。また、農業は子どもの情操教育面も含めて女性がリードできる活動領域である。働き方が変わってきている現在、人生全体を豊かにするためにWLBの施策が緊急の課題である。特に農業者にとって、WLBの環境を整えることは重要であり、自らが自分の時間をどう設定し、活用していくかが課題である。

　仕事を担いながら能力開発や継続学習ができる社会や環境を整えるワーク・ライフ・バランス施策は、共生社会推進とも重なる。このことは、まさに共生社会を推し進めるエネルギーになっているといえる。

注

1) 1990年代半ば以降、仕事と家庭生活の調和を研究すると共に仕事と生活の葛藤について広く研究されるようになってきた。「Work life Conflict」は働く人すべての課題として問題にする必要が認識されてきた。
2) 1982年ワッセナー合意：政府・労働者・使用者の3者がワークシェアリングに合意している。
3) 短時間労働者の定義は、主たる仕事について通常の労働時間が週30時間未満の者である。
4) 生活時間の配分について仕事や子育てをしながら食事をするなど重なりがみられ必ずしも1日24時間の合計にはならないことがある。これと関連する生活時間図19-5、19-6についても同じである。

参考・引用文献

〔1〕原ひろみ・佐藤博樹 2008「労働時間の現実と希望のギャップからみたワーク・ライフ・コンフリクト－ワーク・ライフ・バランスを実現するために」『季刊家計経済研究』夏号、pp.72-79。

〔2〕権丈英子、シブ・グスタフソン、セシール・ウェッツェルス 2003「オランダ、スウェーデン、イギリス、ドイツにおける典型労働と非典型労働」大沢真知子、スーザン・ハウスマン編『働き方の未来－非典型労働の日米欧比較』日本労働研究機構、pp.222-262。

〔3〕権丈英子 2006b「パートタイム社会オランダ：賃金格差と既婚男女の就業選択」『社会政策学会誌』第 16 号、pp.104-118。

〔4〕権丈英子 2009a「長時間労働とワーク・ライフ・バランスの実態－連合総研「勤労者短観」から」連合総合生活開発研究所『広がるワーク・ライフ・バランス－働きがいのある職場を実現するために』pp.141-163。

〔5〕権丈英子 2010b「パートタイム労働（2）オランダにおけるパートタイム労働」原田順子他『多様化時代の労働』放送大学教育振興会。

〔6〕権丈英子 2011「オランダにおけるワーク・ライフ・バランス－労働時間と就業場所の柔軟性が高い社会」RIETI Discussion Paper Series 11-J-030。

〔7〕Kenjoh, E. 2004 Balancing Work and Family Life in Japan and Four European Countries, Amsterdam: Thela Thesis.

〔8〕Kenjoh, E. 2005 "New Mothers' Employment and Public Policy in the UK, Germany, the Netherlands, Sweden, and Japan," LABOUR, vol.19 (s1), December, 2005, pp.5-45.

〔9〕熊谷苑子 1998「現代日本農村家族の生活時間－経済成長と家族農業経営の危機－」学文社。

〔10〕Lee, S. 2004 "Working hour gaps: Trends and issues," in Messenger, J.C. (ed.)Working time and workers' preferences in industrialized countries: Finding the balance, ILO.

〔11〕前田信彦 2000「仕事と家庭生活の調和－日本・オランダ・アメリカの国際比較」日本労働研究機構 日本労働協会 pp.69-92。

〔12〕中安定子 1992「人間の労働をどう評価するか」農村女性問題研究会編『むらを動かす女性たち』p.42 家の光協会、（社）農山漁村女性・生活活動支援協会。

〔13〕大島綏子 1992「海外における女性農業者の立場」農村情勢問題研究会編『むらを動かす女性たち』pp.203-228、家の光協会、（社）農山漁村女性・生活活動支援協会。

〔14〕Pott-Buter, H. A. 1993 Facts and Fairy Tales about Female Labour, Family and Fertility: A Seven-Country comparison, 1850-1990, Amsterdam: Amsterdam University Press.

〔15〕社団法人全国農業改良普及支援協会 2008「出産・育児期農家夫婦の生活時間－事例調査編」社団法人全国農業改良普及支援協会。

〔16〕堤 美智 2009「女性農業者のワーク・ライフ・バランスに関する実証分析」『2009年度日本農業経済学会論文集』pp.362-369。

〔17〕独立法人 労働政策研究所・研修機構 2015「データブック国際労働比較 2012 年版」富士プリント株式会社。

第20章　健康と社会：わたしたちにできること
－低開発国における健康と人間開発－

園江　満

この偉大な自然の中で病と向かい合えば
神様について　ヒトについて考えるものですね
やはり僕たちの国は残念だけれど何か
大切な処(ところ)で道を間違えたようですね

診療所に集まる人々は病気だけれど
少なくとも心は僕より健康なのですよ

『風に立つライオン』作詞・さだまさし

1　「熱研」との出会い

　僕は、小さなころ祖父の病院裏で動物や植物に囲まれて育ち、それなりに医学にも興味を持っていたけれども、高校では山登りや映画などに走り過ぎて学校の成績は散々だった。
　それでも、高校の先生や周りの人たちが「まぁ、いいか」と見守っていてくれたおかげで、農学系へ進学して開発途上国に関わりたいと思うようになり、一浪して現在教壇に立たせてもらっている大学に入学することができた。そこでは、「拓植学」という国際開発に関わる耳慣れない学問を成り立たせている農学（作物・園芸）・経済学・獣医・畜産学・林学・工学・地理学・開発論・海外事情などの各論を広く学び、幸い得られた奨学金を使って何度か外国への旅行に行って、自分の眼で世界の一部を確かめる機会に恵まれた。
　そうして大学院へ進むことに決めたけれど、やはり高校時代の不勉強がたたって足踏みすることになり、25歳近くなってやっとタイに長期滞在をして語学の勉強を始め、タイ研究の恩師のご支援で当時入国が難しかったラオス訪問

がかなったことで、ようやく僕は本気でこの地域や人々を考える上で必要なことが何かを考えるようになった。とくに、ひと月ばかりを過ごした当時のラオスは、まさに秘境というにふさわしく、その割には後発開発途上国とは思えない豊饒さを湛えた風景と人々の暮らしがあることに感動と驚きを覚えた。

　タイでは、伝統的に仏教寺院がインフォーマルな教育や福祉などの社会的機能を持っていることから、修士課程の2年間は、特にタイ独自の伝統医療のもつ林産資源の利用と保全について研究するうち、「農村開発を進める上では、生きてゆくための食糧生産と、健康であるための医療・保健と、善良であるための教育が揃っていなければならない」との思いが強くなり、あらためて医療に関する勉強への意欲が芽生えた。それは、全体的にみれば、現在の世界では医療・公衆衛生の充実によって死亡率が低下しており、開発途上国では、高人口増加率の下で経済発展を遂げる必要がある。この状況では、死亡率の改善に対する社会的対応の遅れが、人口爆発と従属人口（⇔労働人口：15〜60歳）の増加という社会的負担を伴う人口構造への影響に直結するからであり、教育を通じた子供への社会的資本投下の量的・質的向上によって、人的資源開発による人口増加の悪循環を遮断する必要があると考えられたからだった。

　博士後期課程に進学した年には、国費留学生として秋からラオスへ行くことが決まっていたので、ちょうどその前に行われる長崎大学熱帯医学研究所の3カ月間の熱帯医学研修に入学させてもらい勉強する時間が得られた。そして実は、この「熱研」こそが長崎出身のシンガーソングライターさだまさしさんに冒頭の「風に立つライオン」と、映画化される同名の小説創作のインスピレーションを与えた柴田紘一郎医師が所属していたところなのだった。

　そこでは、僕以外の研修生はみんな医師や看護師といった医療関係者で、技術的にはまったく手におえないこともあったが、経口補水液（ORS、大雑把にいえば「ポカリスエット」）で多くの子どもたちが小児性下痢症によって命を失わずに済むことや、「古タイヤや空き缶の溜り水を片っ端からひっくり返す」ことで、デング熱を媒介する蚊の繁殖を抑えられた[1]実績など、保健・医療事情の改善について「誰にでもできる」ことがあることを学ぶことができた。それに加えて、世界の医療現場で活躍する同志の人と人とのつながりは、後にラオスでの

母子保健プロジェクトを実現させてくれる心強いネットワークになった。

『精霊流し』の歌からは想像できない騒がしさと併せて、うだるような長崎の夏の印象は、今でも僕の地域との関わりの一部を支えてくれているのだ。

2　ラオスでできたこと

留学中のラオスでは、北部を中心に全国の農村を見て回ることができた。当時は、交通事情や移動の制約などのため、地方の詳細情報はラオスの当局者も十分に持っていなかったこともあって、僕が見聞きした村の人びとからの話は、政府高官や当時の駐ラオス日本国大使にも興味を持って聞き入れてもらえた。

その当時、ラオスではJICAが小児を中心とした感染症対策としての拡大予防接種（EPI）プロジェクトを実施しており、天然痘に次ぐ根絶のターゲットであるポリオ（急性灰白髄炎）のワクチンについてはWHO 西太平洋地域事務局（WPRO）を通じて日本の国際ロータリーが支援を行っていた。留学中からの御縁もあり、1998年2月にこのドナーの現地訪問とポリオワクチンの全国一斉投与日（写真20-1）への参加をアレンジさせてもらったが、この事業は、地道なサーベイランス（追跡監視事業）を継続した結果、2000年には西太平洋ポリオ撲

写真20-1　全国一斉投与日のポリオワクチン投与の様子（ヴィエンチャン首都）

滅京都会議においてラオスを含む同地域からの撲滅宣言がなされるに至った。

また、その後 2002 年には再度この国際ロータリーから資金供与の申し出をいただいたため、「熱研」でお世話になった中村安秀先生に相談してこの関連案件を模索した。幸い、当時中村先生の大阪大学の講座にはラオスの医師が助手として在籍していたこともあり、青年海外協力隊員が 1997 年に「ガリ版刷り」で始めたラオス版母子手帳[2]配布のパイロットプログラムを継承する形でこの改訂版を作成・配布することができた（写真 20-2）。2008 年から 11 年にかけては、JOICFP と国連人口基金（UNFPA）によって保健教育強化の技術移転事業が行われ、現在ではラオスにおける医療・保健事情は急速に改善している。

3　わたしたちにできること

ある大学祭で『風に立つライオン』の歌からの着想で企画されたインタビューの中に、薬学部から医学部に進路を変えた国際保健協力が専門の岩本あづさ医師の言葉がある。

写真 20-2　ラオスの母子手帳

「例えば、文化人類学を知っていないとその地域で医療活動ができなかったりしますし、その場所で医療活動をするとき、どこから援助が出ていて、どこの開発機関が関わっていて（中略）自分は専門外だからといってすまされない部分があるので、そうやっていろんな広い分野の人達と協力していく、大変さと面白さがあります」（岩本 2002：150）

　できれば、僕もそんな医療・保健の現場でお邪魔にならない程度に何かできることを見つけていけたらいいと思っているのだ。

　そのような中で、僕が非常勤でラオスの事を講義していたころの学生さんには、留学中に肺結核を患ったつらい経験を経て、あらためて医師になったり、大使館での「草の根無償」担当を経てハンディキャップの人を支援するNPOで活動に携わってきた人たちがおり、地域の実態をよく理解していれば、「少し垣根の高い」医療・保健の分野に直接の専門家としても高い目的意識で参加できることを証明している。

　勿論、専門家でなければ成しえないことはたくさんある。ここ数年で僕が出会った研究者の中でもっとも凄いと思ったのは、京都大学白眉センターの坂本龍太さんだ。詳しいことは、是非とも彼の高著（坂本 2014）を読んでほしいけれど、「国民総幸福の国」ブータンで彼が始めた村の診療所での高齢者の生活習慣病や日常生活の機能低下予防活動は、日々のケアによって幸福な老いを送るものとして、王国の人びとに感謝と感動を持って受け入れられ、国家プロジェクトとして現在に至っている。

　2015年までに達成する目標として策定された、ミレニアム開発目標（MDGs）で積み残された課題としての「ポスト2015年開発アジェンダ」では、女性、子ども、若者、障がい者、紛争地域で苦しむ人々などを含むあらゆる人々を成長に取り込み、開発の恩恵が広く行き渡るような包摂的な成長が求められるとしている。その鍵となるのは、1人ひとりの異なる事情に着目し、人々が恐怖や欠乏から免れ、その可能性を開花させることを目指す「人間の安全保障」（図20-1）であり、その1つである「ユニバーサル・ヘルス・カバレッジ（Universal Health Coverage：UHC）」の実現は、脆弱層を含めた全ての人々が基礎的保健医療サービスを受けられることを目指したものである。

図20−1　「人間の安全保障」の考え方

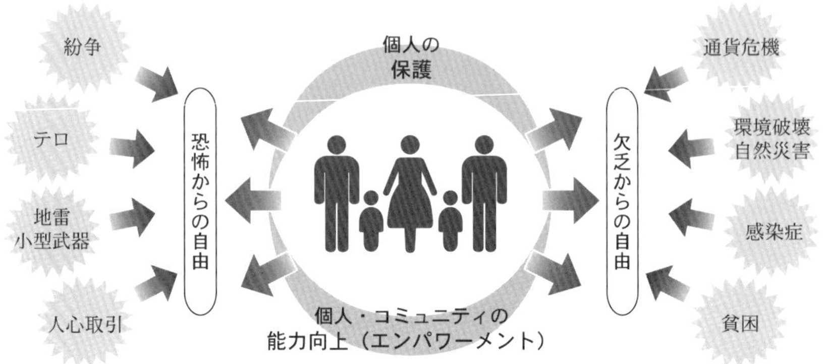

紛争／テロ／地雷・小型武器／人心取引　→　恐怖からの自由

通貨危機／環境破壊・自然災害／感染症／貧困　→　欠乏からの自由

個人の保護

個人・コミュニティの能力向上（エンパワーメント）

人間1人ひとりに着目し、
人々が恐怖や欠乏から免れ尊厳を持って生きることができるよう、
個人の保護と能力強化を通じて、国・社会づくりを進めるという考え方

外務省（2014）

　『風に立つライオン』の冒頭は、東日本大震災直後の石巻でケニアの青年医師がトウモロコシの種を播くシーンと「頑張れ」の言葉が象徴的だけれど、坂本さんの本の帯に松林公蔵・京都大学東南アジア研究所教授が「憧れ・きずな・情熱がつまっている」と言葉を寄せている通り、それぞれが当事者として「関わろうとする気持ち」があれば、ラオスの母子手帳配布プロジェクトのような、小規模な支援・協力でも十分な成果を挙げられるセクターも多数存在している。その源泉となるのは日々の地域理解への絶え間ない努力と細やかな気遣いであり、NGOや保健・医療従事者だけでなく、現場にあるありとあらゆる目線からの小さな積み重ねがあって初めて、UHCはもちろん健康で幸福な地域社会が実現されるのだということを充分に理解しておく必要があるだろう。

注

1) 現在、中南米を中心に流行中のジカ熱（ジカウィルス感染症）の防除にも有効であるとして注目されている。
2) 母子手帳（母子健康手帳）は、1942年に始まる妊産婦手帳制度から日本独自に発達したものであるが、1980年代にインドネシア人医師によって着目されたことで家族計

画国際協力財団 (JOICFP) が英語版を作成し、日本国政府および国際協力事業団 (JICA) が海外での普及を図ったものである。

参考文献

1) 外務省、「2013年版 政府開発援助 (ODA) 白書 日本の国際協力」、2014。(URL：http://www.mofa.go.jp/mofaj/gaiko/oda/shiryo/hakusyo/13_hakusho/honbun/b1/imgs/p005.gif)
2) 岩本あづさ、「国際医療協力の現場から」、第26回宮崎医科大学すずかけ祭医学展ライオン企画 (編)、「風に立つライオン」、不知火書房、2002。
3) さだまさし、風に立つライオン」、幻冬舎、2013。
4) 坂本龍太、「ブータンの小さな診療所」、ナカニシヤ書房、2014。

第7部　開発の実践

　この最後のパートは、国際協力の課題と現在の日本の国際協力の基本姿勢を概説する章に続いて、アジア、アフリカ、ラテンアメリカにおいて実施された開発の実践事例を取り上げている。政府開発援助で行われた大規模な事業から、それより規模の小さな協力事例までが含まれている。ここで取り上げた開発の実践というテーマが、最後のパートだからといって、国際開発学において重要度の低い課題ということでは決してない。真実は全く逆で、開発は実践こそが最も重要であることは誰の目にも明らかである。

　国際地域開発学は、研究と開発実践の間を何度も往復することによって発展し、拡大し、深化する。国際地域開発学は開発の実践なくして完結しないのである。また逆に、開発の実践が国際地域開発学を鍛え、そして豊かにしていく。他方を置き去りにしたもう一方だけの発展はありえず、相互に前進していく関係にあることを理解する必要がある。

　途上国の開発は、一般に開発プロジェクトとして履行される。これまでに世界中で実施された開発プロジェクトはすでに膨大な件数に上るが、プロジェクトヒストリーとして記録されている事業は限られており、まだまだ研究材料の宝庫として眠っているのが現状だ。日本の開発経験がものを言う分野もあれば、そうでない分野もある。開発の実践主体はプロジェクト対象地の人々であるが、開発協力や援助・支援する方は、個人、小グループ、地域団体、学校、大学、研究機関、地方自治体、政府、国際機関、ボランティア、市民団体など、さまざまだ。開発実践の場では常にことを前進させていかねばならず、勇気、決断力、体力、知力が求められるが、最後にものをいうのはステークホルダー（利害関係者）との間の信頼関係である。

第21章　国際協力の課題と日本の姿勢

時田邦浩

1　国際協力の潮流

　開発事業は、トリクル・ダウン理論など経済開発が主流であった1960年代までは工業化が中心であり、先進国からの支援も近代化への取り組みに集中した。しかし、1970年代に入ると途上国が工業化による経済開発を優先するあまり、本来国家が国民を支援すべきである教育や保健衛生といった生活と直結した分野がなおざりにされたため、開発援助の重点が「人間の基礎的必要」(BHN)に置かれるようになった。

　石油危機を経て1980年代に入ると、世界が低成長と不況の時代となり構造調整が推進された。また、参加型開発が大きく取り上げられ、政府開発援助のみならず、NGOなどによる開発支援も盛んとなった。しかし、構造調整の失敗や援助疲れから援助の有効性を高めるために途上国のガバナンス（統治）に注目が集まったのが90年代である。そして途上国間ならびに国内間格差の是正や貧困削減に関心が寄せられ、貧困削減戦略文書を作成してミレニアム開発目標につながってきた。そして2015年には持続可能な開発として、先進国のみならず途上国の役割も明記して開発目標が設定されるに至っている。

2　国際協力の課題

　国際協力の潮流の概要は上述の通りであるが、開発途上国にはそれぞれ異なる歴史、文化、社会があり、発展段階も開発の経路も一様とはならない。

　国際協力の第1の課題は、開発途上国を一括りにして開発支援をしてきたことではないだろうか。その典型と言えるのが、世界銀行が支援を続けていた訓練と訪問による普及システム（Training and Visit : T&V）である。効率的な農業技術普及を目指したが、トップダウンの硬直した仕組みは農民参加が十分ではなく、多くの国で成果を挙げることができなかった。

国際協力の第2の課題は、援助を行うことによる良い結果を期待し、負の影響を見過ごしてきたことではないだろうか。内戦など紛争後の国においては、政府自体が脆弱であるために援助の受容能力が極めて低い状態にある。しかし、復興を目的とした支援は集中することが多いが、相手がその調整をする能力に欠ける場合も少なくない。日本における大地震の被災地においても同様のことがいえる。支援物資はたくさん届けられるが、ニーズと一致していなかったり、重複して無駄になったり、その配分をめぐって混乱が起きるという教訓を得ている。途上国のガバナンスに注目が集められたと同様に、支援する側にも援助の自制や調整に配慮がなされるべきである。

　国際協力の第3の課題は、援助の成果を性急に求めるところではないだろうか。政府開発援助では国民の税金が使われるし、NGOなどは支援者からの会費や寄付金などで成り立っている。その説明責任として、援助がどのように役立っているか成果をもって示したいと思うのは人情であるし、納税者や支援者らもそれを期待している。緊急援助などは目に見える成果を挙げやすい支援形態であり、調整よりも先に現地に入ることが優先されかねない。一方で、農村開発などでは、農村社会のニーズをとらえることから始まり、住民や住民組織のエンパワーメントを経て持続的開発につながるという時間のかかるプロセスが必要とされている。このようにきめの細かい支援では、長い協力期間は必要であるが、目を見張るような大きな成果を出すことは容易でない。したがって規模の大きい援助機関からは敬遠されかねない。

　国際協力の第4の課題は、出口戦略が明確でないためではないか。前項と関連するが、ある支援が始められた場合に、成果を見せていると継続的に第2フェーズ、あるいは協力期間の延長などがなされる。一方で、成果を出せないでいると打ち切りとなることもある。失敗による損益を最小限にとどめるということかもしれないが、パイロット事業だけで終了して普及事業に展開されない場合も多い。本来、成果が挙がれば終了とし、成果が挙がっていなければ延長するべきではなかろうか。このようなことは出口戦略が明確でない手目に繰り返されているように思われる。

　国際協力の第5の課題は、グラントエレメントを高めることが途上国のオー

ナーシップを阻害する要因になっているのではないか。多くのドナーがグラントエレメントの高いことが良いことであると理解しているように思われるが、そのことで途上国の援助機関への依存心を高めてしまっているように思われる。無償でいただけるのであれば、それほど必要性はないがいただいておこうと考えても何ら不思議ではない。一方、借金をして利息を付けて返さなくてはならないということであれば、切実なニーズだけを援助してもらうにとどめるのではないであろうか。切実なニーズであれば、受益者のオーナーシップも高まると思うのだが、いかがであろうか。

　国際協力の第6の課題は、参加型開発が本来の参加によらないことが起きているのではないか。参加型開発が実践され始めてから40年以上になるが、参加型が文字通り型として形骸化しているようにも思われる。ワークショップを開催し、参加者分析を行い、問題分析を行って案件形成をしたにもかかわらず、成果を出せないという報告を耳にする。最終受益者からの聞き取りをしたからといってそれが問題の全てとは限らないし、間違って問題と理解している場合も存在する。現地を知らないファシリテーターのみでワークショップを行うと、現地に精通した専門家が見れば一目瞭然の不必要なことでさえ、ニーズとして取り上げてしまうことが往々にしてある。ワークショップの開催を目的にしてはならない。

　国際協力の第7の課題は、その評価、特に事後評価から新規案件へのフィードバックが十分になされていないのではないか。プロジェクト期間が5年間とすると事後評価が行われるのは案件形成から10年後あたりになる。その頃には、案件の形成に当たって、社会環境の変化や新しい開発課題が存在し、旧案件が陳腐化してしまうことがある。また、援助機関の内部での人事異動はそれよりもはるかに短い周期で進むため、同一人物が1つの案件を見届けることはほとんどない。途上国の政府機関においても人事異動は同様である。ある専門家が同一案件に長くかかわっていると経験が個人に蓄積されるだけで共有されないと言われるが、それでは組織として経験がどれだけ蓄積する体制となっているのであろうか。

3　国際協力における日本の姿勢

「日本は、約 3,300 億ドルの ODA、56 万人の研修員受け入れ、19 万人の専門家やボランティアの派遣を通じ、60 年以上にわたり、国際社会の安定と繁栄に貢献してきました」と安倍総理は 2015 年 9 月に開催された国連サミットにおけるステートメントで述べた。また、2 日後の第 70 回国連総会における一般討論演説ではパレスチナ難民キャンプから逃れた女性がほとんどない荷物の中にキャンプで配布された「母子健康手帳」を大切に携行していたエピソードを交え、「人間の安全保障」が現場で実践されている一端を示した。日本の技術協力による支援は人と人のつながりを重視するきめの細かい協力であると援助機関や一部の途上国指導者の間では理解が進んできているが、日本国内においては十分な理解を得られているとは言い難い。日本国内の不況、国債発行残高が嵩む中では、途上国を支援するより国内の貧窮者を救えという世論は大きい。国際社会の安定と繁栄に貢献してきただけでなく、海外依存度の大きい日本社会を守るために必要不可欠であるというメッセージは日本国民にはなかなか届いていない。

日本が初めて ODA 大綱の閣議決定を行って、内外の理解を深めることによって幅広い支持を得るとともに、援助を一層効果的・効率的に実施するという日本の政府開発援助の姿勢を示したのは 1992 年のことである。援助の基本理念として、人道的考慮、相互依存関係の認識、環境の保全、自助努力の支援、の 4 点を掲げた。また、非軍事支援の原則の背景には、イラクのクウェート侵攻をきっかけに湾岸戦争へと発展したことが挙げられるが、それ以前のイラン革命にまでつながっている。米国はイラン革命によって反米政権が誕生し、隣国のイラクにまで影響が及ぶことを恐れてイラン・イラク紛争ではイラク支援に回り、武器や資金供与などしていた。日本も良好な関係からイラクの経済開発協力として第 1 位の援助をしていた。しかし、米国は湾岸戦争では石油利権を維持するためにイラクを叩く立場をとった。日本は、当時の ODA の年間総額に匹敵する 90 億ドル以上を拠出したが、多国籍軍やクウェートからの評価は低かった。これらの経緯から ODA 大綱では原則的に軍事的用途の回避、支援国の状況により判断という項目が入った。この適用例としては、インドおよび

パキスタンの核実験の実施に対して新規の資金協力を停止する決定がある。

　国際社会の平和と発展に貢献し、これを通じて我が国の安全と繁栄の確保に資することをODAの目的とし、ODAの戦略性、機動性、透明性、効率性を高めるとともに、幅広い国民参加を促進し、我が国のODAに対する内外の理解を深めるため、ODA大綱は2003年に11年ぶりに改定された。これにはODAを取り巻く内外の環境変化が挙げられる。日本のODA拠出額は、国内の経済状況を反映し、1996年に減額に転じ、2001年には世界1位から陥落した。このことからグローバル化する中で多様な問題を呈する国際社会に対応する援助の効率を高めることが求められた。同年、JICAは独立行政法人化されて国際協力機構となったことを機に、成果重視・効率性、透明性・説明責任、国民参加、平和構築支援の4つの柱を重点に改革を進めている。その一端は、新ODA大綱の考え方を中期政策、国別援助計画、分野別イニシアティブ、個々のプロジェクトへと戦略的に反映させることで援助の目的と成果を明確にしたことである。さらに、透明性に関しては、結果重視の観点から一貫した評価を行い、ODA大綱の実施状況については、『政府開発援助（ODA）白書』において明らかにしたことである。しかし、日本の援助の特徴が一番表れているのが基本方針にある「人間の安全保障」の視点である。

　グローバルな視点や地域・国レベルの視点とともに、個々の人間に着目した「人間の安全保障」とは、人間の生存、生活、尊厳に対する貧困、環境破壊、紛争、飢餓、疾病などの脅威から人々を守り、人々の豊かな可能性を実現させるために保護と能力強化を通じて持続可能な個人の自立と社会づくりを促す、人間中心の考え方である。そして「我が国は、人づくりを通じた地域社会の能力強化に向けたODAを実施する。また、紛争時より復興・開発に至るあらゆる段階において、尊厳ある人生を可能ならしめるよう、個人の保護と能力強化のための協力を行う」としている。日本は、1998年から人間の安全保障基金を国際機関に対して拠出し、開発途上国における支援を進めるとともに、国際社会でこの考えが理解促進されるように努めてきた。しかし、基金の活用においては課題も指摘され、国連総会において、人間の安全保障の共通理解に関する総会決議が採択されたのは2012年のことであった。

2015年にはミレニアム開発目標の最終年に当たり、「ポスト2015アジェンダ」として持続可能な開発目標が設定されるという節目を迎えた。日本の開発援助は60年の歴史を積み重ねてきたが、新しい時代に対応するため、ODA大綱は見直されて2015年2月に開発協力大綱として名称変更し、閣議決定された。この名称変更にもあるように、ODAが近年大きく減少した事実から、途上国の開発にとってODA以外の資金・活動の役割が増大していることを認め、民間セクター、NGO、OOF（ODA以外の政府資金）、PKOなどとの連携を推進することとした。しかし、この大綱で最も大きな考え方の変化を示したのは、途上国を対等のパートナーとして協働を進め、共に国際社会の平和、安定、繁栄を目指すことを明確にした点である。

　これまでの大綱を通して一貫していたのは、開発途上国の自助努力に対する協力によって自立発展を促進することであった。欧米の支援ではコンサルタントや大学などが直接支援活動を行う方法を取ることが多いが、日本は一貫して派遣専門家がカウンターパートとの協働によって支援活動を行うという特徴がある。2015年までに累計で56万人の研修員を受け入れ、19万人の専門家やボランティアの派遣を通じ、人づくりを進めることで自助努力の促進と自立的発展の基礎を築いてきた。人間の安全保障と併せて、この自助努力支援が日本の援助の姿勢といえる。

引用文献
外務省、第70回国連総会における阿部総理大臣一般討論演説、2015。
　http://www.mofa.go.jp/mofaj/fp/unp_a/page4_001404.html
外務省、「持続可能な開発のための2030アジェンダ」を採択する国連サミット阿部総理ステートメント（日本語（PDF）、2015。
　http://www.mofa.go.jp/mofaj/ic/gic/page3_001387.html
外務省、開発協力大綱　全文（日本語（PDF））、2015。
　http://www.mofa.go.jp/mofaj/gaiko/oda/seisaku/taikou_201502.html

第22章　人間の安全保障を目指した農業・農村開発
－カンボジアにおける協力事例－

時田邦浩

1　はじめに

　国連暫定統治機構（UNTAC）が入り、国際的監視下で最初の自由総選挙が1993年にカンボジアで行われた。2003年には閣僚人事が進まず、選挙後1年たってから新閣僚が発表されることもあったが、フンセン首相の政権は安定しており順調に復興から発展へと進んできているように思われる。経済特区の導入やインフラ整備が進み、経済成長の伸びは著しい。カンボジア政府は、貧困削減を政治・社会的秩序安定のための前提条件ととらえ、積極的に取り組む姿勢を見せてはいる。その支援のため、国際機関やNGOが入り、数多くの貧困対策プロジェクトが地方でも展開されている。しかし、都市部と農村部の格差、あるいは農村社会内部での貧富の格差は拡大しているように思える。急速な復興支援のプロセスは、経済成長の陰で農村社会に負のインパクトを与えたのではないか、という疑問が残る。

　上述のような現場での現状を見ると日本が先導して進めてきた「人間の安全保障」の理念を国際協力の現場で実践することが重要となる。カンボジア王国バッタンバン農業生産性強化計画（BAPEP）は2003年に開始されたが、農村社会の実情に合わせて人間の安全保障を実現させようとした先進的な事例である。

2　プロジェクトの背景

　プロジェクトサイトは、首都プノンペンから北西約300km離れたバッタンバンにあり、一帯はトンレサップ湖西側平野に位置した穀倉地帯である。デルヴェール（2002）は1950年代の状況を著し、バッタンバンは肥沃な土地で籾の単収は3t/haに達するところがあるとしている。1960年代には「日本カンボジア友好農業技術センター」という技術協力プロジェクトが実施されたが、内戦

の拡大に伴い中断されてしまった。カンボジア政府はこのセンターを再活用して農業技術の改善と農家への技術普及を目的としたプロジェクトの要請をしてきた。事前調査団を派遣して協議を進めた結果、同センターに対する協力は実施するという判断には至らず、短期調査によってカンボジア側から示された農民参加によるコンピンプイ地区の農業生産性の向上と生計の安定を目的とした代替案に対し協力することになった。

　カンボジアでは、2000 年には人口の約 8 割が農林水産業に従事し、GDP に占める農業の割合は約 4 割である。最大の作物生産である稲作は、作付面積 270 万 ha の 85％を稲作が占めているが、灌漑水稲作はその 7％に過ぎない（荒木、2006）。このようなマクロデータはある程度蓄積されていたが、対象地域の農民の抱える問題点は皆無であった。そのため、プロジェクト開始前の調査団は参加型ワークショップを開催するとともに農村迅速調査（RRA）を実施した。しかし、プロジェクトの具体的な活動を計画するためには十分ではないために、カウンターパートと共同作業で地域の問題を詳細に把握してプロジェクトで取り組むべき課題を整理することを目的として、ベースライン調査をプロジェクト活動に組み込んだ。

　この調査結果から、村民の生活の脆弱さが浮き彫りとなった（囲み 22-1）。穀倉地帯にありながら、回答した 284 戸のうち 85 戸が 2002 年を通して、収穫前の 11 月には 172 戸が食料不足であった。エンゲル係数が 80％を超している世帯もあり、年間平均支出の 878US ドルのうち 39％を食費が占めた（BAPEP, 2003）。疾病については、子どもの罹患が多く、デング熱で 74 例、腸チフスが 58 例あり、平均医療支出は 122US ドルに達していた。農業収入だけで対応できない世帯は出稼ぎによって生活を支えざるを得ず、平均農外収入は 250US ドルに及んでいた。また、対象となる村ごとの特徴とともに、農業に関する問題点を明らかにした。さらに、土地なし農民と灌漑受益地の農民との支援や情報へのアクセスの差が認められた。当初計画の灌漑地における生産性向上を目的とすると貧富の格差拡大につながる可能性の高いことが示唆された。このことから生産の多様化や各種の農民組織強化によって灌漑受益地以外を含む村単位を支援対象として拡大することとした。

囲み 22−1　村民の生活状況

　タ・クリューム村に住む耳に障害のある 65 歳の女性は 70 歳の夫と 13 歳の孫と一緒に暮らしている。灌漑事業区の近くに住みながら農地を所有していないし、農業労働者として仕事を得ることも高齢で難しい。息子が 1 人いるが現金収入を求めてタイ国境へ出稼ぎに行っており、その収入に頼らざるを得ない。2002 年は深刻な食料不足となり、月に 9 万リエル（約 22.5 米ドル）が食費として使われ、エンゲル係数は 80％ を超した。親類からは 1 万 5,000 リエルの支援が得られただけで、残りは小さな裏庭で作られる野菜と放し飼いの鶏に頼っている。夫は水路に仕掛けを置いて漁をするがわずかな小魚が足しとなっているに過ぎない。誰かが病気にかかれば窮地に陥ることは明らかだ。生活費と孫の学費を稼いで息子が帰ってくることを祈っている。

　スレイさんは 7 ha の水田を所有する農家で、8 人兄弟の 3 番目の娘として 1954 年に生まれた。ポルポト時代に強制的に転居させられていたが、ベトナムが入った 1979 年に結婚し 1ha の水田が与えられるという居住者の少ない村で新しい生活を始めた。最初の 4〜5 年は農具が少しある程度で財産と呼べるような代物はなかったが、やっと牛車を手に入れた。そして、自転車、かまど、テレビなどが買えるようになった。新たに 1ha を開田し、水稲作以外にも緑豆や落花生を作り、ついに灌漑田 5ha、畑地 2ha を所有するまでになった。この夫婦はあるプロジェクトの研修を受けて技術向上を図り、NGO の材料支援による井戸建設の益を受けてきている。そして 2 年前には念願の立派な家を立てることができた。スレイさんは、さらに 2 期作を進め、水田への近道となる橋を水路の上にかけたり、モーターバイクを買ったりすることを夢見ている。

　この 2 つの家族は同じ農村地域に住みながら、悪循環と好循環の差を顕著に示している。ベースライン調査の結果では、バッタンバンという穀倉地帯の中の農村でありながら年間を通じて食料不足に陥っている家庭が約 3 割もある。バッタンバンの最近 4 年間の降雨量は平年の約 1,300mm を下回る年が続いている。2004 年における降雨量は 955mm となり、平年を大きく下回った。特に生育期後半に雨が少なく、稲の旱魃被害は大きく広がった。図 22−1 に示されるように、最近の 5 年間の月別降水パターンの変化は大きく、水稲栽培に大きな影響を与えることが分かる。このように天水に頼る不安定な水稲栽培条件では、安定した収量を上げることは容易ではない。一方、腸チフスやデング熱にかかった子供がいる家庭も 2〜3 割を占めている。家族の一員が病気になれば、農業労働力が減ってしまう。体力が低下している場合が多く、点滴、投薬で出費がかさみ 2 重の苦しみとなる。さらに手術入院ともなれば田畑を売却したり、親戚・友人あるいは高利貸しからの借金を抱えたりすることになる。常に貧困と隣りあわせという農村生活の脆弱さを垣間見る結果である。

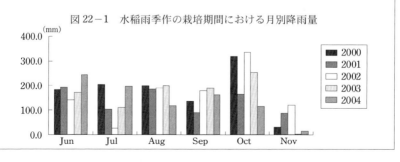

図 22−1　水稲雨季作の栽培期間における月別降雨量

3 プロジェクトのフレームワークと主要活動

表22-1にBAPEPの概要を示した。主な成果・活動として4つあるが、最初の活動はベースライン調査であるが、加えて関係機関の強化と人材育成を含めた。ここでは、タイ国スリン州への研修旅行を実施し、ラジャマンガラ大学と州農業局が協定を結んで活動を進めることとなった。フィリピンへの灌漑農業に関する技術交換では、その研修成果を中央政府で報告し、農林水産省と水資源気象相との合同による戦略作りに役立てている。バッタンバン農業・農村ネットワークの活動にはNGO、精米業者なども加わり、「儲かる稲作」セミナーや「国際コメ年2004」などのイベント開催を通じて対象地以外の住民の参加を啓発している。以下に主要活動について述べる。

表22-1 BAPEPプロジェクトの概要

プロジェクト名	バッタンバン農業生産性強化計画
対象地域	バッタンバン州コンピンプイ地域 （灌漑受益地2,850haを含む、3コミューン10カ村）
協力期間	2003年4月1日～2006年3月31日
責任機関	農林水産省、実施機関：バッタンバン州農業局
プロジェクト目標	農民の積極的参加を通じてコンピンプイ地域の協力農家の農業生産性向上と生計の安定
成果と活動：	1）対象地域の現状が把握される 2）稲生産技術が改善される 3）協力農家の農産物の営農体系が改善される（多角化を含む） 4）農民グループの活動が促進される（水利組合組織強化と農村女性エンパワメント）
日本側投入：	1）専門家：長期合計4名、総括/営農、業務調整・研修、栽培・農業普及、農民組織・参加型開発。他に短期専門家として、農村社会経済、灌漑、農産物流通、など 2）本邦研修受け入れ：農業・農村開発関連で4名 3）供与機材：車両、農業機械、発電装置、実験機材、など約2,000万円 4）基盤整備：農業開発センター、試験場の改修、堰建設費の一部、など約1,000万円 5）現地活動費の一部負担：傭人費、人材養成確保手当、消耗品、など
カンボジア側投入：	1）カウンターパート（バッタンバン州農業局から6名、州水資源気象局から1名） 2）農業開発センター、試験場の施設及び試験圃場 3）光熱費（電気、水道）、維持管理費の一部

（1）稲生産技術の強化

　カンボジアにおける稲作の歴史は古く、ポルポト時代には浮稲が禁止されたこともあるが、稲作技術には持続性はあると考えられる。しかし、グローバル化する経済の下、WTOへの加盟など新しい環境変化があり、コメの生産流通政策は見直す必要に迫られている。カンボジアのコメ生産性は低いが、同時に赤米などの異品種が混じることが多く、品質の低い状況にある。したがって、プロジェクトでは収量の増大ともに品質の改善を図ることが求められた。農業開発センターでは20品種以上を比較試験して展示し、地域に適した品種選定を行うために農民参加で品種の評価を収穫期、収量性、食味など実施し、選考している。農民参加の選考結果を踏まえ、農業局としても推奨できる品種を最終選定して種子の増殖を行い、普及している。

　具体的には、優良種子利用グループ（写真22-1）を形成し、そのメンバーの中から種子生産農家を選んで優良種子を近隣農家に提供するシステムを推進している。栽培技術の向上のため利用グループに対してはFFSを開催した結果、前年の2.8t/haから2004年の雨季作には4.2t/haの単収を得ることができた。そ

写真22-1　試験圃場で種子生産グループへの研修

の主要因は、推薦された品質の良い種子の使用、効率的な灌漑、改善された栽培管理、などである。また、農家が精米業者を訪問し、市場ではどのようなコメ品質が求められているか、どのような順で評価されるかなどの情報を得る機会を与えた。その結果、精米業者と農家との直接交渉ができるようになり、利用グループの農家は精米業者と契約を交わして一般価格よりも割高で販売できるようになった。

(2) 営農体系の改善

対象地域ではコメ生産に比べ、ほかの作目の生産は活発とは言えない。政府は家庭の食料生産の安定化のために作物の多様化を進めているが、地域でこれまで生産されたことのないものを導入することは容易ではない。ベースライン調査と市場調査の結果に基づいて各村落に適した生産物を選定し、その普及に当たっては協力農家を発掘し、その栽培法の改善を行った。さらに収益性を確保するため、営農システムとしてモデル農家（写真22-2）を選定して営農モデルを示した。農家自身にSWOT分析をしてもらい、その結果に基づいて将来目

写真22-2 モデル農家の栽培技術を説明する普及員

標を設定し、資源、労働力、収益性、リスクなどを考慮して計画づくりを支援した。

協力農家をモニタリングすると、計画とは異なり、灌漑水の不足、病害虫の発生、農家自身の罹患など予測できない障害も数多く発生し、作付けが急遽変更されることも頻繁に起きた。この地域でコメについでよく生産されているのがラッカセイである。BAPEPが生産地域で調査したとき、作期の異なる種子の混同、栽培密度の大きさ、病気の発生などが観察された。これらの障害に対する改善方法を提供するとともに、農業センターで展示することで技術的信用を得られた。そのため、農家圃場における試験にも協力的となり、収量も上がった。この協力農家の収穫時期には隣村の農民が訪問して栽培に関する意見交換を行って、その技術を導入している。

灌漑受益地に土地をあまり持たない村落で養豚と養鶏を振興するために、村に存在する畜産振興員 (Village Livestock Agents : VLA) に対する指導者リフレッシュ研修をバッタンバン農業農村ネットワーク (BARN) のメンバーであるNGOに委託して実施した。参加した何人かは、畜舎や鶏舎を立て、配合飼料作成を始めたりするなど近隣畜産農家のモデルとなっている。また、何人かは近隣農家に対して研修を実施している。養鶏や養豚は家庭にいる女性にも飼育可能であるため女性の参加者が多い。

(3) 水利組合強化および農村女性エンパワーメント

BAPEPが活動を始めた2003年には水利組合 (Farmer Water User Community : FWUC) が設立されていたが、受益地全体に組織されておらず、十分機能していたわけではなかった。灌漑施設を調査したところ、基本的な問題点を持つ部分がいくつか判明した。水利組合の分担として、4次水路（実質的には3次水路）は受益者が土地を提供して建設することになっていた。これに対して国連食料計画 (WFP) がFood for Work (FFW) と称するプログラムで支援をすることになっていたが、地権者が土地提供を拒むところも少なくなかった。その水路にしても分水工施設が含まれておらず、単に水路が掘られるに過ぎなかったためBAPEPではコンクリートパイプを水利組合とのコスト負担によって設置を進

めた。水管理を改善するに当たり、州水資源気象局と水利組合ならびに BAPEP とで協議し、水利組合もコスト負担することを条件に、幹線水路に堰を設置し、さらに水利組合が圃場水路を建設するというモデル地区（写真22-3）を2カ所設置することで合意した。2004年には配水状況を水利組合員がモニタリングし、圃場水路の有用性を理解した。また、それにともなって実施された測量結果から組合員ごとの受益面積が明確になったことで、公平感が高まったとともに灌漑の有益性が明白であったことから他の地域に比べ水利費の徴収も円滑に進められた。さらに、配水計画を含む幹線水管理は州水資源局の責任であり、水利組合が水管理の改善あるいは灌漑施設改善の提案をするときには、州水資源局の役割として技術的支援は不可欠である。

コンピンプイの水利組合役員らはその役割が不明確なため、正しい情報を同時に広めることができていなかった。水利組合役員が他地域のモデル水利組合を訪問することを支援して学び、考える機会を提供してきた。さらに、組合の取り決めを水利組合の掲示板を設置して掲示することで周知させたり、水利組合に年間計画のワークショップを開催したりすることで村での情報開示を進めた。それ以上に重要なことは、徴収された水利費がどれだけあって何に使われ

写真22-3　水路のメンテナンスを行う水利組合員

たかを明らかにできるような透明性の高い会計を指導してきたことである。さらに、地域の権威の支援を得ることで、水利組合員間の紛争の発生を未然に防ぐように、あるいは小さくするように努めた。

日本から生活改善の調査団がプロジェクトを訪問したときに、生活改良普及員によるパパイヤを用いた加工実演をしていただく機会があり、多くの参加者からもっと学びたいという高い関心が示された。これを受けて、プロジェクトでは食品加工の女性グループ作りを呼びかけ、いくつかの村で食品加工講習会を開いた。この講習会では、ニーズを調査するとともにグループをまとめられそうなリーダーの候補者を見つける機会とした。女性が表に出るに当たり、家族に目に見える形でグループ活動の有益性を見せる必要があり、そのためには加工技術の向上は不可欠であった。

さらに、グループのリーダー向けに研修を実施して技術の向上とメニューの多様化などに取り組んだ。一部のグループには販売をしようという動きも出始め、衛生的な生産や包装技術なども学ぶ機会を持った。ほとんどのグループが、現地にある材料を用いた自家消費のための加工品作りや販売目的としたスポンジケーキ作りのため、月1回の定期的集会（写真22-4）をするようになった。いくつかのグループでは材料費に当てるため参加費を徴収するようになってきている。これは、参加メンバーがその有用性を認識し始めているということであり、グループ活動の持続性の現れと判断できる。さらに一部には、貯蓄に関心を示すグループまで出てきている。村の有力者も招いて加工食品コンテテストを開催したときには、直売会をすることで、村での存在感が高まるとともに自信をつける絶好の機会となった。

4　プロジェクト活動からの学び
（1）農村社会内の不公平感を減らす
水利組合活動を支援する中で組合員相互の不信感が大きな弊害となった。中央省庁による水利組合研修がマニュアルを棒読みするだけで、研修に参加すると参加手当が支給されるという状況があった。公聴会でも事業計画を対象地域の全員に説明し、意見を聞いてから実施されるわけではない。水利費の徴収率

写真22-4　女性グループによる食品加工研修

が5割程度では「半分の人が払わないで済むのであれば自分も次からは払わない」と考えても仕方あるまい。

　プロジェクトでは、まず会計の透明性を高める方法を水利組合役員に検討してもらった。また、情報伝達を確実に行うこと、そして同じ情報を同時にアクセスできるように工夫し、掲示板の設置と支線ごとの連絡網を作った。また、特殊事情として水利組合長（読経がうまく村民からも一定の評価を受けていた）が若手であったことから村長などリーダー格と同様に権威づけすることで発言力を高めた。これによって水利組合が組織として内部の紛争解決や紛争予防を行う基盤が整った。

(2) 社会的弱者に焦点を当てた技術支援

　援助機関や政府機関は、より良い結果を早い段階で得たいと考える。そのため、安易な考えから、簡単に結果の出せるところや結果の目につきやすいところを対象として選びかねない。この成果を求める姿勢は、最貧困層などの社会的弱者を協力の対象から外す危険性がある。農業技術の場合でも、経済的に豊

かで技術経験を持つ農家ほど改良技術を受け入れやすく、支援の対象が先進農家に集中しやすい現状がある。

　社会的格差の是正をするために最貧困層に焦点を当てるという考えは正しいが、一方で、より多くの支援をより弱者に届けることは現実的に困難である。ましてやカンボジアのように普及員が農家を訪問して直接指導するという方法は、コスト面でも効率面でも無理がある。このような条件下で、最貧困層の農家に対する支援が届くようにするには貧困層を含む農家をグループ化して「農家から農家へ」という方法が現実的といえる。資源の乏しい農家は研修に参加したり個人で普及員に接したりして適正技術を実践することは容易ではない。そのため、農家が改良技術を受けやすくするには、先進農家を含むグループに入って力をつけるステップが役立つ。グループの一員である近隣農家が実利を挙げているところから学ぶことが効率的でかつ有益と考えられる。さらに、グループ間の相互訪問で培われた技術を学びあうことで相乗効果も期待できる。

(3) 切実ニーズと憧れニーズ

　援助機関が農村部で支援を行うと表明した時に、仮にそれが全く必要としないものであっても、「ただでくれるのであればいただいておこうか」と受け入れる村がほとんどであろう。援助機関が来ると、援助をしたがっているのであるから、憧れニーズからのショッピングリストを提示するかもしれない。農家が援助機関に、肥料が高いので買えないと言えば肥料配布が行われるとしたら、自ら現金購入を躊躇してしまうのではなかろうか。援助慣れという言葉は受益者を悪者扱いしているが、援助する側にも問題がある。農家を研修するのにTシャツや帽子を配り、挙句の果てに食事や交通費を出すようなNGOや国際機関も少なくない。これでは自助努力を引き出すことはできない。

　BAPEPでは水路整備をするにも労働負担だけでなく、資機材の部分負担を水利組合に求めた。堰の改修に当たっては半額程度を水利費収入から充当することを決定し、業者に支払った。切実ニーズであれば最終受益者に応分の負担を求めることは十分可能であるし、技術支援だけを行って全額負担とすることも必要な場合もあろう。当事者意識を持ってもらうためには、たとえ一部でもコ

スト負担を求める姿勢が重要である。当事者意識があれば、それ以降必要となる維持管理費についても自己負担しつつ、大切に使用されることであろう。

(4) 実施機関のプロジェクト運営能力

農村地域を対象とする農村開発プロジェクトは、特殊な場合を除いて、地方で実施されることが多い。カンボジアの農業プロジェクトであれば農林水産省あるいは州の農業局が実施機関となってほとんどのサブセクターをカバーして運営できるであろう。では、農村開発プロジェクトの場合はどうなるであろう。1つには、中央省庁では村落単位のプロジェクトの実施は困難である。もう1つは、たとえ県レベルの地方自治体といえども農業局のように1つの専門部局では農村開発に求められるセクターをカバーすることはできない。知事や市長といったリーダーシップの利く仕組みを持つところが担当するほかない。

そのような仕組みがないところでプロジェクトを実施するのであれば、仕組みができるのを待って開始するか、外部者が移管戦略を立てたうえで代役を務めながら進めることになろう。

(5) 農村地域の貧困は農業開発だけでは救えない

農業は、農村部において最重要経済活動であり、農業セクターが牽引役ともいえよう。したがって農業開発に期待される部分は大きい。一方で、農業技術の協力対象を最貧困層に焦点を当てることは重要であるが、援助の受容能力も低く保護することが優先されることもある。つまり、農業だけで農村地域の貧困を救うことには無理がある。たとえ参加型農業開発を実施したとしても、住民参加が形だけになってしまうと人間の安全保障を目指しながら貧困格差を拡大する結果となる懸念が生じる。そのような場合には、セーフティーネットが有用である。農業以外にも保健衛生や教育といった貧困削減に対してより大きな貢献を期待できるセクターも存在する。前述のように複数のセクターにわたって援助を実施するには受け入れ側の能力も要求される。これらを当事者として受け入れられなくては自立的発展を望むことはできないので、自立を目指すにはエンパワーメントが不可欠である。

5　おわりに

　ベースライン調査から保守的と思われた農村地域においても村民の転出・転入が繰り返されていることが分かった。現金収入のために国外に出て仕送りをするものも少なくない。グローバル化が進み、非常に流動的な環境下にあって農村部における開発協力プロジェクトは、計画段階からエンパワーメントを意識して取り組む必要がある。貧困層が多い地域では農村開発を進めるにはリーダーシップを発揮できる人材が不可欠であるが、そのような人材が手薄ということも少なくない。自立的な活動を視野にキャパシティ・ビルディングの要素を含んだプロジェクトが望まれている。若手の水利組合長はフィリピン研修の後で「自分たちの水利組合はまだ生まれたばかりの子供である。経験を積んで自立できるようにしたい」と歩き始めた長い道のりについて述べている。自由と自立を求めて自ら活動を生む人々とともにより良い明日を考えたい。

参考文献

荒木康紀、「カンボジアの農林業の現状と課題」、「国際農林業協力」第29巻2号、国際農林業協力・交流協会、2006、pp.41-51。

デルヴェール、石沢良昭監修・及川浩吉訳、「カンボジアの農民－自然・社会・文化－」、風響社、2002。

BAPEP, Baseline survey report, 2003.

引用文献

時田邦浩、カンボジア王国バッタンバン農業生産性強化計画－人間の安全保障をめざした農業・農村開発－、Expert Bulletin for International Cooperation of Agriculture and Forestry, Vol.1, No.3、国際農林業協力・交流協会、2006、pp.24-40。

第23章　国際協力
－西アフリカにおける野菜普及のための草の根的アプローチ－

倉内伸幸

1　西アフリカの農業環境と食文化

　西アフリカはサハラ砂漠以南からギニア湾の赤道帯までの地域である。砂漠地帯では年間降水量が100mm以下に対し、赤道に近づくほど降水量は増加し、熱帯雨林気候帯では3,000mmを超す地域もある。また、サヘル気候帯やサバンナ気候帯は乾季と雨季が明瞭に区分され、4カ月程度の雨季にしか雨が降らないのに対し、熱帯雨林気候帯では1年を通して降雨がある。降水量や降雨パターンが限定されると、栽培できる作物は限定される（図23-1）。砂漠気候帯では、オアシス以外は農業ができない。サヘル気候帯～サバンナ気候帯では、トウモロコシやイネは栽培できないので、乾燥に強いトウジンビエやモロコシ（ソル

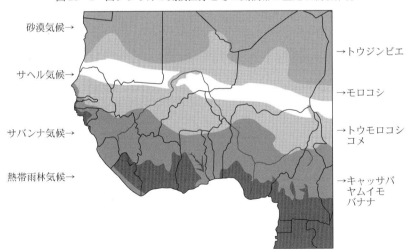

図23-1　西アフリカの気候区分とその気候帯の主たる栽培作物

ガム)しか栽培できない。年間を通して降水が見込める低緯度地帯の熱帯雨林気候帯では、収穫時期が限定されない澱粉作物であるキャッサバ、ヤムイモ、料理用バナナが栽培されている。したがって、栽培される作物が違う地域は主食作物も違っており、異なる食文化が成立している。

　アフリカの食は主食と副食で構成される。主食と副食は区分されるが、別々に供されるわけではない。主食の原料は農業環境に規定されており、穀物のうちトウジンビエ、モロコシ、トウモロコシはいずれも製粉され熱湯でこねてだんご状にする。コメだけは製粉せずに炊かれる。澱粉作物のキャッサバ、ヤム、料理用バナナもギニアサバンナから熱帯雨林帯でよく食べられている。澱粉作物は、加熱後について餅状にしたりするために、よくかみ砕くことを一般にしない(写真23-1)。穀類にせよイモ類にせよ、それら主食と同じ皿にさまざまな具の入ったソースをかける形が多い。

　ソースの味付けは基本的には塩、トウガラシ、ニンニク、ショウガを中心にしたシンプルなものが多い。トウガラシを使った料理が多いが、アジアのタイ料理やインド料理などに比べてスパイスは多用しない。しかし、タマリンド、パルキアなどを発酵させた調味料をベースに、バオバブの葉などの酸味とアブラヤシやラッカセイの油のコクが加えてあり、奥行きの深い味付けになっている。このソースの食材は、魚、肉、ササゲなどが主であるが、野菜はほとんど

写真23-1　右：Yassa と呼ばれるソースかけごはん(セネガル)、
　　　　　左：Fufu と呼ばれる杵で搗かれたヤムイモ料理(コートジボワール)

入っていない。わずかに使われる野菜は、トマト、タマネギ、ナスといった外来野菜も利用されるが、ほとんどは、オクラ、バオバブ、ローゼル、ヒユ、モロヘイヤなどアフリカ大陸固有の植物である。

　西アフリカのなかでも慢性的に食糧不足が生じているのは、サヘル気候帯とサバンナ気候帯の地域である。これらの地域は、4カ月しかない雨季に主食作物を栽培することに労働力のほとんどを割く。よって野菜のような副次的作物の栽培はあまり行われない。日本のように1年中店頭に生鮮野菜が並ぶことは首都の大型スーパー以外ではあり得ないのである。栽培に水を多く必要とする野菜は、乾季には井戸水を利用してわずかに栽培されるだけである。雨季に経済的野菜栽培が行われるが、それらはカットした後、天日干しされる。乾燥された野菜は長期保存が可能で、長距離輸送にも耐える。西アフリカの多くの人びとは生鮮野菜を食べる習慣がなく、野菜はソースに入れて食べるものと考えられているのである。とはいえ、近年の情報や教育の普及により栄養バランスを取る必要性は認識されつつある。しかし、野菜や野菜の種子を購入する経済的余裕はない。そこで、未利用の野菜資源の探索を検討した。

2　エンサイとは

　エンサイ（英名 Water convolvulus, 学名 *Ipomoea aquatica*）は、東南アジア起源と推定されているヒルガオ科の野菜である。東南アジア全域で栽培されており、熱帯、亜熱帯の水生、半水生の草本性永年生植物で、長い柔らかな茎葉を食用としている。種子繁殖も可能だが、サツマイモの栽培と同様に、茎を地中に挿せば容易に生長する。また、茎葉部を地表より上で切るようにすれば、残りの節から二次的に茎葉部が生長し何度でも収穫できる。一方エンサイは水田や水路、湖などでも生育できることから、富栄養化した湖などから窒素やリン酸などを吸収し水質浄化することができる植物としても知られている。繁殖力が非常に強い植物なので、水、温度、養分さえあればどこでも生育する。東南アジアでは、水田や水路で栽培されるエンサイを多くみることができるが、しばしば、川岸や水路脇に自生しているエンサイをみることができる。これは、栽培型エンサイが野生化したものの他に、自生型エンサイが繁殖している場合もあ

写真 23-2　水路で栽培され、市場で売られている
栽培型エンサイと自生型エンサイ（タイ）

る。栽培型エンサイは、茎の色が緑だが、自生型エンサイは茎の色が紫を呈しているので容易に判別できる。自生型エンサイが栽培型エンサイの祖先野生種といわれているが、分子生物学的レベルではまだ解明されていない。タイやベトナムの市場では栽培型エンサイと自生型エンサイが、別々あるいは混在して売られている（写真23-2）。自生型エンサイも食用可能なのである。

3　アフリカにおける自生型エンサイの探索

　植物学の文献を調べてみると、アフリカで野生植物として自生しているエンサイは、カメルーン、ナイジェリア、コートジボワール、ガーナ、ブルキナファソ、セネガル、シエラレオネ、ガンビアの記録がある。1999年より2007年にかけて筆者が調査したところ、ナイジェリア、コートジボワール、セネガル、ブルキナファソ、ニジェール、ウガンダで自生が確認された。このうち、ブルキナファソで食用が確認された。エンサイの茎葉はポリフェノールを多く含んでおり、加熱すると粘りがでる。西アフリカの人びとが好んで利用するバオバブの葉やオクラも粘りを含む野菜であり、エンサイは西アフリカの人びとの嗜好に適している（写真23-3）。

写真 23-3　左：自生型エンサイを採取する農民、
　　　　　　右：エンサイのソース（ブルキナファソ）

4　西アフリカにおける食用資源としてのエンサイの利点と欠点

西アフリカで自生および一部で食用が確認されたエンサイについて、現地で普及させるための利点と欠点について以下に記す。

(1) 利点
- 地域在来資源である（在来植生撹乱防止）
- 栄養繁殖が可能である（種子購入の必要なし）
- 周年栽培が可能（労働力の競合なし）
- 機械の投入がいらない
- 栽培が容易で複数回収穫できる
- 食文化として受け入れられている（ブルキナファソ）
- 栄養価に優れている
- 茎葉部の乾燥による長期保存・輸送が可能

(2) 欠点
- 水分要求性が高い（乾燥地での栽培不可）
- 未利用国における栽培普及方法の確立
- 食用野菜としての認識の普及
- 料理法の普及

5　エンサイ普及のための協力隊活動例

　これまで、食用資源としてのエンサイについてその有用性を述べてきた。それでは、どのようにして普及させればよいのか？　エンサイの普及のためには、技術協力プロジェクトなどの大規模な資金や設備投資は必要ない。草の根的な方法で進めるのが最善なので、青年海外協力隊員に託すことが最も妥当であると考えた。ただし、青年海外協力隊はそれぞれ専門性をもって特定の職種で派遣される。食用資源としてのエンサイの普及のためには、単に栽培技術の伝達だけでは根付かない。欠点として記述したように、自生しているエンサイを多くの農民は、雑草または家畜の餌ととらえている。食用野菜として理解してもらうためにはとらえ方を変えてもらわなければならない。また、栄養価が高いなどの付加価値を知ってもらえば利用しやすくなるであろう。そこで、以下の職種の隊員による組織的啓蒙活動を提案した。

・野菜隊員による技術普及
・保健士隊員による栄養改善
・農業市場隊員による流通・市場開拓
・コミュニティ開発隊員による有用食用野菜であることの認識教育
・視聴覚隊員による動画作成

　単一職種の派遣では普及は困難であろう。生活改善計画などグループによるヨコの連携が不可欠と考える。

　2005年にニジェールにおいて、近隣諸国の協力隊員を集めて研修を行う広域研修に参加する機会を得た。すでになんらかの職種の要請内容で派遣されている隊員たちであったが、大いに興味を示してくれた。当時のJICA所長も協力を約束してくれた。その後、エンサイに特化した現地からの要請は出されなかったが、野菜隊員を中心として、セネガル、ブルキナファソ、ニジェールで徐々に普及活動が浸透していった。そして、2010年セネガルで視聴覚隊員によるエンサイの2本の動画が完成した。1つめは、エンサイの栄養と機能性および栽培方法について、2つめは、エンサイを使った様々な調理方法についてであった。動画はフランス語で作成され、セネガルだけでなく他のフランス語圏にも適用可能である。これまで学校給食プロジェクトの一環として、小中学校の敷

地内でエンサイを育て給食で食べることを続けており、それが動画に映し出されていた。子どもたちがおいしそうにエンサイを食べているのが印象的だった。また、主婦らが、「便秘が治った」「母乳の出が良くなった」など踊って喜んでいる映像が収められていた。この動画を利用して、本学科OGの松原有希さんが普及に取り組んでいた。その3年後は、その後輩の斎藤雄介君がセネガルに派遣され、彼もまたエンサイの普及に情熱を燃やした。このように、青年海外協力隊による草の根的な協力はダイナミックではないが着実に村の人びとに根付いてきている。

　途上国の農業開発は、持続的かつ環境保全的でなければならない。そのために、①作物生産の技術開発と向上、②環境保全と資源管理、③普及・教育と政策が求められる。エンサイの普及はまだ緒についたばかりであるが、現地にもともと存在していた未利用資源であったことに大きな意味がある。現地の自然環境に適応している未利用資源はまだ他に見つかる可能性がある。それらを普及させるモデルケースになることを願いつつ、今後も途上国の農業に関わり続けたい。

写真23-4　菜園で収穫したエンサイで料理を準備している農民と斎藤雄介OB（セネガル）

第24章　ラテンアメリカにおける
　　　　日本のODAによる地域農業開発の事例

溝辺哲男

1　はじめに

　ここでは、日本の ODA によって実施されたブラジル「日伯セラード農業開発事業」とボリビア「北部ラパス小規模農家の生計向上のための付加価値向上プロジェクト」の2つの農業開発プロジェクトを事例として取り上げる。特に、両農業開発プロジェクトの実施スキーム（実施手順・方法）に焦点を置いてその概要を解説する。

　「日伯セラード農業開発事業」は、日本の大規模農業開発による成功事例として評価されている。その要因の 1 つとして注目されるのは、「借款事業と技術協力および研究協力」が組み合わされたその実施スキームである。

　「北部ラパス小規模農家の生計向上のための付加価値向上プロジェクト」は、協力準備調査を経て実施された「技術協力プロジェクト」である。本プロジェクトは、貧困削減を開発目標に掲げ、換金性の高い永年作物であるカカオと自給用作物のコメとの組み合わせによる付加価値型農業の実施基盤確立を目指している。

2　ブラジル「日伯セラード農業開発事業」

(1) セラード農業開発の契機となったプロデセール事業

　ブラジルは現在、金額面で世界最大の農産物純輸出国である。ブラジルを世界の一大農業大国に押し上げたのは、長らく"不毛の大地"とされてきた「セラード (cerrado)」地帯（位置図は第 8 章の図 8−2 参照）の大規模農業開発によるところが大きい。日本とブラジル両国政府は、1974 年にセラード農業開発の合意文書を締結し、日本から土壌、植生、病理、栽培などの研究者、農業技術及び環境分野の専門家が開発調査に参加し、日伯両国による農業開発協力が始

まった。5年間に及ぶ開発調査の期間を経て、1979年からは本格的な農地開発と農業生産を目的とする「日伯セラード農業開発事業（プロデセール事業：PRODECER）」が開始された。

プロデセール事業は、第1期、第2期、第3期に分けて、セラードが分布する8州21地区を対象に2001年まで22年間にわたり実施し、この間にセラードの原野34.5万haを農地に転換した。その後、プロデセール事業の成功を目のあたりにしたブラジル人農家、アメリカ系農企業、さらには多国籍穀物メジャーが次々と開発に乗り出すことになった。その結果、2010年までに、セラード地帯の約7,850万ha（日本の国土面積の2.1倍）が全く新たに農地として開墾された。

セラード地帯におけるこのような大規模農業は、ブラジルの穀物生産量（ダイズ、トウモロコシ）を飛躍的に増大させた。セラード開発が開始された1979年当時の国内における穀物生産量は4,694万トンであったが、2012年には4倍以上の1億8,686万トンに達している。この結果、表24−1に示すように、ブラジルの総輸出額の40％はダイズ製品を中心とするアグリビジネス産品が占めるようになり国家経済に大きな貢献を果たしている。これらアグリビジネス産品の生産、加工、輸出を支えているのがセラード地帯である。

20世紀最後の20余年にわたり、日伯両国によって遂行されたプロデセール事業は、21世紀を迎えて終了したが、現在、セラードではダイズ、トウモロコシ、ワタ、サトウキビ、コーヒーを基幹作物とする農業関連企業のクラスタリング（農業関連企業の集積化）が進み、アグリビジネス分野でさらなる発展を積み重ねる状況にある。アメリカは近いうちに農産物純輸入国になることが予想されていることや、近年の国際穀物価格の高止まり基調は世界的にも数少ない安定的な穀物供給先としてブラジルの評価を高めている。

（2）1戸当たりの所有面積が1,000haを超える大規模農業

全くの原野だったセラード地帯は、日伯両国によるプロデセール事業開始以来、この40年間ほどで日本の国土面積の2倍以上が農地へと転用されたわけである。このように短期間のうちに農業開発が大きく進んだ理由の1つには、

表24−1 主要アグリビジネス産品の輸出額の変化

(単位：100万ドル)

	2008		2009		2010		2011		2012	
	輸出額	(％)	輸出額	(％)	輸出額	(％)	輸出額	(％)	輸出額	(％)
ダイズ製品	17,985	25.0	17,249	26.6	17,108	22.4	24,153	25.4	26,113	27.3
ダイズ(粒)	10,952	15.3	11,424	17.6	11,042	14.4	16,327	17.2	17,447	18.2
ダイズ粕	4,363	6.1	4,592	7.1	4,719	6.2	5,697	6.0	6,595	6.9
ダイズ油	2,670	3.7	1,233	1.9	1,347	1.8	2,129	2.2	2,071	2.2
肉類	10,967	15.3	8,814	13.6	10,743	14.1	12,381	13.0	14,443	15.1
鶏肉	5,821	8.1	4,817	7.4	5,789	7.6	7,063	7.4	7,211	7.5
牛肉	3,994	5.6	3,015	4.7	3,853	5.0	4,157	4.4	5,744	6.0
豚肉	1,152	1.6	982	1.5	1,101	1.4	1,161	1.2	1,488	1.6
サトウキビ	3,649	5.1	5,978	9.2	9,306	12.2	11,548	12.2	12,845	13.4
コーヒー	4,131	5.8	3,761	5.8	5,182	6.8	8,000	8.4	6,463	6.7
トウモロコシ	1,405	2.0	1,302	2.0	2,214	2.9	2,716	2.9	5,287	5.5
その他	33,669	46.9	27,681	42.7	31,888	41.7	36,170	38.1	30,663	32.0
合　計	71,806	100.0	64,785	100.0	76,441	100.0	94,968	100.0	95,814	100.0
総輸出額	197,942		152,995		201,915		256,040		242,580	
％ (注)	36.3		42.3		37.9		37.1		39.5	

資料：1）AgroStat Brasil com dados Secex/MDIC, 2013
　　　2）Anuario da Regiao Oeste da Bahia, 2010/11, aiba より作成
注：ブラジルの総輸出額に対するアグリビジネス産品輸出額のシェア

セラード農業の特徴である大規模農業経営が挙げられる。

　プロデセール事業では、入植方式で農業生産の振興を促したが、その際1戸当たりの平均所有面積は300〜500ha（第1期事業）であり、南部から入植した多くの農家がその農地規模の大きさに驚いた。しかし、第2期および第3期プロデセール事業の入植農家は、大規模農業の成功と開発ポテンシャルを確信し、競って規模拡大を図った。その結果、現在セラード地帯においては、1,000ha程度の農地規模は中規模農家としての位置づけであり、数万ha規模の農家は一般的に存在するほか、10万〜20万ha規模の農地を所有する農家も散見される。ちなみに日本の農家の平均所有面積1.1haであり、日本にいるとセラード農業の壮大さは想像が困難である（写真24−1、24−2）。

　一方、プロデセール事業による開発効果は、農業面だけではなく社会面でも顕著である。セラード地帯では、農業生産の増産により農業関連企業（肥料、農

写真 24-1　セラード農業 1

資料：筆者撮影。

写真 24-2　セラード農業 2

資料：筆者撮影。

薬、農業機械、流通、加工、物流、穀物商社）の進出が促進された。それに伴い、雇用機会が増え国内各地から労働者が流入し、市町村の人口増加が加速した。例えば、写真24-3のバイア州西部に位置するルイス・エドアルド・マガリャーナス（LEM）は、第2期プロデセール事業の開始時期（1985年）はわずか1,000人程度であった人口が、その後、移住者や農業関連企業の増加につれて、2000年には2万169人、2014年には3万人に達している。

　人口増加は、市町村税の増加をもたらしているほか、農産物流通量の増大に伴う流通税や消費税（付加価値税）の増収さらには企業進出による法人税の増加は市町村の財政を潤沢にし、これまで不備であった農村生活インフラの整備が一気に進んだ（日伯セラード農業開発協力事業　合同評価　総合報告書、2001）。

写真24-3　バイア州西部のセラード地帯の発展状況

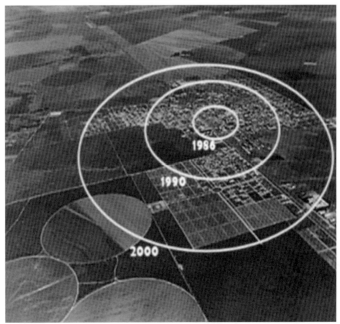

資料：筆者撮影。

(3) プロデセール事業の実施経緯と実施スキーム

プロデセール事業は、フロンティア地帯の大規模農業拠点事業であり、1戸当たり300〜500ha規模の中規模農家の育成を目指した。22年、3期にわたるプロデセール事業の総額は、約5億6,300万ドル(約650億円)である。同事業の実施には多額の初期投資を必要とし、その大半を日本側の投融資資金に依存することとなった。もし、この融資が行われていなければ、実際には、入植農家の農家経営は困難を極め、今日のようなセラード地帯の開発と発展はなかったと判断されている。この融資制度も含めたプロデセール事業の実施スキームの特徴としては、事業実施に先立ち日伯両国において、下記の3つの協定が締結され、その指針に従って事業が実施されたことが挙げられる(図24-1)。

協定のうちR/Dは、日伯両国の政府間によるプロデセール事業の基本方針を取り決めた討議の記録である。P/Aでは、第1期、第2期、第3期の事業別に実施されたマスタープラン調査に基づく事業の枠組みと開発インパクトを最大限に発揮させることのできる実施計画が策定されている。L/Aでは、開発資金の日本政府側の融資額、ブラジル政府側の資金手当てや入植農家への融資方法等に関する詳細な取り決めと実施方法が策定されている。

このうち特に、P/Aはプロデセール事業の開発コンセプトであり、同事業を効率的に実施するためにブラジル連邦政府、州政府、融資機関や実際の開発を指導する組織(支援企業、農協)の責任範囲を明確に決めている。プロデセール事業では、事業を進める上で何か問題が発生した場合は、このP/Aに基づき協

図24-1 プロデセール事業の実施スキーム

```
R/Dによる事業全体方針の設定
    ├── P/A (Project Agreement) による事業の枠組みの設定
    └── L/A (Loan Agreement) による融資実施体制の設定
```

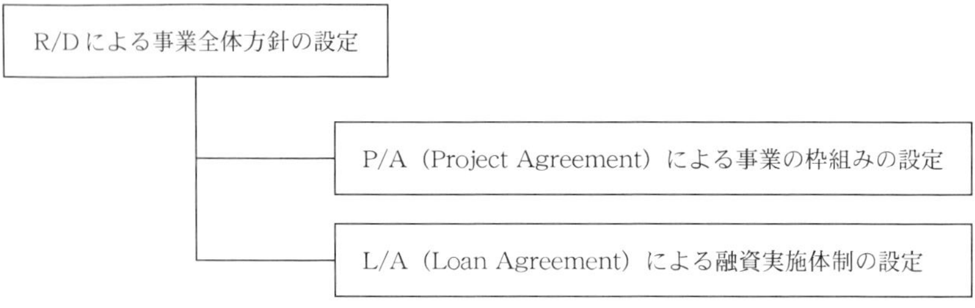

議を行い必要な対応策を講じている。プロデセール事業が単なる借款事業ではなく、これら3協定に基づいて実施上のスキームを詳細に決めながら日伯両国の双方が、ナショナルプロジェクトとしての事業の性格を重視して、実施したことが、これまで述べてきた大きな開発成果を発現した要因といえる。

なお、R/D、P/A、L/A 締結の経緯は図24-2に要約したとおりである。

一方、プロデセール事業においては、実際の生産を担う入植農家の技術支援に向けて、下記のような技術協力と研究協力が開発調査と並行して実施された。両協力の技術成果が入植農家や農協に導入され普及したことで、高い生産性を維持することができた。

- 植物病理：マメ科牧草の炭そ病に対する抵抗性研究、主要病害虫の発生実態調査
- 病害虫：ダイズ、トウモロコシ等の病害虫防除（生物的防除対策）
- 作物栽培：ダイズの栽培体系、雑草防除、栽植密度、施肥バランス、抵抗性品種開発
- 土壌：ダイズ根群研究、リモートセッシングによる土壌調査、植生調査、土壌肥沃度
- 農業気象・灌漑：灌漑栽培方法、蒸発散率ポテンシャル推定法
- 農業機械：大型農業機械作業体系システム、不耕起栽培
- 作物保護：ウイルス病の同定手法、病害虫防除対策
- 環境保全：土壌侵食対策、水源涵養林対策、昆虫多様性・植物種多様性調査
- 営農・農家経営：経営評価手法、組合・企業経営手法、流通予測

図24－2　プロデセール事業の実施経緯

共同声明の発表	1974年9月、当時の日本側の田中首相とブラジル側のガイゼル大統領との間で、日伯農業開発協力に関する「共同声明」が署名された。この共同声明では、農業開発の分野で両国間の一層の提携を図り、農産物の生産、企業化及び商品化の推進を行うことが表明された。この共同声明に基づき日伯両国の政府と民間セクターが協力してセラード地帯において、食料増産、ブラジル国内の地域開発、世界への食料供給の増大を行うこととなった。
開発基礎調査の実施	日伯両国は、共同声明発表後、セラード地帯の農業開発のための基礎調査や研究協力に関する事前協議を実施した。1975年には、JICAによる「ブラジル農業開発協力事業基礎調査団」が派遣され、ブラジル側との共同調査を実施した。また、政府、民間の合同打合せミッションの派遣及び農業研究協力に関する調査団の派遣も併せて行われた。事業化推進に向けた両国合同による調査及び協議は、翌1976年の8月まで継続して実施された。
R/Dの署名	基礎調査及び事前協議を経て、1976年9月のガイゼル大統領訪日の際に、両国政府代表団によってプロデセール事業の具体的な枠組みに関する「討議の記録(R/D)」が署名された。R/Dにおける協議では、プロデセール事業の第1段階として5万haの規模で、セラード地帯において農業技術の開発、改良と一体化した「試験的事業(Pilot Project)」の実施を決定した。さらなる事業の拡大については、第1次試験の事業の実施成果の評価に基づいて日伯両国間で協議されることとなった。
実施体制の構築	R/D締結後、日伯両国は、プロデセール事業の実施に向けた具体的な実施体制作りを進めた。同事業実施のために日本側では、1978年3月に投資会社である「日伯農業開発協力株式会社(JADECO)」を設立した。また、10月にはブラジル国側において「ブラジル農工投資会社(BRASAGRO)」がそれぞれ設立された。
P/A、L/Aの締結と署名	R/Dにより基本的枠組みが整い、懸案問題が解決し、調査実施機関であるCAMPO社の設立を終えたことで、1979年9月事業実施に必要な「Project Agreement(P/A)」及び「Loan Agreement(L/A)」が署名された。これら協定の締結に基づきプロデセール事業が開始されることとなった。

資料：「日伯セラード農業開発協力事業　合同評価　総合報告書」、JICA、2001より要約して作成。

3 ボリビア国北部ラパス小規模農家の生計向上のための付加価値向上プロジェクト

(1) プロジェクトの背景

ボリビアでは、所有面積 2,000ha を超す大規模農場の総農場数は全体の 14％であるが、総農地面積の 80％を占めている。一方、50ha 以下の小規模農家の農場数は全体の 53％に達するが、総農地面積の 0.5％を占めるに過ぎない（MDDAyMA：農村開発牧環境省、2007）。このような土地所有格差はラテンアメリカ地域において顕著であり、これが同地域における貧困の主因とも指摘されている。

小規模農家の土地所有面積 50ha は、日本の感覚では一見大きく見える。しかし、農地の多くは、起伏が激しいほか、傾斜地に位置するなど生産条件が悪く、土地の生産分級度も低い場合が多い。耕地利用率は、小規模農家が灌漑や農業機械などの生産用インフラを所有していないこともあり年平均 40～50％が一般的である。

本プロジェクト地域では、1953 年の農地改革によって、1 戸当たり 50ha の農地が分譲されたが、営農資金の不足から生産インフラが整備されない状況にあり、年間の耕地利用率は国平均よりもさらに低く 10～20％程度である（図24－3）。また、本プロジェクト対象地域の貧困率は、所属するラパス県平均の 66.2％を上回る 87.1％であるほか、経済活動人口の 95％が農業分野に従事している。このような状況から小規模農家では、換金性があり、かつ所得形成力の高い作物を営農の基軸に据える農家が多い。

(2) プロジェクト要請の経緯

ラパス県政府は、上述したような状況から、小規模農家向け奨励作物として、地域における伝統的な作物であるカカオ、プラタノ、パルミート、コーヒー、コショウ等の作物を選定し、小規模農家への導入を図り農業所得向上を目的とする開発計画を策定した。奨励作物は全て永年性作物であるが、その背景には、換金性が高く、付加価値形成力のある点が挙げられる。また、近年、伐採による減少が顕著な森林資源の保全を図るために森林とのリンケージがとりやすい

図24−3　プロジェクト対象地域

資料：world.map-navi.com ›www.ncenter.co.jp/tizu/boribia.htm

親環境的作物(アグロフォレストリー)としての役割が期待されていることによる。

以上のような背景から本プロジェクト対象地域である北部ラパス地域における奨励作物の生産・加工・流通の強化を通じて地域振興を図る目的で、ボリビア政府とラパス県は、日本政府に対して本プロジェクトに関する技術協力を要請した。

技術協力プロジェクトの実施に先立ち、要請案件の妥当性を検討するために「カカオを中心とした北部ラパス開発プロジェクト」の協力準備調査を JICA が2009年に実施した。同協力準備調査の結果を踏まえて、2010年3月から2013年3月まで、技術協力プロジェクトとして、「北部ラパス小規模農家の生計向上のための付加価値向上プロジェクト」が実施された。

(3) 協力準備調査に基づくカカオを中心とする地域農業開発の可能性

このような手順に沿って実施された本プロジェクトの協力準備調査は、第16

章の2の(1)で説明したプロジェクト・サイクルにおける案件発掘調査に相当する。協力準備調査の目的は、前述したように、プロジェクトの要請案件としての妥当性を検討するものであり、主としてプロジェクト対象地域における農業の実態調査を中心に実施した。現地調査を通じて、プロジェクト対象地域の農業は、稲作（陸稲）を核とした焼畑移動耕作とカカオを中心とする伝統的な永年性作物栽培を基本としていることが明確となった。

しかし、コメ（籾）の収量は、0.9～1.1ton/ha であり、ラパス県の平均1.5ton/ha、サンタクルス県の平均収量 2.0～2.5ton/ha を大きく下回っており、他の作物も同様に傾向にあった。

特に、プロジェクト対象地域におけるカカオの単収は、25kg/ha と著しく低く、経済年数が大幅に経過したカカオ樹の生産に依存している。その一方で、ラパス県の Alto Beni 地域を拠点に展開する EL CEIBO 組合農家によるカカオ生産は、1990年後半に有機栽培カカオの収量を300～400kg/ha にまで向上させている。その後、ハイブリッド品種への更新や肥培管理技術の開発普及により単収の改善が進んでいる（写真24－4）。

本プロジェクト対象地域でも適切な品種と栽培技術の普及拡大によって生産性向上の余地は高い実態が把握された。

プロジェクト対象地域における主要作物の販売単価を1キンタール（1QQ=0.46kg）当たりで比較すると以下のとおりである。

カカオ実：1,000Bs/qq、プラタノ：18Bs/qq、柑橘：20Bs/qq

コメ：250Bs/qq、トウモロコシ：70Bs/qq、ユカ：65Bs/qq

写真24－4　プロジェクト対象地域の市場と圃場

毎週末に開催される地元の市場　　カカオとバナナの混作　　コメ収穫後のイモ類との混作状況

カカオの販売単価は他の奨励作物を圧倒する高さである。また、北部ラパス地域と隣接するユンガス（yungas）地域に位置する Palo Blancos 地区の農民グループでは、NGO や国際機関（CATIE）、USAID 及び EL CEIBO（カカオ製品製造企業）の支援で、カカオ、プラタノ、柑橘の組み合わせを中心とする営農の実現で、1 戸当たり年平均 3,000〜4,000 ドル（ローカルコンサルタントによる調査結果）の農業粗収入を実現している。

一方、本プロジェクト対象地域では、近年、人口増加に伴い、土地の財産分与により所有地の分割が進み、1 戸当たりの耕地面積が縮小する傾向にある。それにともない、農地の外延的拡大の困難性、休閑期間の短縮が進み、生産量の減少が顕著である。その結果、貧困度を高める状況にある。さらに、貧困をもたらしていのは農業収入の少なさだけではなく、基本的な農村生活インフラ（電気や上水道）も整備されておらず貧困を助長する状況となっている（写真 24-5、24-6）。

写真 24-5　プロジェクト対象地域の営農

貴重な収入源のカカオ

若い農民達：土地の細分化が悩み

貧しい農具：農業機械は皆無

写真 24-6　プロジェクト対象地域の農民の暮らし

小規模農家の農民達

一般的な家屋
（電気水道はない）

不足する社会インフラ：
授業は外での複複式が一般的

(4) 技術協力プロジェクトの実施

協力準備調査を経て、2010年3月から2013年3月までJICAによる技術協力プロジェクトが実施された（表24-2）。技術協力プロジェクトの場合は、要請案件の妥当性が判断された後に日本政府と先方政府との間でR/D（討議議事録）が協議され、署名の後にプロジェクトが開始されることになる。本プロジェクトでは、日本政府とボリビア側は農村開発・土地省、ラパス県、サンブエナベントゥーラおよびイクシアマス市が参加してR/Dへの署名が行われている。

R/Dに従って、技術協力期間中に日本側からは専門家10名が派遣されたほか、総額763万ドル相当の機材が供与された。さらに、ボリビア側から22名の研修員の受け入れを行い技術移転を実施している。一方、ボリビア側からはカウンターパートが36名配置され、日本側からの主たる技術移転の受け皿となっている。

(5) 終了時評価の結果

本書の第16章の2の(1)において、プロジェクト・サイクルの最後には、事後評価が実施されることを述べた。本プロジェクトでは、2013年に3月にプロジェクトの終了期間を迎えるにあたって、2012年10月、JICAによって「終了時評価」が実施された。評価結果の概要は以下のとおりである（表24-3）。

評価結果からは、本プロジェクト実施による成果は限定的であることが理解できる。また、終了時評価調査では、このままではプロジェクト目標の達成は見込めないことが結論づけられている。このため今後約1年半のプロジェクトの延長が提言された。

4 おわりに

最近の日本のODAによる開発途上国に対する農業開発は、社会政策的なアプローチを重視し、小規模零細農家を対象とした支援に力点が置かれてきたと言っても過言ではない。一方、小規模農業開発と対比される大規模農業開発に対しては、近年、批判的に論じられることが多い。しかし、大規模農業開発に対しては開発途上国の農業開発や地域開発さらには国家経済への貢献度につい

表 24-2 JICA による技術協力プロジェクト

プロジェクトの目的	北部ラパス地域の小規模農家の貧困削減に向けた付加価値型農業の実施基盤の確立
上位目標	プロジェクト対象地域の小規模農家の貧困が削減される
プロジェクト目標	プロジェクト対象地域の付加価値型農業に向けた実施基盤が確立される
期待される成果	・生産システムの改善を通じて、付加価値型農業戦略計画が策定される ・付加価値農業型戦略の具体化に向けた実施体制の構築と関係機関技術者と小規模農家の能力が強化される
投入	日　本　側：専門家派遣、機材供与、研修員受け入れ、在外事業強化 ボリビア側：カウンターパート、土地・施設提供、ローカルコスト負担

資料：www.jica.go.jp/project/bolivia/001/, より引用して概要のみ掲載

表 24-3 プロジェクトの事後評価

プロジェクト成果の達成度	・付加価値型農業戦略計画の策定に向けて、水稲とカカオに関する増産を目的とする実証試験が実施され単収の向上が確認された。 ・収穫後処理、加工、流通に関しては一部の活動は着手されているが C/P の長期不在や交代の影響から計画の完全な策定にまでは至っていない。 ・国、県、市、生産者組織の責任範囲と役割分担が明確にできない。 ・多くのカウンターパートは、技術指導を行う能力の習得段階にある。 ・小規模農家は、プロジェクト指導により習得した水稲やカカオの栽培技術を活用しているものの継続した技術指導が必要である。
プロジェクト目標の達成度	・現在の協力期間内では目標達成の見込みは低い。 ・付加価値型農業戦略が策定途中のためその実施のための資金と人材の確保は今後の課題である。
結論と提言	・協力期間の延長・プロジェクトの活動を通じて技術移転のターゲットをカウンターパートから小規模農家を直接指導する

資料：「評価結果要約表」www.jica.go.jp/project/bolivia/001/,より抜粋して記載

て正確な評価が行われているとは言い難い面がある。

　大規模農業開発の中には、周到な開発計画に沿って環境保全や土地利用（ゾーニング）の枠組みを設定した上で、効率的な営農システムを策定するとともに、中小規模農家の参画を促しながら地域経済や国家経済さらには国際農産物の需給安定化に多大な貢献を果たしている事例がある。それが今回紹介した日本のODAで、借款＋技術協力＋研究協力のスキームで実施された「日伯セラード農業開発事業（プロデセール事業）」である。

　同事業は、開発途上国における農業開発の進め方、土地利用計画の策定方法、開発と環境、食料安全保障はいうに及ばず、農業生産、流通、加工、販売に至

るバリューチェーン形成システムと雇用創出など、持続的な農業開発を進める上で注目を集める開発課題を包含したインクルーシブな大規模農業開発プロジェクトであると結論づけられる。

　一方、もう1つの事例であるボリビアにおける小規模農家向け付加価値向上プロジェクトは、技術協力プロジェクトによって実施されている。ラテンアメリカにおける貧困問題の主因とされる土地所有格差を巡る構造的な課題へのアプローチが本プロジェクトの背景にある。終了時評価によると、本プロジェクトの実施成果はまだ部分的であると報告されており、現時点では必ずしも当初の目的を達したとはいえない状況にある。

　しかし、農業開発プロジェクトは、天候、地形条件などの自然環境から多大な影響を受けるため、工業や商業プロジェクトとは異なる評価の観点が求められることにも留意が必要である。このため要請案件の妥当性を確認する協力準備調査において、ベースライン調査を徹底できるような、現地調査に時間をかける必要性がある。同様にプロジェクト実施による開発インパクトの範囲を明確に示した上で、実施成果の規模や前提となる阻害要因をR/D（討議議事録）において当事者間で明確に合意しておく必要がある。

追記

　本章で紹介した2つの農業開発プロジェクトの事例は、いずれも筆者が従事した「日伯セラード農業開発協力事業 合同評価調査、2001」、「ブラジル・セラード農業プロジェクトバックグラウンド・ペーパー、2011、JICA」、「ブラジル・セラードバイア州西部地域のインパクト、20012、文部科学省科学研究費基盤B」と「ボリビア国カカオを中心とした北部ラパス開発プロジェクト協力準備調査JICA」を基に作成している。

　また、ボリビアの評価結果は、JICAが2012年に実施した終了時評価報告書をweb.サイト（www.jica.go.jp/project/bolivia/001/）から抜粋、引用してとりまとめたものである。

あとがき

　日本大学生物資源科学部国際地域開発学科では、学科の最も基礎的な科目の1つである「国際地域開発学入門」について、毎年度、学科教員の全てが分担執筆した印刷教材を準備し、講義に熱弁を奮ってきた歴史がある。その経験を踏まえ、テキストとして一巻の書を編む構想が持ち上がり、学科教員による研究会を重ね、ここに印刷刊行の運びとなった。SDGs の開始年に当たり、国際地域開発学はこれまで以上に大きな役割を担う応用科学としていっそうの充実と強化が求められているところであり、それに応える第一歩として本書を世に問う次第である。

　本書を編集するに当たって、以下の事柄を心がけた。つまり、(1) 既往の入門的概説書に多く見受けられる学説史的な紹介や、基礎的な専門用語の解説、あるいは、さらなる学習への誘いとしての基本文献の紹介などの構成にとらわれない、それよりもむしろ、(2) 読者に対して、国際地域開発（学）の知識ではなく、感動を伝えることを第一義にしたい、ということである。大学を始め、日本の学校教育は知識の伝達に重点を置くあまり、学生が自ら知識を獲得し、創りだすことをなおざりにしてきた。国際地域開発学に限らないが、入門書は読者に関連の知識を提示するだけでは十分にその役割を果たしたといえない。人々の琴線に触れる開発は知識の有意味な総合化に基づく必要があり、そのための第一歩は、読者が開発を創造することの楽しさや面白さを身にしみて感じ取り、自ら学ぶ精神を喚起する役割を果たさねばならないと、われわれは考えるからである。

　最後になったが、受講生である読者には、本書を印刷教材として長く活用することと共に、各章担当者の講義 LIVE（ライブ）から国際地域開発学の生々しい情報を思う存分に吸収していただくことを願っている。

　2016 年 10 月

　　　　　編集委員　水野正己、ロイ　キンシュック、松本礼史

執筆者一覧（あいうえお順、氏名、執筆担当章、職位：取得学位：専門分野）

麻生久美子（第18章）
　専任講師：文学博士 ミネソタ大学：英語教育、教育学、比較教育学、多文化教育

李　裕敬（第13章）
　助教：博士（国際バイオビジネス学）東京農業大学：農業経営学、経営戦略、水田農業

加藤　太（第6章）
　専任講師：博士（地域研究）京都大学：作物学・雑草学、地域研究

菊地　香（第14章）
　准教授：博士（農学）新潟大学：農業経済学、フードシステム学

朽木昭文（第4章、第12章）
　教授：農学博士（京都大学）：農業経済学、応用経済学

倉内伸幸（第7章、第23章）
　教授：博士（農学）岐阜大学：作物学、遺伝育種学、熱帯農学、環境農学

園江　満（第20章）
　助教：京都大学博士（農学）京都大学：文化地理学、比較文化論、タイ研究

堤　美智（第 19 章）
　　助教：博士（農学）東京農工大学：農村社会学、女性農業者研究、ワークライフバランス

時田邦浩（第 2 章、第 21 章、第 22 章）
　　教授：PhD　ミシガン州立大学：国際協力、農業システム工学、農村開発、農業開発

半澤和夫（第 3 章、第 15 章）
　　教授：博士（農学）日本大学：国際農業開発論、農業経済学、アフリカ地域研究

松本礼史（第 10 章）
　　教授：博士（学術）広島大学：環境影響評価・環境政策、経済統計学、経済政策

水野正己（第 1 章、第 5 章）
　　教授：博士（農学）京都大学：農村開発学、農業開発学、開発人類学

溝辺哲男（第 8 章、第 16 章、第 24 章）
　　准教授：博士（農学）日本大学：農業経済学、地域開発計画、プロジェクト評価

山下哲平（第 17 章）
　　助教：博士（生物資源科学）日本大学：環境政策・環境社会システム、社会学

ロイ　キンシュック（第 9 章、第 11 章）
　　教授：博士（農学）鳥取大学：環境保全、持続型農業技術開発、環境動態解析ほか

索　引

(五十音順)

[数字・ABC]

4本柱型国際協力 ……………… 30, 31
AEC ……………………………… 26, 28
AEC（ASEAN 経済共同体）…… 26, 28
APEC …………………………………… 30
ASEAN 経済共同体（AEC; ASEAN Economic Community）………………… 26
BRICs ………………………………… 65
FDI（海外直接投資）……………… 173
GATT（General Agreement on Tariffs and Trade）……………………………… 124
GIS（地理情報システム）……… 72, 95
JICA ………………………… 175, 213, 260
JOICFP ……………………………… 214
M 字型曲線 ………………………… 202
NERICA ……………………………… 56
RCEP（東アジア地域包括的経済連携）・30
RS（リモートセンシング）………… 95
TICAD Ⅳ …………………………… 53
TPP ………………………… 13, 30, 123
TPP（環太平洋経済連携協定）……… 26
TPP（環太平洋戦略的経済連携協定）… 29
TQ 制度 ……………………… 144, 148
UHC …………………………………… 215
Work Life Balance ………………… 201

[あ行]

アグリビジネス（Agribusiness）…… 62, 120
アジアイネ ……………………………… 54
アジア太平洋経済協力会議 …………… 30
アフリカ …………………………… 45, 53
アフリカイネ …………………………… 54
イノベーション（革新）……… 103, 105
営農モデル ………………………… 232
栄養繁殖 …………………………… 244
エンサイ …………………………… 242
エンパワーメント ………………… 222
塩類捕集 ……………………………… 98
オーナーシップ …………………… 223
陸稲 …………………………………… 55

[か行]

開発援助委員会 ……………………… 13
開発教育 …………………………… 154
開発協力大綱 ……………………… 226
開発経験 ……………………………… 4
開発資源 …………………………… 189
開発調査 …………………………… 170
開発途上国 …………………………… 6
価格補填 …………………………… 143
ガバナンス ……………………… 221, 222
灌漑稲作 ……………………………… 55
環境保全 ……………………………… 71
環境問題 ……………………………… 71
換金作物 ……………………………… 54
観光資源 ……………………… 108, 112, 183
慣習経済 ……………………………… 17
関税 ………………………………… 145
関税割当（TQ）制度 ……………… 144
飢餓 ………………………………… 156
企業集積 …………………………… 103, 107
気候変動 ……………………………… 44
技術協力プロジェクト ……… 247, 259
キャパシティ・ビルディング …… 239
共生 ……………………………… 191, 197, 198
共生社会 …………………………… 200

クラスタリング（農業関連企業の集積化）
　　　……………………………………248
グローバリゼーション ……………43
グローバル・トレード ……………65
グローバル・バリューチェーン ……26
グローバルイシュー ………………69
グローバル化 ………………………16
経済開発 …………………………221
経済的手法 …………………………86
経済の自由化 ………………………16
言語 …………………………195, 196
降雨 …………………………………93
後進国 ………………………6, 7, 12
構造調整 ………………7, 16, 17, 221
向都離村 …………………………163
後発開発途上国 ……………………13
枯渇性資源 …………………………85
国際開発 …………………………153
国際協力 …………………………153
国際貿易 …………………………122
国民総幸福 …………………………14
国連環境開発会議（UNCED: United Nations Conference on Environment and Development）………………84
国連気候変動枠組条約 ……………88
国連ミレニアム開発目標（MDGs）…9, 10, 83, 215
子育てと農業を両立 ……………202

[さ行]

再生可能資源 ………………………85
最低基準価格 ………………142, 143
栽培型エンサイ …………………242
在来性のポテンシャル ……47, 48, 51
作物体内 ……………………………79
砂漠化 ………………………………97
サハラ以南のアフリカ諸国 ………16

サプライチェーン ………………173
参加型開発 ………………………221
産業連関表 ………………………108
シークエンスの経済 ……104, 106, 119
時間管理能力 ……………………209
自己管理能力 ……………………209
市場経済 ……………………………17
自助努力 …………………………226
自生型エンサイ …………………242
持続可能開発目標（Sustainable Development Goals, SDGs）………9, 10, 166
持続可能な開発 ……………………83
持続可能な開発目標（SDGs）……83
持続可能な発展 …………………179
社会的弱者 ………………………236
周年栽培 …………………………244
終了時評価の結果 ………………259
首長感謝祭 …………………………21
蒸散量 ………………………………98
少数民族 ……………………175, 177
情の経済 ……………………………47
食の安全性 ………………………133
植民地農業 …………………………62
食料安全保障 ………………………44
食料価格 …………………………163
女性グループ ……………………235
女性農業者の働き方 ……………200
女性の未婚化 ……………………202
所得 ………………………………161
所得弾力性 …………………………64
人口爆発 …………………………212
水質 …………………………………77
水土 …………………………………75
水土環境 ……………………………73
水利組合 …………………………233
ステークホルダー（関係者）……167

生活インフラ······················ 166
生活時間配分····················· 207
生計向上·························· 179
生産基盤·························· 140
生産振興策························ 138
生態系···························· 71
青年海外協力隊··················· 245
青年海外協力隊員················· 214
性別役割分業····················· 201
セーフティーネット··············· 238
石炭灰···························· 97
切実ニーズ······················· 237
セラード（cerrado）·············· 247
セラード農業開発·················· 62
　　　　　　[た行]
第4回アフリカ開発会議············ 53
台形型··························· 202
堆肥化··························· 95
大メコン圏地域(Greater Mekong Subregion, GMS)························ 94, 95
多言語··························· 195
多国籍企業···················· 122, 131
多国籍穀物商社（メジャー）········ 67
多文化共生······················· 197
多文化社会············· 191, 193, 195, 198
多様性······················· 191, 197
タンザニア························ 48
地域開発·························· 71
地域在来資源····················· 244
地域住民·························· 71
地下水··························· 73
坪井達史························· 56
低開発国··················· 7, 12, 211
低湿地水田························ 55
伝統的権威························ 17
伝統的ライフスタイル············· 179

東西問題·························· 12
透明性··························· 236
都市化························· 35-40
途上国性·························· 14
土壌侵食·························· 92
土壌侵食予測式···················· 93
土壌生産力························ 93
土壌流亡量························ 93
土壌劣化·························· 92
土地改良事業····················· 171
土地権利証書··················· 17, 20
土地集約化························ 43
土地制度·························· 16
土地粗放化························ 43
土地利用（ゾーニング）············ 260
　　　　　　[な行]
南北問題·························· 12
人間の安全保障·············· 224, 227
人間の基礎的必要··············· 7, 221
ネリカ··························· 56
農・食・観光クラスター······ 103, 104, 108, 111, 115, 118, 119
農業・農村開発計画············ 166, 167
農業開発················ 162, 163, 246, 247
農産物純輸出国···················· 62
農村開発················· 8, 9, 162, 163, 227
農村地域·························· 79
農村の貧困························ 44
農地··························· 76
農地土壌·························· 98
農地保全·························· 92
農繁期・農閑期··················· 207
　　　　　　[は行]
パリ協定·················· 8, 15, 89, 164
バリューチェーン············ 26-28, 62, 173
バングラデシュ···················· 79

晩婚化 …………………………………… 202
比較優位の原理 ……………………… 122
ヒ素（As）……………………………… 73
ヒ素汚染 ………………………………… 79
ヒ素濃度 ………………………………… 79
非農業部門 ………………………… 163, 164
貧困 ……………………………… 151, 153
貧困問題 ……………………………… 151
フィージビリティ調査報告書（F/S）…… 169
フェア・トレード ……………………… 133
付加価値型農業 ……………………… 247
不毛の大地 …………………………… 247
プラザ合意 …………………………… 123
ブラジル農業 …………………………… 59
プラットフォーム …… 104, 114, 115, 117, 119
フローチャート・アプローチ ……… 103, 104, 106, 118
プロジェクト・サイクル ……………… 167
プロデセール事業 …… 67, 247, 252-254, 260
「文化」構成因子 ……………………… 119
文化構成因子 ………………………… 104
文化の構成因子 ……………………… 112
平均取引価格 ………………………… 143
ベースライン調査 …………………… 228
法定アマゾン地域 ……………………… 69
母子手帳 ……………………………… 214
母子保健 ……………………………… 213
保証基準価格 ………………………… 143
ポスト2015年開発アジェンダ ……… 215

[ま行]

マスタープラン報告書（M/P）……… 169
自らの意思 …………………………… 202
水資源 …………………………………… 76
緑の革命 …………………………… 41, 42
南アジア地域 …………………………… 73
未利用資源 …………………………… 246
ミレニアム開発目標（MDGs）… 9, 10, 166, 215, 221, 226
ミレニアム開発目標（Millennium Development Goals, MDGs）………… 9
民営化 …………………………………… 16
民主化 …………………………………… 16
無機ヒ素 ………………………………… 80
メガFTA ………………………………… 30
もの言う女性 ………………………… 204
もの言わぬ嫁 ………………………… 204
モノカルチャー（単一作物栽培）…… 62
モンスーンアジア …………………… 41, 43
モンスーン地帯 ………………………… 93

[や行]

有機ヒ素 ………………………………… 80
有用食用野菜 ………………………… 245
優良種子利用グループ ……………… 231
ユニバーサル・ヘルス・カバレッジ …… 215

[ら行]

労働時間の自己決定 ………………… 205
ローカル化 ……………………………… 16

国際地域開発学入門

2016年11月30日　初版発行
2020年 4 月30日　第 2 刷発行

編　集　**日本大学生物資源科学部**
　　　　国際地域開発学研究会

発行者　磯部義治

発　行　一般財団法人　農林統計協会

〒153-0064　東京都目黒区下目黒3-9-13
目黒・炭やビル
http://www.aafs.or.jp/
電話　03-3492-2987（出版事業推進部）
電話　03-3492-2950（編　集　部）
振替　00190-5-70255

Introduction to International Agriculture and Rural Development Studies
PRINTED IN JAPAN 2020

落丁・乱丁本はお取り替えします。　　　印刷　前田印刷株式会社
ISBN978-4-541-04113-5　C3033